本书出版得到河北经贸大学区域绿色低碳发展研究院院长基金资助，以及河北经贸大学“京津冀协同发展”科研专项项目（编号：JXT2020YB11）资助

| 光明社科文库 |

中国绿色债券区域运行发展报告
（2021年度）

李建英　宋书彬　王晓翌◎主编

光明日报出版社

图书在版编目（CIP）数据

中国绿色债券区域运行发展报告 . 2021 年度 / 李建英，宋书彬，王晓翌主编 . -- 北京：光明日报出版社，2023. 9

ISBN 978 - 7 - 5194 - 7437 - 9

Ⅰ. ①中… Ⅱ. ①李… ②宋… ③王… Ⅲ. ①债券市场—研究报告—中国—2021 Ⅳ. ①F832. 51

中国国家版本馆 CIP 数据核字（2023）第 171835 号

中国绿色债券区域运行发展报告 . 2021 年度

ZHONGGUO LÜSE ZHAIQUAN QUYU YUNXING FAZHAN BAOGAO. 2021 NIANDU

主　　编：李建英　宋书彬　王晓翌

责任编辑：王　娟　　责任校对：郭思齐　李佳莹

封面设计：中联华文　　责任印制：曹　诤

出版发行：光明日报出版社

地　　址：北京市西城区永安路 106 号，100050

电　　话：010-63169890（咨询），010-63131930（邮购）

传　　真：010-63131930

网　　址：http：//book. gmw. cn

E - mail：gmrbcbs@ gmw. cn

法律顾问：北京市兰台律师事务所龚柳方律师

印　　刷：三河市华东印刷有限公司

装　　订：三河市华东印刷有限公司

本书如有破损、缺页、装订错误，请与本社联系调换，电话：010-63131930

开　　本：170mm×240mm

字　　数：357 千字　　印　　张：20

版　　次：2024 年 1 月第 1 版　　印　　次：2024 年 1 月第 1 次印刷

书　　号：ISBN 978 - 7 - 5194 - 7437 - 9

定　　价：98. 00 元

中国绿色债券区域运行发展报告
（2021 年度）

顾问：
武义青　王小江

主编：
李建英　宋书彬　王晓翌

副主编：
李柳颍

编写组成员：
李建英　宋书彬　王晓翌
李柳颍　左浩志　杨学文

目 录
CONTENTS

第一章

2021年绿色债券相关政策

第一节　生态环境政策

2021年推进生态文明建设打下了良好的制度基础，主要分为以下八个方面：

一、碳达峰、碳中和相关政策

为实现“双碳”目标，2021年10月，中共中央、国务院发布《中共中央国务院关于完整准确全面贯彻新发展理念做好碳达峰碳中和工作的意见》，旨在把碳达峰、碳中和纳入经济社会发展全局。随后，国务院印发《国务院关于印发2030年前碳达峰行动方案的通知》，明确各地区、各领域、各行业目标任务，确保如期实现2030年前碳达峰目标。

2021年2月，生态环境部实施《碳排放权交易管理办法（试行）》，规范全国碳排放权交易及相关活动。并于2021年12月发布《关于开展气候投融资试点工作的通知》，这为地方政府提供了良好的政策机遇。一方面，成为气候投融资试点的地方政府可以获得政策红利。另一方面，成为气候投融资试点可以显著提升地方的“双碳”工作形象，为“双碳”目标的实现提供最佳案例和有效模式，作为先进典型，在国内外宣传推广。

表 1-1 碳达峰、碳中和相关政策

发布时间	发布单位	文件名	内容
2021 年 9 月	中共中央、国务院	《中共中央 国务院关于完整准确全面贯彻新发展理念做好碳达峰碳中和工作的意见》	对碳达峰碳中和工作作出系统谋划，明确了总体要求、主要目标和重大举措，是指导做好碳达峰碳中和这项重大工作的纲领性文件。
2021 年 10 月	国务院	《国务院关于印发 2030 年前碳达峰行动方案的通知》	旨在有力有序有效做好碳达峰工作，加快实现生产生活方式绿色变革，推动经济社会发展建立在资源高效利用和绿色低碳发展的基础之上。
2021 年 12 月	生态环境部、国家发展改革委等九部委	《关于开展气候投融资试点工作的通知》	生态环境部等九部委联合发布《通知》时，配套发布了《气候投融资试点工作方案》，正式启动了我国气候投融资地方试点的申报工作，并规范了相应的申请标准。
2020 年 12 月	生态环境部	《碳排放权交易管理办法（试行）》	2021 年 2 月 1 日起实施，旨在发挥市场机制在应对气候变化和促进绿色低碳发展中的作用，推动温室气体减排，规范全国碳排放权交易及相关活动。

二、生物多样性、生态保护相关政策

生物多样性和生态保护越来越受到国家的重视，2021 年 10 月，中办、国办发布《关于进一步加强生物多样性保护的意见》为生物多样性保护工作指明方向。2021 年 10 月，国务院发文《国务院办公厅关于鼓励和支持社会资本参与生态保护修复的意见》为生物多样性保护工作提出了可行的方案建议。

表 1-2　生物多样性、生态保护相关政策

发布时间	发布单位	文件名	内容
2021 年 10 月	中办、国办	《关于进一步加强生物多样性保护的意见》	旨在持续巩固中国生物多样性保护的已有成果，更好应对生物多样性保护工作上面临的挑战。
2021 年 10 月	国务院	《国务院办公厅关于鼓励和支持社会资本参与生态保护修复的意见》	动员社会力量进一步促进社会资本参与生态建设，加快推进山水林田湖草沙一体化保护和修复。

三、污染防治、环境执法相关政策

中共中央、国务院在污染防治方面，2021 年 11 月发布了《中共中央　国务院关于深入打好污染防治攻坚战的意见》，为污染防治工作作出战略部署。在环境执法方面，2021 年 1 月发布了《排污许可管理条例》，对排污行为进行了规范。

生态环境部在污染防治方面，2021 年 10 月发布了《2021—2022 年秋冬季大气污染综合治理攻坚方案》，2021 年 12 月发布了《“十四五”时期“无废城市”建设工作方案》，为不同阶段污染防治工作作出部署。在环境执法方面，发布了《关于优化生态环境保护执法方式提高执法效能的指导意见》《环境信息依法披露制度改革方案》《关于加强生态环境保护综合行政执法队伍建设的实施意见》《关于深化生态环境领域依法行政 持续强化依法治污的指导意见》等系列文件，完善生态环境法治体系，提升相关部门的执法能力。

表 1-3　污染防治、环境执法相关政策

发布时间	发布单位	文件名	内容
2021 年 11 月	中共中央、国务院	《中共中央　国务院关于深入打好污染防治攻坚战的意见》	进一步加强生态环境保护，深入打好污染防治攻坚战，化解生态环境保护结构性、根源性、趋势性压力，破解重点区域、重点行业污染问题，有序推进碳达峰碳中和。

续表

发布时间	发布单位	文件名	内容
2021 年 1 月	国务院	《排污许可管理条例》	加强排污许可管理，规范企业事业单位和其他生产经营者排污行为，控制污染物排放，保护和改善生态环境。
2021 年 1 月	生态环境部	《关于优化生态环境保护执法方式提高执法效能的指导意见》	不断严格执法责任、优化执法方式、完善执法机制、规范执法行为，全面提高生态环境执法效能。
2021 年 5 月	生态环境部	《环境信息依法披露制度改革方案》	深化环境信息依法披露制度改革，推进生态环境治理体系和治理能力现代化。
2021 年 6 月	生态环境部	《关于加强生态环境保护综合行政执法队伍建设的实施意见》	加强生态环境保护综合行政执法队伍建设，打造生态环境保护铁军中的主力军。
2021 年 10 月	生态环境部、国家发改委等	《2021—2022 年秋冬季大气污染综合治理攻坚方案》	精准扎实推进各项任务措施，通过持续开展秋冬季攻坚行动，着力打好重污染天气消除攻坚战。
2021 年 11 月	生态环境部	《关于深化生态环境领域依法行政 持续强化依法治污的指导意见》	全面推进生态环境领域依法行政，深入推进依法治污，进一步理清生态环境保护领域政府和市场、政府和社会关系。
2021 年 12 月	生态环境部	《“十四五”时期“无废城市”建设工作方案》	旨在深入贯彻落实污染防治攻坚任务，稳步推进“无废城市”建设。

四、美丽中国、人居环境相关政策

美丽中国和良好的人居环境是人民美好生活的重要基础。2021 年 12 月，中办、国办发布《农村人居环境整治提升五年行动方案（2021—2025 年）》，为未来整治农村人居环境工作做出部署。2021 年 2 月，生态环境部、中宣部等部委发布《“美丽中国，我是行动者”提升公民生态文明意识行动计划（2021—2025 年）》进一步对公民生态文明意识层面作出要求。

表 1-4 美丽中国、人居环境相关政策

发布时间	发布单位	文件名	内容
2021 年 12 月	中办、国办	《农村人居环境整治提升五年行动方案（2021—2025 年）》	旨在推进农村人居环境改善，建设生态宜居的美丽乡村。
2021 年 2 月	生态环境部、中宣部等部委	《“美丽中国，我是行动者”提升公民生态文明意识行动计划（2021—2025 年）》	旨在从理论研究、宣传教育、示范创建等角度提升生态文化、生态道德。

五、高质量发展、区域流域建设相关政策

在高质量发展、区域流域建设方面，2021 年 10 月，中共中央、国务院针对黄河流域发布《黄河流域生态保护和高质量发展规划纲要》，旨在深入贯彻落实黄河流域生态保护和高质量发展的重大国家战略。2021 年 11 月，国务院为推动首都城市圈实现更高质量、更有效率、更加公平、更可持续、更为安全的发展，发布《国务院关于支持北京城市副中心高质量发展的意见》。

2021 年 5 月，生态环境部发布《关于加强高耗能、高排放建设项目生态环境源头防控的指导意见》，2021 年 10 月，国家发展改革委、生态环境部等五部委发布《关于严格能效约束推动重点领域节能降碳的若干意见》，是着眼建设制造强国、推动高质量发展的重大战略决策，是推动重点工业领域节能降碳和绿色转型的重大战略决策。

表 1-5 高质量发展、区域流域建设相关政策

发布时间	发布单位	文件名	内容
2021 年 10 月	中共中央、国务院	《黄河流域生态保护和高质量发展规划纲要》	旨在着力加强生态保护治理、保障黄河长治久安、促进全流域高质量发展。

续表

发布时间	发布单位	文件名	内容
2021 年 11 月	国务院	《国务院关于支持北京城市副中心高质量发展的意见》	旨在引领带动北京周边地区一体化发展，打造京津冀协同发展的高质量样板和国家绿色发展示范区。
2021 年 5 月	生态环境部	《关于加强高耗能、高排放建设项目生态环境源头防控的指导意见》	旨在遏制高耗能、高排放（以下简称“两高”）项目盲目发展，推动绿色转型和高质量发展。
2021 年 10 月	国家发展改革委、生态环境部等五部委	《关于严格能效约束推动重点领域节能降碳的若干意见》	《意见》指出，在全国范围内，将发展绿色金融作为完善技改支持政策的重要实现方式之一，要积极发展绿色金融，设立碳减排支持工具，支持金融机构在风险可控、商业可持续的前提下，向碳减排效应显著的重点项目提供高质量的金融服务。

六、生态评价、生态产品价值相关政策

在生态评价、生态产品价值方面，2021 年 4 月，中办、国办发布《关于建立健全生态产品价值实现机制的意见》旨在从源头上推动生态环境领域国家治理体系和治理能力现代化。

2021 年 5 月，生态环境部等八部委发布《关于加强自由贸易试验区生态环境保护推动高质量发展的指导意见》，从实现路径上对生态产品价值实现机制提出指导意见，并于 11 月发布《区域生态质量评价办法（试行）》，以加强生态建设和生物多样性保护。

表 1-6 生态评价、生态产品价值相关政策

发布时间	发布单位	文件名	内容
2021 年 4 月	中办、国办	《关于建立健全生态产品价值实现机制的意见》	旨在推动经济社会发展全面绿色转型，从生态产品调查、价值评价、经营开发、保护补偿、保障机制等环节提出了战略取向。
2021 年 5 月	生态环境部、商务部、国家发展和改革委员会等八部委	《关于加强自由贸易试验区生态环境保护推动高质量发展的指导意见》	《指导意见》提出，要以绿色金融手段支持和健全生态产品价值实现机制。
2021 年 11 月	生态环境部	《区域生态质量评价办法（试行）》	旨在推进山水林田湖草沙冰一体化保护和系统修复，提出了区域生态环境质量评价的指标体系和评价方法。

七、绿色发展、循环经济相关政策

在绿色发展、循环经济方面，2021 年 2 月，国务院发布《国务院关于加快建立健全绿色低碳循环发展经济体系的指导意见》，旨在加快建立健全绿色低碳循环发展的经济体系。2021 年 10 月，中共中央办公厅、国务院办公厅发布《关于推动城乡建设绿色发展的意见》，进一步对城乡建设绿色发展提出指导意见。

生态环境部第三部委为了推进绿色发展、循环经济，制定出台具体激励政策措施，2021 年 7 月发布了《关于鼓励家电生产企业开展回收目标责任制行动的通知》，以支持责任企业转型升级、创新发展等方面的项目建设。

表 1-7 绿色发展、循环经济相关政策

发布时间	发布单位	文件名	内容
2021 年 2 月	国务院	《国务院关于加快建立健全绿色低碳循环发展经济体系的指导意见》	指出从生产、流通、消费、基础设施、技术、制度等环节推动经济绿色发展。
2021 年 10 月	中共中央办公厅、国务院办公厅	《关于推动城乡建设绿色发展的意见》	旨在破解城乡建设中整体性缺乏、系统性不足、宜居性不高、包容性不够等问题，扭转大量建设、大量消耗、大量排放的粗放建设方式，推动城乡建设绿色发展。
2021 年 7 月	国家发展改革委、工业和信息化部、生态环境部	《关于鼓励家电生产企业开展回收目标责任制行动的通知》	鼓励家电企业开展回收目标责任制，将完成回收目标并达到国家有关管理要求的责任企业纳入家电生产企业“绿色责任名单”，在企业发行绿色债券、绿色信贷审批时优先支持。对责任企业所承诺的目标和任务进行评估并向社会公示。

八、生态保护补偿机制相关政策

在生态保护补偿机制方面，2021 年 9 月，中办、国办发布《关于深化生态保护补偿制度改革的意见》旨在更好落实生态保护权责、调动各方参与生态保护积极性、推进生态文明建设。

2021 年 4 月，财政部针对长江流域发布了《支持长江全流域建立横向生态保护补偿机制的实施方案》，为长江流域生态保护补偿机制的建设提出宝贵意见。

表 1-8　生态保护补偿机制相关政策

发布时间	发布单位	文件名	内容
2021 年 9 月	中办、国办	《关于深化生态保护补偿制度改革的意见》	提出分类补偿、综合补偿、多元化补偿等机制建设任务。
2021 年 4 月	财政部	《支持长江全流域建立横向生态保护补偿机制的实施方案》	旨在加快推动长江流域形成共抓大保护工作格局，建立以中央财政资金为引领，地方财政资金为主要资金来源的跨省流域横向生态保护补偿机制。

通过以上八个方面的生态环境领域国家政策，可以看出随着“五位一体”总体布局的持续推进，生态问题越来越受到重视，国家坚持生态优先、生态引领的战略取向更加鲜明。未来，中央和地方生态文明建设或呈现以下工作特点：

一是政策关注点将从宏观架构的搭建转向关键领域的体制机制完善，移动污染源治理、生物多样性保护等领域将持续形成工作抓手；二是“减污降碳”将成为未来一段时间内中央和地方推进生态文明建设的两大工作基点，环境治理工作将更加突出治理体系和治理能力现代化，碳达峰碳中和将因不同地区发展程度的差异而阶梯式推进；三是市场机制、社会参与等非政府元素将更多出现在未来的环境工作议题中，企业环境责任、公民环境意识将得到提升；四是伴随美丽乡村建设和城乡建设一体化改革，与农村相关的生态环境议题将更多地进入政府日程。

第二节　绿色金融政策

在“30 · 60”双碳目标引领下，政府监管部门和证券交易所在中国绿色金融的发展中发挥了关键的推动作用，中国的绿色金融政策得到进一步完善，从中央到地方，各级的政府机构已运用提供便利措施、财政激励和评估奖惩等激励机制，鼓励绿色金融的发展。

一、全国绿色金融政策

中央层面的绿色金融政策主要从以下几个方面展开：

（一）经济发展相关政策

经济发展方面，2021 年 2 月，国务院发布《国务院关于加快建立健全绿色低碳循环发展经济体系的指导意见》（以下简称《指导意见》），《指导意见》放眼全国，全方位全过程地提出了绿色循环发展经济体系，促进经济社会发展全面绿色转型，优化产业结构和绿色产业发展等多方面蓝图。

2021 年 9 月，国家发展改革委发布《完善能源消费强度和总量双控制度方案》（以下简称《方案》）助力经济绿色发展，《方案》是一项旨在进一步完善能耗双控制度的全国性政策。《方案》提出，要完善经济政策，健全绿色金融体系，完善绿色金融标准体系和政策措施，对节能给予多元化支持。2021 年 11 月，工业和信息化部、人民银行、银保监会、证监会联合发布了《关于加强产融合作推动工业绿色发展的指导意见》（以下简称《意见》），《意见》是一项适用于全国范围，以金融服务促进工业绿色发展的纲领性指导文件。并要求采取完善配套政策、激励体系等工作机制，加强绿色金融能力建设，凝聚发展共识，推动绿色金融对工业绿色发展转型的支持。2021 年 12 月，国家发展改革委、工业和信息化部联合发布《振作工业经济运行　推动工业高质量发展的实施方案》，文件指出要深化产融合作，完善绿色金融标准体系和评价机制。

表 1-9　经济发展相关政策

发布时间	发布单位	文件名	内容
2021 年 2 月	国务院	《国务院关于加快建立健全绿色低碳循环发展经济体系的指导意见》	提出了支持绿色债券、绿色信贷、绿色融资、绿色保险的发展，还特别提到了加强对金融机构的业绩评价考核力度，统一绿色债券标准，建立绿色债券评级标准，支持绿色产业上市融资和金融机构国际绿色融资，推动国际绿色金融标准趋同，有序推进绿色金融市场双向开放和气候投融资工作。

续表

发布时间	发布单位	文件名	内容
2021年9月	国家发展改革委	《完善能源消费强度和总量双控制度方案》	对于不符合要求的“两高”项目，各地区要严把节能审查、环评审批等准入关，金融机构不得提供信贷支持。
2021年11月	工业和信息化部、人民银行、银保监会、证监会	《关于加强产融合作推动工业绿色发展的指导意见》	提出9条主要任务，包括建立健全碳核算和绿色金融标准体系，完善工业绿色发展信息共享机制，加强产融合作平台建设，加大绿色融资支持力度，创新绿色金融产品和服务，提高绿色保险服务水平，加快发展绿色基金，支持绿色金融改革创新试点等。
2021年12月	国家发展改革委、工业和信息化部	《振作工业经济运行 推动工业高质量发展的实施方案》	落实产融合作推动工业绿色发展专项政策，建立工业绿色发展指导目录和项目库，发挥国家产融合作平台作用，引导金融资源向工业绿色低碳领域汇聚。

（二）碳达峰、碳中和相关政策

为实现碳中和、碳达峰目标，2021年9月，中共中央、国务院发布了《中共中央国务院关于完整准确全面贯彻新发展理念做好碳达峰碳中和工作的意见》（以下简称《意见》），《意见》适用于全国范围，是一项中央为实现双碳目标，着力解决资源环境约束问题的重大战略决策。2021年10月，国务院发布了《2030年前碳达峰行动方案》（以下简称《方案》），《方案》适用于全国，是国务院为落实双碳目标重大战略决策，推进碳达峰行动的整体性方案。为碳达峰工作提供了详尽的路线图并设立了科学的阶段目标，将成为未来十年经济金融活动的指导方针。

2021年3月，银行间市场交易商协会发布《关于明确碳中和债相关机制的通知》（以下简称《通知》），《通知》是中国银行间市场交易商协会关于碳中和债的专项文件，为碳中和债券提供了“绿色通道”，提升了发行便利度。《意见》提出，要积极发展绿色金融作为完善政策机制的重要方式，要有序推进绿色低碳金融产品和服务开发，设立碳减排货币政策工具，将绿色信贷纳入宏观审慎评估框架，引导银行等金融机构为绿色低碳项目提供长期限、低成本资金。

2021 年 11 月，中国人民银行发布了《人民银行推出碳减排支持工具》，文件指出，金融机构向重点领域发放碳减排贷款后，可向人民银行申请该项资金支持；并在向人民银行申请碳减排支持工具时，需提供碳减排项目相关贷款的碳减排数据，并承诺对公众披露相关信息；在获得该支持工具支持后，金融机构需按季度向社会披露碳减排支持工具支持的碳减排领域、项目数量、贷款金额和加权平均利率以及碳减排数据等信息，接受社会公众监督，人民银行也会与相关部门和机构合作，验证金融机构信息披露的真实性。2021 年 11 月，国资委发布了《关于推进中央企业高质量发展做好碳达峰碳中和工作的指导意见》（以下简称《意见》），《指导意见》提出了中央企业做好“双碳”工作的指导思想、基本原则、主要目标、具体实现途径。文件强调，要提升绿色金融支持能力，将积极发展绿色金融，有序推进绿色低碳金融产品和服务开发，拓展绿色信贷、绿色债券、绿色基金、绿色保险业务范围，积极探索碳排放权抵押贷款等绿色信贷业务。支持符合条件的绿色低碳产业企业上市融资和再融资。鼓励有条件的企业发起设立低碳基金，推动绿色低碳产业项目落实。

表 1-10　碳达峰、碳中和相关政策

发布时间	发布单位	文件名	内容
2021 年 9 月	中共中央、国务院	《中共中央国务院关于完整准确全面贯彻新发展理念做好碳达峰碳中和工作的意见》	鼓励开发性政策性金融机构按照市场化法治化原则为实现碳达峰、碳中和提供长期稳定融资支持。支持符合条件的企业上市融资和再融资用于绿色低碳项目建设运营，扩大绿色债券规模。研究设立国家低碳转型基金。鼓励社会资本设立绿色低碳产业投资基金。建立健全绿色金融标准体系。

续表

发布时间	发布单位	文件名	内容
2021年10月	国务院	《2030年前碳达峰行动方案》	《方案》指出，其一，在开展绿色经贸、技术与金融合作中，要深化绿色金融国际合作，积极参与碳定价机制和绿色金融标准体系国际宏观协调，与有关各方共同推动绿色低碳转型；其二，在推进“一带一路”建设过程中，要秉持共商共建共享原则，弘扬开放、绿色、廉洁理念，加强与共建“一带一路”国家的绿色基建、绿色能源、绿色金融等领域合作，提高境外项目环境可持续性，打造绿色、包容的“一带一路”能源合作伙伴关系，扩大新能源技术和产品出口；其三，经济政策完善过程中，要着力完善绿色金融评价机制，建立健全绿色金融标准体系，大力发展绿色贷款、绿色股权、绿色债券、绿色保险、绿色基金等金融工具，设立碳减排支持工具。
2021年3月	银行间市场交易商协会	《关于明确碳中和债相关机制的通知》	对于碳中和债进行了仔细的概念和资金用途界定，包括清洁能源类项目、清洁交通类项目、可持续建筑类项目、工业低碳改造类新项目和其他具有碳减排效益的项目5大类。还强调了存续期信息披露，统一了注册标识。
2021年11月	中国人民银行	《人民银行推出碳减排支持工具》	人民银行于11月推出碳减排支持工具，旨在精准支持具有显著碳减排效应的领域，重点支持清洁能源、节能环保和碳减排技术三个碳减排领域。碳减排支持工具以“先贷后借”的方式，向金融机构提供资金支持；该资金支持是按贷款本金的60%向金融机构提供，利率为1.75%，期限1年，可展期2次，金融机构需向人民银行提供合格质押品。

续表

发布时间	发布单位	文件名	内容
2021 年 11 月	国资委	《关于推进中央企业高质量发展做好碳达峰碳中和工作的指导意见》	《指导意见》确定了中央企业在 2025、2030、2060 三个阶段产业机构和能源结构方面的转型目标，及碳达峰、碳中和的时间线。其中，到 2030 年，中央企业二氧化碳排放量整体达到峰值并实现稳中有降，有条件的中央企业力争碳排放率先达峰；到 2060 年，中央企业绿色低碳循环发展的产业体系和清洁低碳安全高效的能源体系全面建立，能源利用效率达到世界一流企业先进水平。

（三）金融助力经济转型相关政策

2021 年 3 月，国家发改委等五部门发布《关于引导加大金融支持力度促进风电和光伏发电等行业健康有序发展的通知》，提出金融机构可按照商业化原则与可再生能源企业协商展期或续贷、发放补贴确权贷款。中国人民银行发布了《银行业金融机构绿色金融评价方案》（以下简称《方案》），《方案》是一项旨在鼓励银行业金融机构积极拓展绿色金融业务，提高对绿色低碳发展的金融支持的专项绿色金融政策。对绿色金融业务进行了界定，包括且不限于绿色贷款、绿色证券、绿色股权投资、绿色租赁、绿色信托、绿色理财等，确定了由中国人民银行负责进行绿色金融评价工作。《方案》还指出，该绿色金融评价结果将被纳入央行金融机构评级等中国人民银行政策和审慎管理工具，提倡各监管机构和市场参与者积极依法探索其应用场景，并鼓励银行业金融机构主动披露绿色金融评价结果。

表1-11 金融助力经济转型相关政策

发布时间	发布单位	文件名	内容
2021年3月	国家发改委等五部门	《关于引导加大金融支持力度促进风电和光伏发电等行业健康有序发展的通知》	《通知》聚焦可再生能源电价补贴资金问题，提出了一系列举措，有助于帮助部分暂时遇到困难的可再生能源企业渡过难关，缓解现金流压力，也为我国绿色低碳发展、实现碳达峰和碳中和目标提供了重要保障。
2021年5月	中国人民银行	《银行业金融机构绿色金融评价方案》	该绿色金融评价工作将于今年7月起实施，每季度进行一次。《方案》所述绿色金融评价指标包括定量（权重80%）和定性（权重20%）两类。其中，定量指标包括绿色金融业务总额占比、绿色金融业务总额份额占比、绿色金融业务总额同比增速、绿色金融业务风险总额占比4项。此外，《方案》也制定了部分指标判断所用数据的来源，在附件中披露了评分细则。

（四）生态环境相关政策

生态环境方面，2021年4月，中共中央办公厅、国务院办公厅发布《关于建立健全生态产品价值实现机制的意见》，使用绿色金融支持生态环境提升和绿色产业发展。2021年9月，发布《关于深化生态保护补偿制度改革的意见》，该文件适用于全国范围，是一项关于生态保护补偿制度规划建设的重要指导性政策。2021年11月，中共中央、国务院发布《中共中央 国务院关于深入打好污染防治攻坚战的意见》，该文件是一项有关污染防治全国性指导文件。文件提到，在国家统一规划的前提下，支持有条件的地方和重点行业、重点企业率先达峰。统筹建立二氧化碳排放总量控制制度。建设完善全国碳排放权交易市场，有序扩大覆盖范围，丰富交易品种和交易方式，并纳入全国统一公共资源交易平台。同月，国务院办公厅发布《国务院办公厅关于鼓励和支持社会资本参与生态保护修复的意见》，该文件是一项指导社会资本参与生态保护修复的全国性政策文件。指出要将金融扶持作为一项重要支持政策，即在不新增地方政府隐性债务的前提下，支持金融机构参与生态保护修复项目，拓宽投融资渠道，优化信贷评审方式，积极开发适合的金融产品，按市场化原则为项目提供中长期资金支持。推动绿色基金、绿色债券、绿色信贷、绿色保险等金融工具的发展，加大对生态保护修复的投资力度。积极支持符合条件的企业发行绿色债券，用于生态保护修复工程。支持技术领先、综合服务能力强的骨干企业上市融资。允许具备条件的企业发行绿色资产证券化产品，盘活资源资产。健全森林保险制度，鼓励保险机构和有条件的地方探索开展保价值、保产量、保收入的特色经济林和林木种苗保险试点，推进草原保险试点，加大保险产品创新力度，完善灾害风险防控和分散机制。

表 1-12　生态环境相关政策

发布时间	发布单位	文件名	内容
2021 年 4 月	中共中央办公厅、国务院办公厅	《关于建立健全生态产品价值实现机制的意见》	《意见》从生态产品价值实现路径的角度，提到和鼓励以水权、林权等使用权抵押，产品订单抵押等绿色信贷业务的方式，探索“生态资产权益抵押+项目贷”的方式。
2021 年 9 月	中共中央办公厅、国务院办公厅	《关于深化生态保护补偿制度改革的意见》	《意见》提出，要采用各种绿色金融工具，发挥市场机制作用。首先，要完善市场交易机制，逐步开展市场化环境权交易。其次，要拓展市场化融资渠道，研究基于各类资源环境权益的融资工具，建立绿色股票指数，发展碳排放权期货交易，扩大绿色金融改革创新试验区试点范围。另要探索多样化补偿方式，支持开展相关生态环保教育培训、特色产业和绿色产品生产。

续表

发布时间	发布单位	文件名	内容
2021年11月	中共中央、国务院	《中共中央　国务院关于深入打好污染防治攻坚战的意见》	《意见》指出，要以包括绿色金融政策在内的健全生态环境经济政策手段，提高生态环境治理现代化水平。要扩大环境保护、节能节水等企业所得税优惠目录范围，完善绿色电价政策。大力发展绿色信贷、绿色债券、绿色基金，加快发展气候投融资，在环境高风险领域依法推行环境污染强制责任保险，强化对金融机构的绿色金融业绩评价。加快推进排污权、用能权、碳排放权市场化交易。全面实施环保信用评价，发挥环境保护综合名录的引导作用。完善市场化多元化生态保护补偿，推动长江、黄河等重要流域建立全流域生态保护补偿机制，建立健全森林、草原、湿地、沙化土地、海洋、水流、耕地等领域生态保护补偿制度。
2021年11月	国务院办公厅	《国务院办公厅关于鼓励和支持社会资本参与生态保护修复的意见》	《意见》提出，社会资本投资建设的公益林，符合条件并按规定纳入公益林区划的，可以同等享受相关政府补助政策；要发挥政府投入的带动作用，探索通过PPP等模式引入社会资本开展生态保护修复，符合条件的可按规定享受环境保护、节能节水等相应税收优惠政策；社会资本可通过以下方式在生态保护修复中获得收益：采取“生态保护修复+产业导入”方式，利用获得的自然资源资产使用权或特许经营权发展适宜产业；对投资形成的具有碳汇能力且符合相关要求的生态系统，申请核证碳汇增量并进行交易；通过经政府批准的资源综合利用获得收益等。

二、地方绿色金融政策

（一）广东省

2021年3月1日，广州市发展和改革委员会发布《广州市关于推进共建粤港澳大湾区国际金融枢纽实施意见》（以下简称《实施意见》），《实施意见》提到多个绿色金融工具，如绿色债券、绿色保险、环境权益金融、多举措并行，包括设立试点、推动信息共享、财政补贴等，推动大湾区绿色金融的建设。

2021年3月1日，广州市推进粤港澳大湾区建设领导小组发布《广州市关于推进共建粤港澳大湾区国际金融枢纽三年行动计划（2021-2023年）》（以下简称《行动计划》），《行动计划》从完善现代金融服务体系和推进金融市场互联互通两方面着手，提到推进绿色金融产品创新，搭建绿色企业、项目融资平台，建立环境权益交易市场，推动大湾区企业和项目信息共享；支持在穗企业注册发行绿色债务融资工具，赴港澳发行绿色债券和境内外上市；完善大湾区绿色合作机制，发挥广州绿色金融研究院等机构的服务作用；加强广州绿色金融改革创新试验区建设，支持各区依托"三旧"改造和区位产业优势建设绿色产业园等。

2021年7月14日，广东省发改委发布《广东省2021年能耗双控工作方案》（以下简称《方案》），《方案》提到，要为实现广东省2021年能耗双控目标，打造和完善绿色金融配套政策。广东省应优化信贷结构，严格审核"两高"项目融资申请，对产能过剩、落后产能以及"两高"行业进行严格授信管理。加快金融产品和服务创新，加强对节能技术推广目录项目、节能重点工程项目的融资支持，支持省内企业通过兼并重组淘汰落后产能。大力发展绿色金融，进一步推广绿色信贷、绿色债券，创新绿色保险和环境权益交易金融产品。

2021年12月3日，广东省人民政府发布《广东省人民政府关于加快建立健全绿色低碳循环发展经济体系的实施意见》（以下简称《意见》），《意见》提出，广东省要于2025年基本建成绿色低碳循环发展经济体系，于2035年在全国范围内率先建成绿色低碳循环发展经济体系。为此，需要大力发展绿色金融，具体措施包括通过市场化手段设立广东省绿色低碳发展基金、加快建设粤港澳大湾区绿色金融共同市场、高质量建设广州绿色金融改革创新试验区、支持广州期货交易所探索发展碳期货产品、支持深圳建设国家气候投融资促进中心、支持深圳证券交易所发展绿色债券等。伴随碳排放权交易的进一步发展，省级碳排放权交易市场的建立、环境权益市场化交易的多样化、境外投资者的参与，成为新的政策主题。《意见》指出，作为广东省计划培育绿色交易市场机制，推进用水权、用能权、排污权和碳排放权市场化交易；研究建设粤港澳大湾区碳排放权交易市场，推动碳排放交易外汇试点，支持符合条件的境外投资者参与广东碳排放权交易；并联合港澳开展碳标签互认机制研究与应用示范。

2021 年 6 月 30 日，深圳市地方金融监督管理局发布《加强深圳市银行业绿色金融专营体系建设的指导意见（试行）》（以下简称《指导意见》），《指导意见》是一项关于建设绿色金融专营体系建设的绿色金融专项政策，旨在为贯彻落实《深圳经济特区绿色金融条例》，建立健全深圳市绿色金融组织体系。《指导意见》界定了绿色金融以及绿色金融专营体系的概念，明确市地方金融监管局、人行深圳中支、深圳银保监局为绿色金融专营体系建设工作的三个牵头部门。《指导意见》指出，一是参与建设的银行总（分）行应建立自上而下、有效的风险管理机制，和相应专门绿色金融岗位，包括但不限于单列绿色信贷规模、单列绿色信贷审批通道、单列绩效考核、单列资金价格和风险权重等项；二是绿色金融机构应满足绿色金融经营规划、人力资源、经营规模和产品创新的要求；三是绿色金融机构在经营活动开展时要满足绿色经营、制度建设、绿色投资评估、风险评估等 8 项相应要求。《指导意见》也对被认定的绿色金融机构提出了 7 项扶持措施，如深圳央行将运用货币政策工具优先支持绿色金融机构等。此外，《指导意见》也提出了绿色金融机构的申报认定、评估、核查和存续的相关管理措施。

（二）广西壮族自治区

2021 年 3 月 18 日，南宁市人民政府发布《南宁市人民政府关于印发南宁市促进金融业高质量发展若干政策的通知》（以下简称《通知》），《通知》特别说明了南宁市对企业使用资本市场融资工具的支持，发行标注绿色标识的绿色债券，将按发行规模的 4‰给予奖励，单家企业当年奖励不超过 150 万元，即对绿色债券发行的补贴。此外，南宁市将对驻市金融机构（企业）多项创新包括绿色金融机构改革创新进行评价和奖励，并依据评价排名进行奖励，最高达 80 万元。

（三）湖南省

2021 年 4 月 3 日，湖南省人民政府办公厅发布《湖南省金融服务“三高四新”战略若干政策措施》（以下简称《措施》），《措施》特别提到加大绿色低碳产业的金融支持。《措施》提及使用碳减排工具，引导金融机构开展环境权益抵押如排污权、碳排放权的绿色信贷模式，加大对清洁能源、节能环保等领域的支持，并积极做好绿色信贷业务的绩效评价；另积极争取长沙市、株洲市、湘潭市开展绿色金融创新和气候投融资试点；探索以气候项目认定、气候信息披露互认气候绩效评价等为标准与绿色金融投资标准的协调。另外，《措施》还提到推进、建立和完善污染责任保险制度的工作。

（四）宁夏回族自治区

2021 年 4 月 27 日，宁夏回族自治区人民政府办公厅发布《自治区支持九大重点产业加快发展若干财政措施（暂行）》（以下简称《措施》），《措施》适用于宁夏回族自治区，鼓励各类金融机构加大重点产业（即枸杞、葡萄酒、奶产业、肉牛和滩羊、电子信息、新型材料、绿色食品、清洁能源、文化旅游等）的绿色信贷力度，并对成效显著的金融机构进行奖励，自治区财政按照新增绿色贷款额度的 0.3‰给予奖励，并在财政国库现金存放方面予以倾斜。《措施》支持重点上市企业发债融资，自治区财政按发债规模的 2%给予一次性补贴。支持重点产业企业上市融资，对境内外首次公开发行股票并上市的，自治区财政分阶段奖励 1000 万元。《措施》提出，自治区将支持枸杞、葡萄酒、电子信息、新型材料、绿色食品、清洁能源等重点产业的制造业企业以融资租赁方式购置先进生产设备、回租厂房或机器设备，自治区财政给予单户企业每年不超过 300 万元标准的补贴。

2021 年 7 月 30 日，宁夏回族自治区地方金融监督管理局等五部委发布《关于绿色金融支持清洁能源产业高质量发展的实施意见》（以下简称《实施意见》），《实施意见》是一项绿色金融专项政策，旨在使用绿色金融手段，为清洁能源产业链上下游企业提供金融支持，推动清洁能源产业高质量发展。《实施意见》包括：要大力推动保险创新和应用，进一步提高保障水平，创新绿色保险产品，推进降费让利扩大保障，并积极引导险资直投清洁能源领域；要大力发展绿色信贷，对成效显著的金融机构给予新增绿色贷款额度 0.3‰的奖励，对重大项目贴息标准适度提高，鼓励银行创新绿色信贷产品及方式；进一步拓宽企业融资渠道，对发债融资的企业按发债规模的 2%给予一次性补贴，对上市融资的绿色企业分阶段奖励 1000 万元；要运用各类综合金融产品和政策，鼓励金融机构对绿色票据优惠 10%-20%贴现利息支持；要加大融资租赁力度，鼓励融资租赁公司为清洁能源企业提供以国家现行 LPR 指导报价为基准的、按照市场行情浮动的利率，并提供不低于 3 年的中长期资金期限，自治区财政给予以融资租赁方式购置先进设备等行为的清洁能源企业每年不超过 300 万元标准的补贴。

（五）河北省

2021 年 4 月 29 日，河北省人民政府发布《河北省人民政府关于建立健全绿色低碳循环发展经济体系的实施意见》（以下简称《意见》），《意见》提出，要大力发展绿色金融，开展省内法人机构绿色信贷业绩评价，完善绿色金融激励约束机制；支持保险机构开展和建立健全绿色保险业务和理赔服务体系，鼓励符合条件的企业和机构发行绿色债券，鼓励符合条件的绿色产业企业上市融资，通过增发、公司债、银行间市场债务等融资工具再融资。

（六）福建省

2021年5月7日，中国银保监会福建监管局发布《福建银保监局关于银行业保险业推进绿色金融发展的指导意见》（以下简称《指导意见》），《指导意见》是中国银保监会福建监管局发布的一项绿色金融专项政策，对绿色信贷、绿色债券、绿色权益金融、绿色保险等绿色金融工具推进进行了规划。《指导意见》以习近平新时代中国特色社会主义思想为指导，全面贯彻习近平生态文明思想，提出了在“十四五”期间，专业高效的绿色金融服务体系基本形成，绿色金融产品和服务创新能力不断提升，绿色金融融资总量和结构显著改善的三大工作目标；确立了以建立健全绿色金融治理框架，全力满足重点领域绿色金融需求，主动激发绿色产品服务创新潜力，推动完善外部发展环境的四大重点任务；并建设加强党建引领，健全组织领导，强化监管推动，开展宣传与表彰为内容的组织保障。

2021年9月14日，福建省人民政府发布《福建省加快建立健全绿色低碳循环发展经济体系实施方案》（以下简称《方案》），《方案》是一项为建设福建省绿色低碳循环发展体系的地方性指导政策。《方案》提出，要研究出台绿色金融配套政策，深入推进三明、南平省级绿色金融改革试验区建设，支持有条件的地区申报国家级绿色金融改革创新试验区；加大对金融机构绿色金融业绩评价考核力度；深化绿色金融服务，鼓励金融机构加大绿色信贷投放力度，支持绿色新基建发展，创新绿色信贷和绿色直接融资模式，拓展绿色保险服务，引导鼓励发行绿色债券；支持符合条件的绿色产业企业上市融资；鼓励配额抵押质押融资、碳债券等碳金融创新；完善环境信用评价和绿色金融联动机制。《方案》还提到，要健全绿色交易市场机制，推进排污权、用能权、碳排放权、用水权等资源环境权益交易市场建设。

（七）甘肃省

2021年5月12日，甘肃省人民政府办公厅发布《关于金融助力实体经济高质量发展的若干措施》（以下简称《措施》），《措施》提出要大力发展绿色金融，围绕低碳循环发展和碳达峰、碳中和要求，鼓励金融机构向绿色领域倾斜配置资源，加强对清洁能源、节能环保、生态环境、基础设施绿色升级等领域的支持力度，使用和创新绿色信贷、绿色债券、绿色保险等绿色金融产品和服务，用好绿色生态产业发展基金，促进绿色产业发展；支持兰州新区加快推进绿色金融改革创新试验区建设，探索绿色项目经营权、收益权及环境权益、土地权益等抵质押融资模式创新，推动金融科技赋能绿色金融发展，探索积累试点经验后在全省推广；拓宽黄河流域生态保护融资渠道。

2021 年 8 月 26 日，甘肃省人民政府发布《关于加快建立健全绿色低碳循环发展经济体系的实施方案》（以下简称《实施方案》），《实施方案》提到，要为加快建立健全绿色低碳循环发展经济体系建立绿色金融配套体系；要鼓励银行业金融机构制定绿色金融发展规划；加大对金融机构绿色金融业绩评价的考核力度，开展省内银行业存款类金融机构绿色信贷业绩评价；推动符合条件的地方法人金融机构发行绿色金融债券，鼓励中央在甘金融机构将绿色产业项目纳入总行绿色金融债券支持范围；支持符合条件的非金融企业发行绿色融资工具，引导省内保险机构发展绿色农业保险和环境污染责任保险；支持符合条件的绿色产业企业上市融资，支持金融机构和相关企业在国际市场开展绿色融资，鼓励和引导民间投资与外资进入气候投融资领域。

（八）上海市

2021 年 6 月 9 日，上海银保监局发布《关于推动上海财产保险业高质量发展的实施意见》（以下简称《意见》），《意见》是一项旨在持续推动上海财产保险业向高质量发展转变的政策文件。《意见》指出，要积极响应国家碳达峰、碳中和目标要求，和对接临港新片区、崇明世界生态岛等的规划，大力发展绿色保险，聚焦节能减排、清洁生产、清洁能源、城市绿色发展、环境污染治理等领域；要加大对绿色技术创新企业的支持力度，显著降低高能耗，高污染企业承包比例；推进气象指数保险的试点应用，普及电子保单，引导保险行业向绿色、低碳、高效和循环的作业模式转型。

2021 年 10 月 8 日，上海市人民政府办公厅发布《加快打造国际绿色金融枢纽服务碳达峰碳中和目标的实施意见》（以下简称《意见》），《意见》是上海市促进绿色金融发展的一项专项文件，旨在充分发挥上海国际金融中心服务辐射功能，促进经济社会发展全面绿色转型。《意见》指出，要将坚持绿色导向、创新发展，坚持市场运作、政府引导，坚持开放合作、彰显特色，坚持稳中求进、风险可控作为发展绿色金融的基本原则，提出了 2025 年上海基本建成具有国际影响力的碳交易、定价、创新中心，基本确立国际绿色金融枢纽地位的总体目标。《意见》提出了要加强绿色金融市场体系建设，创新绿色金融产品业务，健全绿色金融组织机构体系，强化绿色金融保障体系，加大金融对产业低碳转型和技术创新的支持力度，深化绿色金融国际合作，支持气候债券倡议组织（CBI）等绿色金融国际组织在沪机构运营，营造良好绿色金融发展环境等作为主要任务，并提出了领导小组协调、传媒宣传普及等配套保障措施。

（九）江西省

2021年7月8日，江西省人民政府发布《江西省人民政府印发关于加快建立健全绿色低碳循环发展经济体系的若干措施的通知》（以下简称《通知》），《通知》旨在贯彻《国务院关于加快建立健全绿色低碳循环发展经济体系的指导意见》（国发〔2021〕4号），全方面推进江西省绿色发展建设和水平提升。《通知》提出要大力发展绿色金融，并提出了一系列举措，包括：1. 组织金融机构绿色金融业绩评价考核，深化赣江新区绿色金融改革创新，并将绿色金融经验成果复制推广；2. 加强绿色金融信息共享机制，完善绿色项目库，推动金融机构对清洁能源、工业环保等领域的支持；3. 加快绿色票据支持体系建设，加快推进绿色票据认定信息管理系统上线，建立绿色票据主体库，鼓励金融机构加大对绿色票据的支持；4. 依法加大直接融资力度，发行绿色债券和设立绿色基金，支持符合条件的绿色企业上市（挂牌）；5. 积极开展气候投融资，推进气候投融资项目库建设，创新碳中和基金、气候债券、气候信贷产品等碳金融产品；6. 鼓励金融机构开展绿色信贷、绿色保险产品的服务创新。

2021年7月27日，江西银保监局发布《江西银保监局关于江西保险业加快发展绿色保险的指导意见》（以下简称《意见》），《意见》是一项绿色金融专项文件，旨在指导和促进江西保险业快速发展绿色保险。《意见》指出，要以服务碳达峰、碳中和战略部署为核心，把发展绿色保险放在深化金融供给侧结构性改革工作整体布局中统筹推进，以健全绿色保险专业组织体系、发展环境保护与污染修复类业务、发展生态资源保护类业务、发展气候变化风险管理类业务、发展绿色产业支持类业务、发展绿色生产生活行为引导类业务、发展绿色投资类业务、建立专业对接服务机制、建立信息科技赋能机制、建立正向激励引导机制、建立专业队伍培育机制、建立公众宣传教育机制为主要任务，并加强组织领导、推进落实和监管引领的保障措施，为绿色保险发展提供强力保障。

（十）浙江省

2021年7月20日，浙江银行保险监督局等十部委发布《浙江银行业保险业支持“6+1”重点领域助力碳达峰碳中和行动方案》（以下简称《方案》），《方案》是一项旨在进一步推动银行业和保险业支持碳达峰碳中和目标，助力浙江经济社会全面绿色低碳发展的绿色金融专项政策。《方案》特别提到，要推动绿色产业方案，探索建立绿色低碳项目清单制度进行管理，配套专项授信额度，推动信贷资源向绿色低碳项目倾斜，推动保险资金加大力度投资绿色低碳项目。要全力保障低碳高效产业发展融资需求，支持高碳高效产业低碳转型。同时，要深化重点领域金融服务支持，大力支持可再生能源、绿色制造、绿色建筑、绿色交通等领域，拓宽多元化绿色融资渠道，扩大绿色融资覆盖面，降低融资成本。在完善绿色金融服务机制方面，要推进将低碳表现纳入授信管理流程；探索建立绿色建筑和已有建筑节能绿色改造全流程的第三方评价机制；实施差异化绿色信贷和绿色保险制度；鼓励建立专营机制，鼓励绿色金融产品创新，探索碳能效贷、能效信贷、气候债券、绿色信贷资产证券化等产品；要强化绿色金融绩效考核管理机制，设置绿色信贷容错、纠错、尽职免责机制等。《方案》还强调要以数字化改革为引导，加强多跨协同场景下的信息共享运用，加强绿色金融的服务。

（十一）北京市

2021年7月28日，中国银行保险监督管理委员会北京监管局等十二部委（中国人民银行营业管理部、中国证券监督管理委员会北京监管局、北京市地方金融监督管理局、北京市发展和改革委员会、北京市财政局、北京市经济和信息化局、北京市政务服务管理局、北京市科学技术委员会、中关村科技园区管理委员会、北京市人民政府国有资产监督管理委员会、北京市人力资源和社会保障局、北京市国有文化资产管理中心）发布《进一步完善北京民营和小微企业金融服务机制行动方案（2021-2023年）》（以下简称《行动方案》），《行动方案》是旨在深化民营和小微企业金融服务有关精神，进一步发展北京市“两区”建设、助力优化金融营商环境。《行动方案》提到，要建立完善的绿色金融服务体系。要创新发展绿色金融工具，积极引进绿色投资机构，鼓励金融机构更多投向绿色产业，带动社会资本投资绿色企业。梳理形成北京市绿色及相关产业企业名录，并定期更新，持续提升金融服务产业的精确性。

2021年9月27日，北京市发展和改革委员会、北京市科学技术委员会、中关村科技园区管理委员会发布《北京市关于进一步完善市场导向的绿色技术创新体系若干措施》（以下简称《措施》），《措施》是北京市为贯彻双碳目标和实施绿色北京战略，强化绿色技术和创新的政策文件。《措施》指出，要完善绿色金融对北京市绿色技术创新融资的支持，建设完善北京市绿色技术创新融资综合服务平台，引导银行等金融机构设立创新型绿色技术示范应用项目贷款绿色通道。探索推出"京绿通"等支持绿色项目、绿色企业发展的货币政策工具，积极支持符合条件的创新型绿色技术企业发行绿色债券。研究探索吸引社会资本建立本市绿色技术创新投资基金。鼓励保险机构结合绿色技术应用场景，有针对性地创新绿色技术首台（套）险种。

（十二）黑龙江省

2021年9月2日，黑龙江省人民政府发布《黑龙江省绿色金融工作实施方案》（以下简称《方案》），《方案》是一项旨在指导和推动黑龙江省绿色金融体系建设的地方性绿色金融专项政策。《方案》提出，一要构建多层次金融组织体系，包括建立绿色金融专营体系、加快发展绿色产业基金、构建绿色担保机制等内容；二要构建多元化产品服务体系，包括推进绿色信贷产品创新、完善绿色信贷服务体系、加大绿色债券融资力度、大力推动绿色企业上市、创新绿色保险产品和服务等内容；三要构建多维度基础设施体系，包括建立全省绿色企业库、健全绿色金融评价体系、建立健全绿色支付体系、加快建立绿色信用体系、建立环境信息披露制度、探索碳排放权交易体系建设、推动农业绿色低碳发展、提升林业碳汇能力和探索自然生态产品价值转换机制等内容；四要构建多层级政策支持体系，包括建立货币政策工具支持体系、优化绿色信贷风险分担机制、推进绿色金融试点等内容；五要构建全方位风险防控体系，包括绿色投资风险监管体系和绿色信贷风险监测和评估机制；六要加大绿色金融对外交流合作，尤其是依托中国（黑龙江）自由贸易试验区建设，积极开展对俄绿色金融合作。

第三节 绿色债券政策

一、全国性绿色债券政策

（一）统一绿色债券界定标准相关政策

2021年2月22日，国务院发布《国务院关于加快建立健全绿色低碳循环发展经济体系的指导意见》，指出统一绿色债券标准，建立绿色债券评级标准。2021 年 4 月 21 日，央行、发改委和证监会联合发布《绿色债券支持项目目录（2021 年版）》，于 2021 年 7 月 1 日正式实施，目录首次统一了绿色债券相关管理部门对绿色项目的界定标准，降低了绿色债券发行、交易和管理成本，提升了绿色债券市场的定价效率；目录删除了煤炭等化石能源清洁利用等高碳排放项目，同时实现了二级和三级目录与国际主流绿色资产分类标准基本一致，推动我国绿色债券市场同国际接轨；目录增加了绿色农业、绿色建筑等新时期国家重点发展的绿色产业领域类别，有助于推动我国绿色低碳转型发展；此外，目录的四级分类与《绿色产业指导目录（2019 年版）》三级分类基本一致，提升了目录操作的便利程度，有利于存量绿色债券的顺利过渡。目录的出台进一步规范了国内绿色债券市场的发展，有助于推动国内绿色债券市场进一步扩容。2021 年 9 月 3 日，工信部等四部委联合发布《关于加强产融合作推动工业绿色发展的指导意见》，指出完善《绿色债券支持项目目录》中涉及工业绿色发展的分类，为工业企业信息服务平台和项目库建设提供支撑，有助于进一步规范工业企业绿色债券的发行。

表 1-13　统一绿色债券界定标准相关政策

发行部门	发行时间	文件名	内容
2021 年 2 月	国务院	《国务院关于加快建立健全绿色低碳循环发展经济体系的指导意见》	提出了支持绿色债券、绿色信贷、绿色融资、绿色保险的发展，还特别提到了加强对金融机构的业绩评价考核力度，统一绿色债券标准，建立绿色债券评级标准，支持绿色产业上市融资和金融机构国际绿色融资，推动国际绿色金融标准趋同，有序推进绿色金融市场双向开放和气候投融资工作。

续表

发行部门	发行时间	文件名	内容
2021年4月	中国人民银行、发展改革委、证监会	《绿色债券支持项目目录（2021年版）》	相较于《绿色债券支持项目目录（2015年版）》，认定范围有较大改动。与2020年发布的征求意见稿相比，新版目录中对更多具体技术标准和环境标准进行了明确，并纳入了关于“无重大损害”原则的表述，使其更接近欧盟分类方案和全球通行原则。
2021年9月	工业和信息化部、人民银行、银保监会、证监会	《关于加强产融合作推动工业绿色发展的指导意见》	《意见》提出9条主要任务，包括建立健全碳核算和绿色金融标准体系，完善工业绿色发展信息共享机制，加强产融合作平台建设，加大绿色融资支持力度，创新绿色金融产品和服务，提高绿色保险服务水平，加快发展绿色基金，支持绿色金融改革创新试点等。

（二）支持多领域绿色债券发行和扩容相关政策

2021年1月4日，国家发改委等十部门印发《关于推进污水资源化利用的指导意见》，指出鼓励企业采用绿色债券、资产证券化等手段，依法合规拓宽融资渠道，推动我国污水资源化利用实现高质量发展。2021年2月22日，国务院印发《国务院关于加快建立健全绿色低碳循环发展经济体系的指导意见》，指出大力发展绿色金融，发展绿色直接融资，加大对金融机构绿色金融业绩评价考核力度。2021年7月27日，发改委等三部委发布《关于鼓励家电生产企业开展回收目标责任制行动的通知》，指出将完成回收目标并达到国家有关管理要求的责任企业纳入家电生产企业“绿色责任名单”，在企业发行绿色债券、绿色信贷审批时优先支持。2021年8月18日，央行等六部委发布《关于推动公司信用类债券市场改革开放高质量发展的指导意见》指出，扩大“双创”债券、绿色债券发行规模。2021年9月12日，中共中央办公厅和国务院办公厅印发《关于深化生态保护补偿制度改革的意见》，指出拓展市场化融资渠道，鼓励符合条件的非金融企业和机构发行绿色债券。2021 年 9 月 22 日，中共中央、国务院发布《中共中央　国务院关于完整准确全面贯彻新发展理念做好碳达峰碳中和工作的意见》，指出支持符合条件的企业上市融资和再融资用于绿色低碳项目建设运营，扩大绿色债券规模。2021 年 10 月 18 日，国家发改委等五部委联合发布《国家发展改革委等部门关于严格能效约束推动重点领域节能降碳的若干意见》，指出拓展绿色债券市场的深度和广度，支持符合条件的节能低碳发展企业上市融资和再融资。2021 年 10 月 24 日，国务院印发《2030 年前碳达峰行动方案》，指出大力发展绿色债券等金融工具，拓展绿色债券市场的深度和广度，有助于推动绿色债券市场扩容。2021 年 11 月 2 日，中共中央、国务院发布《中共中央　国务院关于深入打好污染防治攻坚战的意见》，指出大力发展绿色信贷、绿色债券、绿色基金，加快发展气候投融资，强化对金融机构的绿色金融业绩评价。2021 年 11 月 10 日，国务院办公厅发布《国务院办公厅关于鼓励和支持社会资本参与生态保护修复的意见》，指出推动绿色基金、绿色债券、绿色信贷、绿色保险等加大对生态保护修复的投资力度，积极支持符合条件的企业发行绿色债券，用于生态保护修复工程。2021 年 11 月 27 日，国资委印发《关于推进中央企业高质量发展做好碳达峰碳中和工作的指导意见》，指出积极发展绿色金融，有序推进绿色低碳金融产品和服务开发，拓展绿色债券的业务范围。中央和各部委多次发文有助于拓宽不同领域绿色低碳企业的融资渠道，推动相关领域绿色债券发行。

表 1-14　支持多领域绿色债券发行和扩容相关政策

发行部门	发行时间	文件名	内容
2021 年 1 月	国家发改委等十部门	《关于推进污水资源化利用的指导意见》	为加快推进污水资源化利用，促进解决水资源短缺、水环境污染、水生态损害问题，推动高质量发展、可持续发展，提出的指导意见。

续表

发行部门	发行时间	文件名	内容
2021 年 2 月	国务院	《国务院关于加快建立健全绿色低碳循环发展经济体系的指导意见》	提出支持绿色债券、绿色信贷、绿色融资、绿色保险的发展，统一绿色债券标准，建立绿色债券评级标准，支持绿色产业上市融资和金融机构国际绿色融资，推动国际绿色金融标准趋同，有序推进绿色金融市场双向开放和气候投融资工作。
2021 年 7 月	国家发展改革委、工业和信息化部、生态环境部	《关于鼓励家电生产企业开展回收目标责任制行动的通知》	鼓励家电企业开展回收目标责任制，将完成回收目标并达到国家有关管理要求的责任企业纳入家电生产企业“绿色责任名单”，在企业发行绿色债券、绿色信贷审批时优先支持。对责任企业所承诺的目标和任务进行评估并向社会公示。
2021 年 8 月	央行等六部委	《关于推动公司信用类债券市场改革开放高质量发展的指导意见》	推动公司信用类债券市场改革开放高质量发展，促进建成制度健全、竞争有序、透明开放的多层次债券市场体系。
2021 年 9 月	中共中央办公厅、国务院办公厅	《关于深化生态保护补偿制度改革的意见》	《意见》提出，要采用各种绿色金融工具，发挥市场机制作用。首先，要完善市场交易机制，逐步开展市场化环境权交易。其次，要拓展市场化融资渠道，研究基于各类资源环境权益的融资工具，建立绿色股票指数，发展碳排放权期货交易，扩大绿色金融改革创新试验区试点范围。另要探索多样化补偿方式，支持开展相关生态环保教育培训、特色产业和绿色产品生产。

续表

发行部门	发行时间	文件名	内容
2021 年 9 月	中共中央、国务院	《中共中央 国务院关于完整准确全面贯彻新发展理念做好碳达峰碳中和工作的意见》	支持符合条件的企业上市融资和再融资用于绿色低碳项目建设运营，扩大绿色债券规模。研究设立国家低碳转型基金。鼓励社会资本设立绿色低碳产业投资基金。建立健全绿色金融标准体系。
2021 年 10 月	国家发展改革委、生态环境部等五部委	《国家发展改革委等部门关于严格能效约束推动重点领域节能降碳的若干意见》	《意见》指出，在全国范围内，将发展绿色金融作为完善技改支持政策的重要实现方式之一，要积极发展绿色金融，设立碳减排支持工具，支持金融机构在风险可控、商业可持续的前提下，向碳减排效应显著的重点项目提供高质量的金融服务。
2021 年 10 月	国务院	《2030 年前碳达峰行动方案》	在开展绿色经贸、技术与金融合作中，要深化绿色金融国际合作，积极参与碳定价机制和绿色金融标准体系国际宏观协调，与有关各方共同推动绿色低碳转型。经济政策完善过程中，要着力完善绿色金融评价机制，建立健全绿色金融标准体系，大力发展绿色贷款、绿色股权、绿色债券、绿色保险、绿色基金等金融工具，设立碳减排支持工具。
2021 年 11 月	中共中央、国务院	《中共中央 国务院关于深入打好污染防治攻坚战的意见》	要扩大环境保护、节能节水等企业所得税优惠目录范围，完善绿色电价政策。大力发展绿色信贷、绿色债券、绿色基金，加快发展气候投融资，在环境高风险领域依法推行环境污染强制责任保险，强化对金融机构的绿色金融业绩评价。加快推进排污权、用能权、碳排放权市场化交易。

续表

发行部门	发行时间	文件名	内容
2021年11月	国务院办公厅	《国务院办公厅关于鼓励和支持社会资本参与生态保护修复的意见》	《意见》提出社会资本可通过以下方式在生态保护修复中获得收益：采取“生态保护修复+产业导入”方式，利用获得的自然资源资产使用权或特许经营权发展适宜产业；对投资形成的具有碳汇能力且符合相关要求的生态系统，申请核证碳汇增量并进行交易；通过经政府批准的资源综合利用获得收益等。
2021年11月	国资委	《关于推进中央企业高质量发展做好碳达峰碳中和工作的指导意见》	《指导意见》确定了中央企业在2025、2030、2060三个阶段产业机构和能源结构方面的转型目标，及碳达峰、碳中和的时间线。其中，到2030年，中央企业二氧化碳排放量整体达到峰值并实现稳中有降，有条件的中央企业力争碳排放率先达峰；到2060年，中央企业绿色低碳循环发展的产业体系和清洁低碳安全高效的能源体系全面建立，能源利用效率达到世界一流企业先进水平。

（三）创新绿色债券品种相关政策

一是创新推出“碳中和债”。在碳达峰、碳中和的发展目标下，2021年2月9日，交易商协会在绿色债务融资工具项下创新推出“碳中和债”，2021年3月18日，交易商协会发布《关于明确碳中和债相关机制的通知》，明确“碳中和债”定义，对“碳中和债”的募集资金用途、项目评估和遴选、募集资金管理和存续期信息披露和管理提出明确要求，同时指出为“碳中和债”开辟绿色通道。随后，沪深交易所也分别于2021年2月25日和2021年3月5日推出碳中和公司债券。“碳中和债”的推出对于加强债券市场对企业绿色发展和低碳转型的支持、推动绿色债券市场创新发展具有重要意义，有助于推动绿色债券市场稳健扩容。

二是创新推出“乡村振兴绿色债券”。2021 年 4 月 21 日，交易商协会推出首单“乡村振兴绿色债券”，企业发行乡村振兴债券主要通过主承销商尽职调查认定属于乡村振兴类项目，募集资金用途需要同时满足乡村振兴债券和绿色债券的要求，其中用于乡村振兴项目的最低比例要求为 30%。“乡村振兴绿色债券”的推出有助于进一步降低相关主体的融资成本，形成示范效应，推动相关企业绿色债券的发行。

三是创新推出“可持续发展挂钩债券”。2021 年 4 月 28 日，交易商协会创新推出“可持续发展挂钩债券”，交易所也于 7 月首次发行可持续发展挂钩公司债，可持续发展挂钩债券将债券条款与发行人可持续发展目标相挂钩，募集资金用途无特殊要求，但如与绿色债务融资工具、乡村振兴票据等创新产品相结合，募集资金用途应满足专项产品的要求，用于绿色项目或乡村振兴领域。可持续发展挂钩债券的推出有助于推动因暂无足够绿色项目而较难发行绿色债务融资工具的发行人和想参与可持续金融的传统行业发行人发行债券融资，引导发行人从机构层面实质性推动可持续发展目标的实现，实现发行人主体层面的“碳减排”和“碳中和”。

（四）引导绿色债券投资相关政策

一是推出“碳中和”债券指数。2021 年 3 月 18 日，上交所推出我国首只“碳中和”债券指数，用于反映碳中和债券整体价格走势和市场发展情况，为市场提供优质的“碳中和”债券指数化投资标的，有助于引导投资者投资“碳中和”债券，推动绿色债券市场扩容。

二是引导商业银行投资绿色债券。2021 年 5 月 27 日，央行发布《银行业金融机构绿色金融评价方案》（以下简称《方案》），于 7 月 1 日正式实施，《方案》进一步拓宽了商业银行考核业务的覆盖范围，将考核内容由绿色贷款业务升级为绿色贷款和绿色债券业务，并为绿色股权投资、绿色租赁、绿色信托、绿色理财等预留了空间。《方案》所述绿色金融评价指标包括定量（权重 80%）和定性（权重 20%）两类。其中，定量指标包括绿色金融业务总额占比、绿色金融业务总额份额占比、绿色金融业务总额同比增速、绿色金融业务风险总额占比等 4 项。此外，《方案》也制定了部分指标判断所用数据的来源，在附件中披露了评分细则。《方案》的实施有助于持续引导银行业金融机构投资绿色债券，推动绿色债券激励机制建设，为绿色债券市场发展提供新动力，同时也将进一步增加相关机构对绿色债券的投资需求，改善我国绿色债券投资积极性不高等问题。

（五）规范绿色债券发行相关政策

一是规范绿色债券募集资金用途。2021 年 7 月 13 日，沪深交易所分别发布《上海证券交易所公司债券发行上市审核规则适用指引第 2 号——特定品种公司债券（2021 年修订）》《深圳证券交易所公司债券创新品种业务指引第 1 号——绿色公司债券（2021 年修订）》等业务指引，进一步提高了绿色公司债券募集资金使用要求，确保募集资金用于绿色产业领域，同时新增了“碳中和绿色公司债券”“蓝色债券”等绿色债券子品种的制度安排，有助于进一步完善绿色债券规则体系，规范绿色债券发行。

二是规范绿色债券评估认证。2021 年 9 月 3 日，工信部等四部委在联合发布的《关于加强产融合作推动工业绿色发展的指导意见》中指出规范统一绿色金融标准，完善绿色债券等评估认证标准。2021 年 9 月 24 日，绿色债券标准委员会发布《绿色债券评估认证机构市场化评议操作细则（试行）》及配套文件，从绿标委对评估认证机构实施市场化评议和自律管理、市场化评议流程等方面规范评估认证机构行为，是国内首份针对绿色债券评估认证机构的自律规范文件，有助于提高评估认证质量，推动绿色债券市场健康发展。

表 1-15 规范绿色债券发行相关政策

发布时间	发布单位	文件名	内容
2021 年 7 月	上海证券交易所	《上海证券交易所公司债券发行上市审核规则适用指引第 2 号——特定品种公司债券（2021 年修订）》	进一步发挥公司债券服务实体经济和服务国家战略功能，规范特定品种公司债券发行上市申请相关业务。更好支持企业低碳发展，促进产业结构、能源结构调整优化，助力实现碳达峰、碳中和目标。
2021 年 7 月	深圳证券交易所	《深圳证券交易所公司债券创新品种业务指引第 1 号——绿色公司债券（2021 年修订）》	进一步优化了绿色债券募集资金使用和信息披露要求，确保募集资金流向绿色产业领域。同时，此次修订对照国务院以及证监会等文件要求，将原“扶贫公司债券”整体修订为“乡村振兴公司债券”，明确了乡村振兴公司债券发行主体、募集资金用途及信息披露等相关安排。

续表

发布时间	发布单位	文件名	内容
2021年9月	绿色债券标准委员会	《绿色债券评估认证机构市场化评议操作细则（试行）》	随同《细则（试行）》一同发布的还有《绿色债券评估认证机构市场化评议标准》和《绿色债券评估认证机构市场化评议材料清单》等配套文件。列出了包括机构素质及业务评议、绿色债券相关自律组织及基础设施平台评议、发行人评议、投资人评议、环境领域专家评议、绿色债券标准委员会评议等类别及其相应评议指标和评议内容，评议信息表、评议说明书等多项所需材料。
2021年11月	工业和信息化部、人民银行、银保监会、证监会	《关于加强产融合作推动工业绿色发展的指导意见》	《意见》提出9条主要任务，包括建立健全碳核算和绿色金融标准体系，完善工业绿色发展信息共享机制，加强产融合作平台建设，加大绿色融资支持力度，创新绿色金融产品和服务，提高绿色保险服务水平，加快发展绿色基金，支持绿色金融改革创新试点等。

二、地方绿色债券政策

（一）支持地方绿色债券发行相关政策

一是地方政府落实《国务院关于加快建立健全绿色低碳循环发展经济体系的指导意见》，支持地方绿色债券发行。为落实国务院发布的《国务院关于加快建立健全绿色低碳循环发展经济体系的指导意见》，2021年全国各省市人民政府相继发布实施意见或方案，鼓励绿色债券的发行和投资，有助于进一步拓宽各地绿色企业的融资渠道，推动地方绿色债券的发行。

二是地方政府实质性激励增多，对地方发债企业给予财政支持。2021年南宁市、甘肃省、深圳市、宁夏回族自治区和厦门市等省市相继出台激励政策，对成功发行绿色债券的当地企业给予发行奖励，地方政府实质性激励明显增多，有助于降低地方发债企业的融资成本，切实推动地方企业绿色债券的发行。

三是地方政府推动不同领域绿色债券发行。2021年青岛市、北京市、上海市、陕西省、湖南省等省市政府或金融监管机构相继发布政策支持绿色建筑项目运营企业、创新性绿色技术企业、绿色低碳企业、中长期绿色产业项目投资运营企业、中小绿色企业等不同领域和类型的企业发行绿色债券融资，有助于拓宽不同领域发行人的融资渠道，推动相关企业绿色债券的发行。

四是地方政府支持绿色债券创新品种发行。2021年浙江省、深圳市、江苏省等省市地区相继发布政策鼓励碳中和债、气候债券、蓝色债券、可持续发展挂钩债券等创新绿色金融产品的发行，推动地方绿色债券市场进一步扩容。

表1-16 支持地方绿色债券发行相关政策

发布日期	发行部门	文件标题	内容
2021年3月26日	广州市发展和改革委员会	《广州市关于推进共建粤港澳大湾区国际金融枢纽实施意见》	《实施意见》提到多个绿色金融工具如绿色债券，绿色保险，环境权益金融，多举措并行，包括设立试点、推动信息共享、财政补贴等，推动大湾区绿色金融的建设。第一，深化绿色金融改革创新，完善绿色金融市场体系，加强绿色金融产品创新；第二，提升绿色金融产业对接，建立项目库，搭建平台，对接金融机构和绿色企业、项目；第三，深化大湾区内的绿色金融合作，鼓励绿色项目融资、认证，绿色金融产品的创新、发行等。
2021年3月26日	广州市推进粤港澳大湾区建设领导小组	《广州市关于推进共建粤港澳大湾区国际金融枢纽三年行动计划（2021—2023年）》	《行动计划》从完善现代金融服务体系和推进金融市场互联互通两方面着手，提到推进绿色金融产品创新，搭建绿色企业、项目融资平台，建立环境权益交易市场，推动大湾区企业和项目信息共享；支持在穗企业注册发行绿色债务融资工具，赴港澳发行绿色债券和境内外上市；完善大湾区绿色合作机制，发挥广州绿色金融研究院等机构的服务作用；加强广州绿色金融改革创新试验区建设，支持各区依托“三旧”改造和区位产业优势建设绿色产业园等。

续表

发布日期	发行部门	文件标题	内容
2021 年 3 月 16 日	江苏省政府办公厅	《省政府办公厅关于印发国家城乡融合发展试验区（江苏宁锡常接合片区）实施方案的通知》	深化城乡建设领域专项资金改革，推动省乡村振兴基金加大对城乡融合发展的支持力度。鼓励南京、无锡、常州三市设立城乡融合发展基金，重点引导社会资本培育一批城乡融合发展典型项目。优先支持试验区内符合条件企业发行城乡融合发展典型项目企业债券等公司信用类债券。健全政银企对接机制，加大对试验区内符合条件企业的中长期贷款投放规模和力度。支持符合条件的银行业金融机构设计开发城乡融合发展类产品或业务，实施绿色信贷制度。鼓励和引导各类资本联动参与试验区建设。
2021 年 3 月 18 日	南宁市人民政府	《南宁市人民政府关于印发南宁市促进金融业高质量发展若干政策的通知》	《通知》特别说明了南宁市对企业使用资本市场融资工具的支持，发行标注绿色标识的绿色债券，将按发行规模的 4‰给予奖励，单家企业当年奖励不超过 150 万元，即对绿色债券发行的补贴。此外，南宁市将对驻市金融机构（企业）多项创新包括绿色金融机构改革创新进行评价和奖励，并依据评价排名进行奖励，最高达 80 万元。
2021 年 4 月 29 日	河北省人民政府	《河北省人民政府关于建立健全绿色低碳循环发展经济体系的实施意见》	《意见》提出，要大力发展绿色金融，开展省内法人机构绿色信贷业绩评价，完善绿色金融激励约束机制。支持保险机构开展和建立健全绿色保险业务和理赔服务体系，鼓励符合条件的企业和机构发行绿色债券，鼓励符合条件的绿色产业企业上市融资，通过增发公司债、银行间市场债务等融资工具再融资。

续表

发布日期	发行部门	文件标题	内容
2021 年 5 月 11 日	三明市发展和改革委员会、三明市自然资源局、三明市生态环境局、三明市林业局、三明市地方金融监督管理局	《三明市林业碳票管理办法（试行）》	鼓励金融机构积极开发碳资产抵质押融资、碳金融结构性存款、碳债券、碳基金等绿色金融产品，参与林业碳票存储、交易、融资等。鼓励保险机构积极开发碳资产类的保险、再保险业务，支持林业碳票事业健康发展。鼓励金融机构创新质押贷款产品，探索将林业碳票作为贷款的可质押物。
2021 年 5 月 12 日	甘肃省人民政府办公厅	《甘肃省关于金融助力实体经济高质量发展的若干措施》	《措施》提出要大力发展绿色金融，围绕低碳循环发展和碳达峰、碳中和要求，鼓励金融机构向绿色领域倾斜配置资源，加强对清洁能源、节能环保、生态环境、基础设施绿色升级等领域的支持力度，使用和创新绿色信贷，绿色债券、绿色保险等绿色金融产品和服务，用好绿色生态产业发展基金，促进绿色产业发展；支持兰州新区加快推进绿色金融改革创新试验区建设，探索绿色项目经营权、收益权及环境权益、土地权益等抵质押融资模式创新，推动金融科技赋能绿色金融发展，探索积累试点经验后在全省推广；拓宽黄河流域生态保护融资渠道。
2021 年 5 月 12 日	陕西省发展和改革委员会等八部门	《陕西省加快推进快递包装绿色转型实施方案》	研究将绿色、可循环快递包装生产和规模化应用企业列入绿色信贷支持范围，积极开展绿色信贷业绩评价工作，引导金融机构落实信贷政策，鼓励金融机构积极创新针对性绿色金融产品，鼓励有条件的绿色、可循环快递包装企业利用债券市场融资，推动金融机构加大绿色债券承销工作力度、存续期管理，提供资金支持。

续表

发布日期	发行部门	文件标题	内容
2021 年 5 月 14 日	浙江省生态环境厅	《浙江省生态环境厅关于支持山区 26 县跨越式高质量发展生态环保专项政策意见》	加大支持发展绿色金融。探索与省内主要银行签订绿色金融合作协议，引导合作银行围绕当地传统产业绿色改造和新动能培育，在绿色债券、绿色基金、绿色信贷、绿色 PPP 等产品服务创新以及绿色保险合作上先行先试。
2021 年 5 月 17 日	青岛市人民政府	《青岛市关于加快推进绿色城市建设发展试点的实施意见》	一是创新金融工具，通过搭建电子化常态化金企对接平台，向绿色城市建设项目和企业提供绿色债券、绿色信贷、绿色保险等绿色金融产品，拓宽融资渠道，降低融资成本；二是创新应用方式，大力探索推广市场应用模式，设立绿色发展基金、绿色担保基金和绿色产业基金支持绿色城市建设，提高社会资本参与积极性；三是创新财税政策，加大政策支持力度，助力绿色城市和绿色金融体系建设。通过以上工作，基本建立起以绿色融资为特色的城乡建设市场化资源配置结构，形成绿色城市与绿色金融联动发展机制。
2021 年 5 月 21 日	汉中市人民政府	《汉中市加快金融业高质量发展三年行动计划》	围绕碳达峰、碳中和目标要求，引导金融资源向节能环保、清洁生产、清洁能源、生态农业、产业升级、绿色建筑等领域倾斜。加快绿色金融服务创新，探索将碳排放权和排污权等纳入抵押品范围，推广使用碳金融、绿色基金、绿色保险等金融产品和发行绿色债券、绿色票据，构建多层次绿色金融体系。完善绿色金融配套优惠政策，健全绿色产业项目的认证及评级标准。建立健全绿色金融统计制度，将绿色金融监测评价结果作为辖内银行、保险机构考核评级和履职评价的重要参考内容。

续表

发布日期	发行部门	文件标题	内容
2021年5月25日	天津市商务局	《中国（天津）自由贸易试验区滨海高新区联动创新区总体方案及中国（天津）自由贸易试验区中新生态城联动创新区总体方案》	试点开发绿色金融产品。推动联动创新区开展绿色建筑性能保险等绿色金融产品创新，协调金融机构开发保险产品、开展差别化信贷、发行绿色债券，支持生态修复、环境治理和节能环保产业发展。
2021年6月3日	四川省国资委	《关于省属企业碳达峰碳中和的指导意见》	在推动绿色金融创新发展方面，要统筹用好各类绿色金融工具，鼓励企业参与绿色信贷、绿色债券（碳中和债）、绿色基金、绿色担保、碳金融等多种绿色金融工具创新，支持省属企业联合发起设立“绿色发展基金”，为符合要求的节能减碳等项目提供资金支持。
2021年7月6日	龙岩银保监分局	《龙岩银行业保险业“十四五”绿色金融工作方案》	鼓励有条件的银行机构发行绿色金融债券，为我市绿色信贷投放募集低成本资金。鼓励各银行机构积极拓展绿色债券承销、节能减排顾问、环保咨询等绿色金融服务，促进更多社会资本投入我市绿色产业。支持各保险业机构通过股权、债权等方式，为重点绿色项目提供长期、稳定的资金支持。

续表

发布日期	发行部门	文件标题	内容
2021 年 7 月 8 日	江西省人民政府	《江西省人民政府印发关于加快建立健全绿色低碳循环发展经济体系的若干措施的通知》	《通知》提出要大力发展绿色金融，并提出了一系列举措，包括：一、组织金融机构绿色金融业绩评价考核，深化赣江新区绿色金融改革创新，并将绿色金融经验成果复制推广；二、加强绿色金融信息共享机制，完善绿色项目库，推动金融机构对清洁能源、工业环保等领域的支持；三、加快绿色票据支持体系建设，加快推进绿色票据认定信息管理系统上线，建立绿色票据主体库，鼓励金融机构加大对绿色票据的支持；四、依法加大直接融资力度，发行绿色债券和设立绿色基金，支持符合条件的绿色企业上市（挂牌）；五、积极开展气候投融资，推进气候投融资项目库建设，创新碳中和基金、气候债券、气候信贷产品等碳金融产品；六、鼓励金融机构开展绿色信贷、绿色保险产品的服务创新。
2021 年 7 月 14 日	广东省发改委	《广东省 2021 年能耗双控工作方案》	《方案》提到，要为实现广东省 2021 年能耗双控目标，打造和完善绿色金融配套政策。广东省应优化信贷结构，严格审核“两高”项目融资申请，对产能过剩、落后产能以及“两高”行业进行严格授信管理。加快金融产品和服务创新，加强对节能技术推广目录项目、节能重点工程项目的融资支持，支持省内企业通过兼并重组淘汰落后产能。大力发展绿色金融，进一步推广绿色信贷、绿色债券，创新绿色保险和环境权益交易金融产品。

续表

发布日期	发行部门	文件标题	内容
2021年7月20日	浙江银行保险监督局等十部委	《浙江银行业保险业支持"6+1"重点领域助力碳达峰碳中和行动方案》	《方案》是一项旨在进一步推动银行业和保险业支持碳达峰碳中和目标，助力浙江经济社会全面绿色低碳发展的绿色金融专项政策。《方案》特别提到，要推动绿色产业方案，探索建立绿色低碳项目清单制度进行管理，配套专项授信额度，推动信贷资源向绿色低碳项目倾斜，推动保险资金加大力度投资绿色低碳项目。要全力保障低碳高效产业发展融资需求，支持高碳高效产业低碳转型。同时，要深化重点领域金融服务支持，大力支持可再生能源、绿色制造、绿色建筑、绿色交通等领域，拓宽多元化绿色融资渠道，扩大绿色融资覆盖面，降低融资成本。在完善绿色金融服务机制方面，要推进将低碳表现纳入授信管理流程；探索建立绿色建筑和已有建筑节能绿色改造全流程的第三方评价机制；实施差异化绿色信贷和绿色保险制度；鼓励建立专营机制，鼓励绿色金融产品创新，探索碳能效贷、能效信贷、气候债券、绿色信贷资产证券化等产品；要强化绿色金融绩效考核管理机制，设置绿色信贷容错、纠错、尽职免责机制等。《方案》还强调要以数字化改革为引导，加强多跨协同场景下的信息共享运用，加强绿色金融的服务。
2021年7月28日	石家庄市人民政府	《关于加快推进绿色低碳循环发展经济体系的若干措施》	开展法人金融机构绿色信贷业绩评价，完善绿色金融激励约束机制。支持保险机构开展绿色保险业务，建立健全保险理赔服务体系。鼓励符合条件的企业或机构发行绿色债券。鼓励符合条件的绿色产业企业上市融资，支持符合条件的绿色产业上市公司通过增发公司债、银行间债务融资工具等方式再融资。

续表

发布日期	发行部门	文件标题	内容
2021 年 8 月 16 日	广东省人民政府办公厅	《广东省促进建筑业高质量发展的若干措施》	大力发展绿色金融，向节能建筑、绿色建筑以及以智能建造和新型建筑工业化方式建设项目提供绿色信贷、绿色债券等融资对接服务，鼓励保险资金支持相关项目建设或者提供增信措施。
2021 年 8 月 18 日	河南省人民政府	《河南省人民政府关于加快建立健全绿色低碳循环发展经济体系的实施意见》	发展绿色信贷和绿色直接融资，加大对金融机构的绿色金融业绩评价考核力度。落实国家《绿色债券支持项目目录（2021 年版）》。鼓励设立绿色产业发展基金。支持保险机构开展绿色保险业务，加快建立健全保险理赔服务体系。鼓励符合条件的企业或机构发行绿色债券、碳中和债券。支持符合条件的绿色产业企业上市融资，支持符合条件的绿色产业上市公司通过增发股票等方式和利用公司债、银行间市场债务融资工具再融资。
2021 年 8 月 26 日	甘肃省人民政府	《关于加快建立健全绿色低碳循环发展经济体系的实施方案》	《实施方案》提到，要为加快建立健全绿色低碳循环发展经济体系建立绿色金融配套体系。要鼓励银行业金融机构制定绿色金融发展规划。加大对金融机构绿色金融业绩评价的考核力度，开展省内银行业存款类金融机构绿色信贷业绩评价。推动符合条件的地方法人金融机构发行绿色金融债券，鼓励中央在甘金融机构将绿色产业项目纳入总行绿色金融债券支持范围。支持符合条件的非金融企业发行绿色融资工具，引导省内保险机构发展绿色农业保险和环境污染责任保险。支持符合条件的绿色产业企业上市融资，支持金融机构和相关企业在国际市场开展绿色融资，鼓励和引导民间投资与外资进入气候投融资领域。

续表

发布日期	发行部门	文件标题	内容
2021年8月31日	中共乐山市委办公室、乐山市人民政府办公室	《乐山市构建现代环境治理体系实施方案》	推动环境污染责任保险发展，鼓励保险机构创新绿色保险产品和服务，完善绿色金融服务体系。落实碳排放权、排污权、用能权、水权交易制度，实施碳资产能力提升行动。鼓励发展重大环保装备融资租赁。鼓励符合条件的企业和金融机构发行绿色债券。依法依规利用政府和社会资本合作（PPP）模式扩大绿色投资，推动符合条件的绿色项目PPP资产证券化。
2021年9月3日	吉林省人民政府	《吉林省人民政府关于加快建立健全绿色低碳循环经济体系的实施意见》	加快构建绿色金融发展体系，切实增强绿色金融服务经济转型发展能力，支持和引导银行业金融机构进一步加强绿色金融产品和服务创新，为企业提供绿色信贷支持，按季度开展吉林省法人银行业存款类金融机构绿色信贷业绩评价工作。鼓励金融机构发行绿色金融债券。加强对省内绿色产业企业的挖掘培育和上市宣传力度，鼓励符合条件的企业上市融资。
2021年9月4日	广东省人民政府	《广东省深入推进资本要素市场化配置改革行动方案》	完善绿色金融政策体系。支持广州持续深化改革，不断推进绿色金融改革试验区相关工作。协调财政政策与金融政策在支持绿色复苏、可持续发展领域的配合，设立绿色发展引导基金，支持金融机构参与探索森林碳汇、海洋碳汇补偿激励机制。推动银行机构将环境评估纳入信贷流程，拓展绿色金融业绩评价应用场景。积极推动粤港澳三地绿色金融标准互认，支持企业赴港澳发行绿色债券，支持广东自贸试验区南沙片区申报气候投融资试点。

续表

发布日期	发行部门	文件标题	内容
2021 年 9 月 4 日	武汉市人民政府	《武汉市推动降碳及发展低碳产业工作方案》	打造以气候投融资为核心的绿色金融体系。开发与碳排放权相关的金融产品和服务，开展气候债券、气候保险、气候基金等金融创新，促进形成碳市场与银行等传统金融业的业务互动模式，增强碳市场服务实体经济的能力。积极争取国家气候投融资试点，引导投融资向碳达峰、碳中和、适应气候变化领域倾斜和聚集。
2021 年 9 月 14 日	福建省人民政府	《福建省加快建立健全绿色低碳循环发展经济体系实施方案》	《方案》是一项为建设福建省绿色低碳循环发展体系的地方性指导政策。《方案》提出，要研究出台绿色金融配套政策，深入推进三明、南平省级绿色金融改革试验区建设，支持有条件的地区申报国家级绿色金融改革创新试验区。加大对金融机构绿色金融业绩评价考核力度。深化绿色金融服务，鼓励金融机构加大绿色信贷投放力度，支持绿色新基建发展，创新绿色信贷和绿色直接融资模式，拓展绿色保险服务，引导鼓励发行绿色债券。支持符合条件的绿色产业企业上市融资。鼓励配额抵押质押融资、碳债券等碳金融创新。完善环境信用评价和绿色金融联动机制。《方案》还提到，要健全绿色交易市场机制，推进排污权、用能权、碳排放权、用水权等资源环境权益交易市场建设。
2021 年 9 月 22 日	江苏省人民政府	《关于大力发展绿色金融指导意见的通知》	指导金融机构做好绿色债券需求摸排和项目储备工作，创新推广碳中和债券、蓝色债券和可持续发展挂钩债券等创新金融产品。支持金融机构发行绿色金融债券，支持符合条件的企业发行绿色企业债、公司债、债务融资工具、资产支持证券等，探索运用信用风险缓释凭证和担保增信等方式降低绿色债券发行成本。支持符合条件的绿色企业在主板、创业板、科创

续表

发布日期	发行部门	文件标题	内容
			板、新三板等多层次资本市场上市或挂牌。支持优势绿色龙头企业利用资本市场融资，开展并购重组。
2021 年 9 月 24 日	内蒙古自治区人民政府	《内蒙古自治区人民政府关于加快建立健全绿色低碳循环发展经济体系具体措施的通知》	推动金融机构通过债券市场发行绿色金融债券，支持符合条件的绿色企业或项目通过发行绿色债券或债券融资工具募集资金。督促发债企业定期披露募集资金使用、项目进展以及实现的环境效益等信息，强化对发债企业绿色投融资行为的约束。支持区内符合条件的法人金融机构和企业到境外发行绿色债券。吸引国际资金投资自治区绿色债券、绿色股票和其他绿色金融资产。
2021 年 9 月 25 日	人民银行营业管理部	《金融支持北京绿色低碳高质量发展的意见》	人民银行按照发展绿色金融“三大功能”“五大支柱”基本框架的总体思路，研究设立碳减排支持工具，发布新版绿色债券支持项目目录，在银行间市场推出碳中和债券，建立与“双碳”目标激励相容的评价机制，完善银行业金融机构绿色金融评价。
2021 年 9 月 27 日	北京市发展和改革委员会、北京市科学技术委员会、中关村科技园区管理委员会	《北京市关于进一步完善市场导向的绿色技术创新体系若干措施》	《措施》是北京市为贯彻“双碳”目标和实施绿色北京战略，强化绿色技术和创新的政策文件。《措施》指出，要完善绿色金融对北京市绿色技术创新融资的支持，建设完善北京市绿色技术创新融资综合服务平台，引导银行等金融机构设立创新型绿色技术示范应用项目贷款绿色通道。探索推出“京绿通”等支持绿色项目、绿色企业发展的货币政策工具，积极支持符合条件的创新型绿色技术企业发行绿色债券。研究探索吸引社会资本建立本市绿色技术创新投资基金。鼓励保险机构结合绿色技术应用场景，有针对性地创新绿色技术首台（套）险种。

续表

发布日期	发行部门	文件标题	内容
2021 年 9 月 29 日	陕西省人民政府	《陕西省人民政府关于印发加快建立健全绿色低碳循环发展经济体系若干措施的通知》	建立绿色金融部门协调机制，制定完善绿色金融相关技术标准和制度规范，设立绿色项目信息共享平台，将绿色金融纳入对金融机构的综合考核。鼓励金融机构创新绿色金融产品和服务，支持在陕金融机构成立绿色金融事业部或绿色银行。大力发展绿色直接融资，设立绿色产业发展投资基金。引导企业发行绿色公司债券、资产支持证券，优化融资结构。发展绿色保险，发挥保险费率调节机制作用。紧抓注册制改革机遇，积极支持符合条件的绿色企业发行上市，支持已上市绿色企业通过定增、配股、发行可转债等形式进行再融资，降低融资成本。
2021 年 10 月 8 日	上海市人民政府办公厅	《加快打造国际绿色金融枢纽服务碳达峰碳中和目标的实施意见》	《意见》是上海市促进绿色金融发展的一项专项文件，旨在服务国家双碳目标，加快打造上海国际金融枢纽的目标，充分发挥上海国际金融中心服务辐射功能。《意见》指出，要将坚持绿色导向、创新发展，坚持市场运作、政府引导，坚持开放合作、彰显特色，坚持稳中求进、风险可控作为发展绿色金融的基本原则，提出了 2025 年上海基本建成具有国际影响力的碳交易、定价、创新中心，基本确立国际绿色金融枢纽地位的总体目标。《意见》提出了要加强绿色金融市场体系建设，创新绿色金融产品业务，健全绿色金融组织机构体系，强化绿色金融保障体系，加大金融对产业低碳转型和技术创新的支持力度，深化绿色金融国际合作，支持气候债券倡议组织（CBI）等绿色金融国际组织在沪机构运营，营造良好绿色金融发展环境等，并提出了领导小组协调、传媒宣传普及等配套保障措施。

续表

发布日期	发行部门	文件标题	内容
2021 年 10 月 11 日	重庆市人民政府	《关于加快建立健全绿色低碳循环经济体系的实施意见》	发展绿色信贷和绿色直接融资，加大对金融机构的绿色金融业绩评价考核力度。落实国家《绿色债券支持项目目录（2021 年版）》。鼓励设立绿色产业发展基金。支持保险机构开展绿色保险业务，加快建立健全保险理赔服务体系。鼓励符合条件的企业或机构发行绿色债券、碳中和债券。支持符合条件的绿色产业企业上市融资，支持符合条件的绿色产业上市公司通过增发股票等方式和利用公司债、银行间市场债务融资工具再融资。
2021 年 10 月 13 日	中共淄博市委办公室、淄博市人民政府办公室	《淄博市实施降碳减排十大行动工作方案》	加大绿色金融支持。引导金融机构加大绿色信贷投放，支持以碳排放权、用能权和节能项目收益权等为质押的绿色信贷。优先为节能减排降碳项目提供融资服务，严格限制对高耗能、高污染、高排放行业的信贷投入。鼓励企业发行绿色债券。设立绿色发展基金，引导社会资本扩大投入。
2021 年 10 月 14 日	中国人民银行青岛市中心支行	《关于加大碳减排金融支持力度助力青岛市低碳专项发展的意见》	强化央行资金运用，充分利用人民银行再贷款、再贴现等货币政策工具提供低成本资金，引导金融机构加大对绿色企业的信贷支持；强化信贷融资支持，鼓励金融机构从绿色贷款认定、碳减排信息披露等 6 个方面创新管理体制，探索创设碳配额、排污权、用能权等 8 种融资模式；强化债券融资支持，引导法人银行发行绿色金融债券，鼓励绿色企业在银行间市场发行债务融资工具，推动降低绿色企业和绿色项目的融资成本。

续表

发布日期	发行部门	文件标题	内容
2021 年 10 月 15 日	民银行西安分行联合陕西银保监局、陕西证监局、省发展改革委、省财政厅、省生态环境厅、省地方金融监管局	《关于金融支持陕西省绿色发展助推实现碳达峰碳中和目标的指导意见》	《指导意见》提出，促进陕西绿色金融融资支持力度显著增长。绿色贷款实现三个“不低于”，绿色债券发行规模同比增速不低于同期全部债券同比增速，绿色保险覆盖面、深度、密度稳步提升，绿色领域企业上市公司数量持续增加，基本形成绿色金融服务体系，形成可复制、可推广的绿色金融发展模式。
2021 年 10 月 19 日	深圳银保监局、人民银行深圳市中心支行、深圳市地方金融监管局	《关于推动金融业服务新发展格局的指导意见》	绿色金融方面，引导银行业金融机构建立健全环境与社会风险管理体系，鼓励设立绿色金融事业部、绿色分支行，积极发展能效信贷、绿色债券和绿色信贷资产证券化，稳妥开展环境权益、生态补偿抵质押融资，依法合规设立绿色发展基金，探索碳金融、气候债券、蓝色债券、环境污染责任保险、气候保险等创新型绿色金融产品，支持绿色、低碳、循环经济发展。
2021 年 11 月 4 日	深圳市生态环境局、深圳市发展和改革委员会	《深圳市近零碳排放区试点建设实施方案》	积极引导各级金融机构为试点项目建设提供绿色信贷、绿色债券、绿色基金等金融支持，吸引各类金融资本和社会资本参与试点项目设计、改造和运营。
2021 年 11 月 8 日	海南省人民政府	《海南省新能源汽车换电模式应用试点实施方案》	探索电池产业金融模式创新。鼓励企业设立电池产业基金或探索利用省工信产业投资基金设立电池产业子基金，吸引产业资本，导入银行授信，鼓励社会资本合作持有电池资产，探索“绿色债券”等多种金融措施，促进换电模式下“电池银行”的良性发展。

续表

发布日期	发行部门	文件标题	内容
2021年11月9日	扬州市政府办公室	《关于加快绿色金融发展的实施意见》	1. 明确了绿色金融的支持范围，将研究制定《扬州市绿色企业认定暂行办法》《扬州市绿色项目认定暂行办法》，搭建绿色金融服务平台，促进银企双方信息互通和融资对接。鼓励银行机构设立绿色金融事业部、绿色分（支）行等绿色金融特色机构，引导支持小额贷款、融资担保、信用评级等机构发展绿色金融业务，丰富健全绿色金融组织体系。积极对接人民银行碳减排支持工具，通过再贷款、再贴现等结构性货币政策工具，引导金融机构加大绿色信贷支持，降低绿色信贷融资成本。鼓励支持绿色企业上市和再融资，建立健全绿色业务激励约束机制，对符合条件的绿色企业（项目）的绿色贷款、绿色债券、绿色担保等，给予适当贴息、奖补支持。2. 鼓励银行机构积极研究碳排放权相关碳金融产品，创新并推广水权、用能权、合同能源管理收益权等抵质押贷款产品。推广碳中和债券、可持续发展挂钩债券等创新金融产品，发展绿色保险和绿色融资担保，探索设立绿色发展基金，带动社会资本支持绿色产业发展。建立健全绿色金融风险预警机制，积极稳妥做好风险化解和处置工作，促进绿色金融持续健康发展。
2021年11月10日	淄博市人民政府	《淄博市实施减碳降碳十大行动工作方案》	加大绿色金融支持。引导金融机构加大绿色信贷投放，支持以碳排放权、用能权和节能项目收益权等为质押的绿色信贷。优先为节能减排降碳项目提供融资服务，严格限制对高耗能、高污染、高排放行业的信贷投入。鼓励企业发行绿色债券。设立绿色发展基金，引导社会资本扩大投入。

续表

发布日期	发行部门	文件标题	内容
2021年11月15日	安徽省人民政府	《安徽省“双招双引”支持实体经济发展政策清单——金融资本支持政策（55条）》	支持符合条件的企业发行绿色债券、绿色票据、碳中和债等融资工具。在全省上市后备资源库中标识绿色企业，开辟优先辅导上市便利通道，推动其在多层次资本市场上市挂牌。
2021年11月18日	湖北省人民政府	《省人民政府关于加快建立健全绿色低碳循环发展经济体系的实施意见》	建立绿色企业上市直接融资服务体系，辅导推荐绿色企业挂牌融资。建设绿色产业项目库，加大对入库项目的绿色投融资的支持力度。完善绿色信贷管理机制，鼓励发展绿色投资基金，支持符合条件的企业发行绿色债券。加大环境污染责任保险的推进力度，实现环境污染责任保险全覆盖。
2021年11月25日	江苏省人民政府	《关于推进绿色产业发展的实施意见》	健全绿色金融体系。大力发展绿色信贷，鼓励商业银行开发绿色金融产品，完善环保项目贷款风险分担机制和绿色信贷风险监测评估机制，争取政策性银行绿色信贷。引导金融机构加大对企业节水减排、污染治理技术改造的信贷支持，依法落实对生产和使用先进环保设备的企业实施减免税、低息贷款、折旧优惠等鼓励政策。实施绿色债券贴息、绿色产业企业发行上市奖励、绿色担保奖补、环境污染责任保险保费补贴等政策。支持市县在省下达的本地区债务额度内申请发行符合条件的生态保护专项债券，支持符合条件的绿色企业上市和再融资，开展环境基础设施资产证券化，支持发行绿色企业债券。积极发展绿色担保，探索建立中小企业绿色集合债担保风险补偿机制。引导各类社会资本参与环境综合整治、污染场地修复、生态保护修复项目，探索公益性生态项目

续表

发布日期	发行部门	文件标题	内容
			盈利模式。加快发展绿色保险，鼓励保险机构参与环境风险治理体系建设。探索发展环境权益融资业务。支持有条件的地区积极创建国家绿色金融改革创新试验区。
2021年12月3日	广东省人民政府	《广东省人民政府关于加快建立健全绿色低碳循环发展经济体系的实施意见》	《意见》提出2025年基本建成绿色低碳循环发展经济体系，于2035年在全国范围内率先建成绿色低碳循环发展经济体系。具体措施包括通过市场化手段设立广东省绿色低碳发展基金、加快建设粤港澳大湾区绿色金融共同市场、高质量建设广州绿色金融改革创新试验区、支持广州期货交易所探索发展碳期货产品、支持深圳建设国家气候投融资促进中心、支持深圳证券交易所发展绿色债券等。《意见》指出，作为广东省计划培育绿色交易市场机制，推进用水权、用能权、排污权和碳排放权市场化交易；研究建设粤港澳大湾区碳排放权交易市场，推动碳排放交易外汇试点，支持符合条件的境外投资者参与广东碳排放权交易；并联合港澳开展碳标签互认机制研究与应用示范。
2021年12月4日	中国人民银行青岛市中心支行、青岛市住房和城乡建设局等六部门	《关于金融支持绿色城市建设发展试点的指导意见》	《意见》提出，完善绿色信贷产品、开展绿色保险实践、发行绿色债券，加大对绿色项目的支持力度。加大对绿色建筑、绿色基础设施及老旧城区改造等项目的信贷支持力度。重点支持绿色城市建设发展试点区域建设。特别是围绕绿色核心企业，开展供应链金融业务，满足绿色项目合理融资需求。

续表

发布日期	发行部门	文件标题	内容
2021 年 12 月 10 日	海南省人民政府办公厅	《海南省人民政府办公厅关于加快建立健全绿色低碳循环发展经济体系的实施意见》	严格执行环境保护专项资金管理规定。落实节能、环保以及污染防治等相关税收优惠政策。发展绿色信贷、绿色直接融资、绿色债券和绿色保险，推动金融机构加大对绿色农业、清洁能源、资源节约与循环利用等项目的支持力度。基于海南自由贸易港全岛封关运作和零关税等制度保障，吸引多层次海外绿色投资。
2021 年 12 月 20 日	河北省人民政府办公厅	《关于鼓励和支持社会资本参与生态保护修复的实施意见》	《实施意见》明确了产权激励、碳汇交易、林木采伐、财税支持、金融扶持等多项支持政策。河北省支持金融资本依法依规参与生态保护修复，通过绿色基金、绿色债券、绿色信贷、绿色保险等方式，加大对生态保护修复的投资力度。

（二）完善地方绿色金融制度相关政策

2021 年 6 月 30 日，深圳市地方金融监督管理局出台《加强深圳市银行业绿色金融专营体系建设的指导意见（试行）》，这是一项关于建设绿色金融专营体系建设的绿色金融专项政策，旨在为贯彻落实《深圳经济特区绿色金融条例》，建立健全深圳市绿色金融组织体系，界定了绿色金融以及绿色金融专营体系的概念。2021 年 8 月 31 日，黑龙江省政府印发《黑龙江省绿色金融工作实施方案》，指出构建绿色担保机制，引导融资担保机构为绿色债券提供担保和增信服务；鼓励金融机构和企业发行绿色债券，重点支持节能减排技术改造、绿色城镇化、节能环保产业等绿色循环低碳发展项目；推动具备条件的企业探索发行碳中和债券；加强对与绿色投资相关的金融风险监管，建立健全客户重大环境和社会风险责任追究制度，有效防范绿色债券的违约风险。上述政策有助于进一步完善绿色债券发行机制，推动地方绿色债券市场健康发展。

表 1-17 完善地方绿色金融制度相关政策

发布日期	发行部门	文件标题	内容
2021年6月	深圳市地方金融监督管理局	《加强深圳市银行业绿色金融专营体系建设的指导意见（试行）》	《指导意见》中首先明确市地方金融监管局、人行深圳中支、深圳银保监局为绿色金融专营体系建设工作的三个牵头部门，参与建设的银行总（分）行应建立自上而下、有效的风险管理机制，和相应专门绿色金融岗位。其次指出绿色金融机构应满足绿色金融经营规划、人力资源、经营规模和产品创新的要求。最后提出了绿色金融机构在经营活动开展时要满足绿色经营、制度建设、绿色投资评估、风险评估等8项相应要求。
2021年8月	黑龙江省人民政府	《黑龙江省绿色金融工作实施方案》	《方案》是一项旨在指导和推动黑龙江省绿色金融体系建设的地方性绿色金融专项政策。提出要构建多层次金融组织体系、多元化产品服务体系、多维度基础设施体系，构建多层级政策支持体系，构建全方位风险防控体系，加大绿色金融对外交流合作，尤其是依托中国（黑龙江）自由贸易试验区建设，积极开展对俄绿色金融合作。

（三）鼓励地方绿色债券投资相关政策

2021年5月7日，福建银保监局出台《福建银保监局关于银行业保险业推进绿色金融发展的指导意见》，指出支持各银行业机构发行以绿色信贷资产为基础资产的证券化产品，改善资产负债结构；支持保险机构通过股权、债权等方式，为重点绿色项目提供长期、稳定的资金支持；鼓励有条件的机构发行绿色金融债券；支持信托公司多元化拓展绿色信托业务，积极受托发行绿色信贷资产证券化、绿色企业资产支持票据，承销、投资绿色债券。

2021 年 5 月 10 日，广东省政府印发《广东省促进建筑业高质量发展若干措施的通知》，指出大力发展绿色金融，向节能建筑、绿色建筑以及以智能建造和新型建筑工业化方式建设项目提供绿色信贷、绿色债券等融资对接服务，鼓励保险资金支持相关项目建设或者提供增信措施。

2021 年 5 月 14 日，上海市政府发布《关于加快推进上海全球资产管理中心建设的若干意见》，指出扩大绿色债券发行规模，推动绿色信贷资产、节能减排项目应收账款等证券化，引导资产管理机构配置绿色资产；发展绿色债券指数以及相关投资产品。

2021 年 7 月 28 日，宁夏金融监管局等多部门联合印发《关于绿色金融支持清洁能源产业高质量发展的工作实施意见》，指出围绕全产业链发展绿色金融，鼓励各类金融机构通过绿色债券等多种金融工具拓宽企业融资渠道；积极引导险资直投，发挥综合金融服务集团和保险资金长期配置优势，通过债券等形式参与绿色项目投资建设。

2021 年 9 月 1 日，海南省政府发布《关于贯彻落实金融支持海南全面深化改革开放意见的实施方案》，指出支持银行业金融机构发行绿色金融债券，支持符合条件的绿色企业上市融资、再融资、发行绿色债券等；建立金融机构投资绿色债券、绿色产业的激励机制，提高金融机构参与海南绿色投融资项目的积极性。

2021 年 12 月，央行杭州中心支行和上海分行相继印发实施细则，明确将绿色债券纳入绿色金融评价范围，评价工作每季度开展一次，评价结果纳入央行金融机构评级。上述政策将增加地方金融机构对绿色债券的投资需求，从需求端推动绿色债券市场扩容。

表1-18 鼓励地方绿色债券投资相关政策

发布日期	发行部门	文件标题	内容
2021年5月	中国银保监会福建监管局	《福建银保监局关于银行业保险业推进绿色金融发展的指导意见》	《指导意见》是中国银保监会福建监管局发布的一项绿色金融专项政策，对绿色信贷、绿色债券、绿色权益金融、绿色保险等绿色金融工具推进进行了规划。确立了以建立健全绿色金融治理框架，全力满足重点领域绿色金融需求，主动激发绿色产品服务创新潜力，推动完善外部发展环境的四大重点任务。
2021年5月	广东省政府	《广东省促进建筑业高质量发展若干措施的通知》	支持推动符合条件的建筑业企业挂牌上市、发行债券，鼓励各地对上市的本地建筑业企业予以补助。加强银企对接，引导金融机构开发适应建筑业特点的金融产品。大力发展绿色金融，向节能建筑、绿色建筑以及以智能建造和新型建筑工业化方式建设项目提供绿色信贷、绿色债券等融资对接服务。
2021年5月	上海市人民政府办公厅	《关于加快推进上海全球资产管理中心建设的若干意见》	鼓励资产管理机构开展环境、社会、治理（ESG）信息披露，加强ESG产品研发。培育碳资产管理机构和专业投资者，推动其积极参与碳市场交易。推动资产管理机构开展碳核算，开发碳基金、碳信托、碳指数、碳远期等碳金融产品，研究气候投融资产品。
2021年7月	宁夏金融监管局等部委	《关于绿色金融支持清洁能源产业高质量发展的工作实施意见》	贯彻落实习近平总书记视察宁夏重要讲话精神，认真落实建设黄河流域生态保护和高质量发展先行区规划要求，以绿色金融产品和服务为抓手，以统筹各类金融资源为核心，为产业链上下游企业提供金融支持，进一步推动我区清洁能源产业高质量发展。

续表

发布日期	发行部门	文件标题	内容
2021 年 9 月	人行海口中心支行、省地方金融监管局、银保监会海南监管局、证监会海南监管局、外汇局海南省分局	《关于贯彻落实金融支持海南全面深化改革开放意见的实施方案》	1. 加快绿色信贷产品和服务创新。引导银行业金融机构把绿色金融纳入长期发展战略规划，支持银行业金融机构创新基于知识产权、用能权、排污权、碳排放权等抵质押品的绿色信贷产品，拓展绿色企业和项目抵质押品范围。支持银行业金融机构发行绿色金融债券。2. 加大对绿色产业的融资支持力度。积极培育绿色环保产业，充实省级拟上市挂牌企业后备资源库。支持符合条件的绿色企业上市融资、再融资、发行绿色债券等。建立金融机构投资绿色债券、绿色产业的激励机制，提高金融机构参与海南绿色投融资项目的积极性。鼓励绿色金融创新业务先行先试，支持海南建设国家生态文明试验区。

第二章

2021 年绿色债券运行分析

第一节　绿色债券发行概览

一、发行规模和数量

2021 年绿色债券发行数量为 662 只，较 2020 年绿色债券发行数量增长 409 只，增长率为 161.66%，历年来最高。

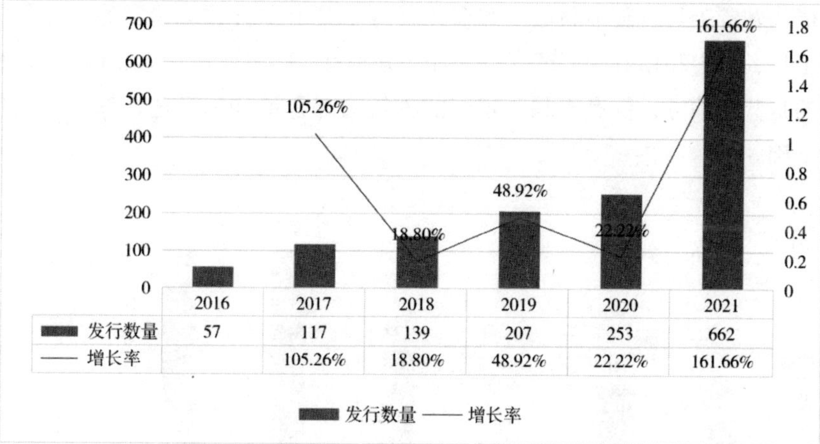

	2016	2017	2018	2019	2020	2021
发行数量	57	117	139	207	253	662
增长率		105.26%	18.80%	48.92%	22.22%	161.66%

图 2-1　2016—2021 年绿色债券发行数量

2021 年发行规模为 6473.07 亿元，增长率为 123.59%，历年来增长幅度最大。可以看出，虽受疫情的冲击影响，2020 年的发行减慢，但经过一年的复苏与调整，2021 年绿色债券无论是发行数量还是发行规模都有非常显著的增长。

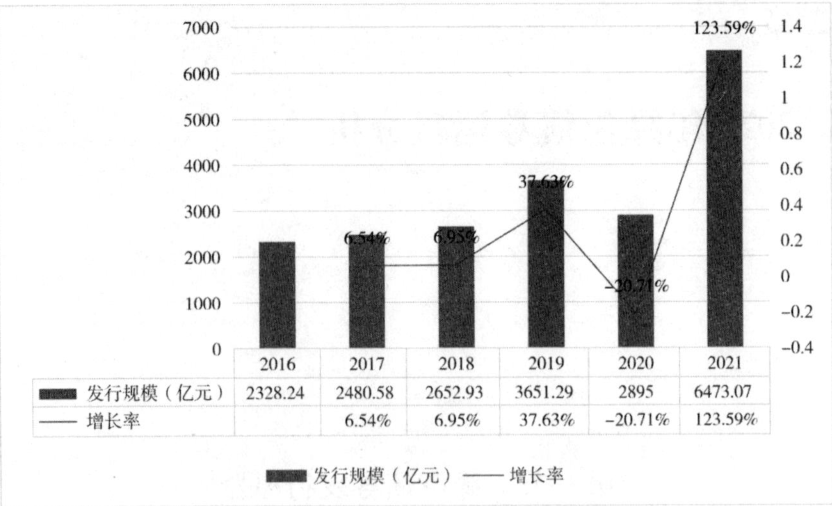

图 2-2　2016—2021 年绿色债券发行规模

二、发行种类

2021 年绿色债券新增了碳中和债券和蓝色债券，发行种类不断丰富，涵盖了债券市场大多数信用债品种，包括企业债、公司债、金融债、资产支持证券、绿色债务融资工具、碳中和债券和蓝色债券。其中发行数量较多的是绿色债务融资工具、碳中和债券和资产支持证券，分别有 292 只、247 只和 159 只；数量最少的是蓝色债券，仅有 6 只。丰富的种类为绿色债券的高速、深度发展打下良好基础。

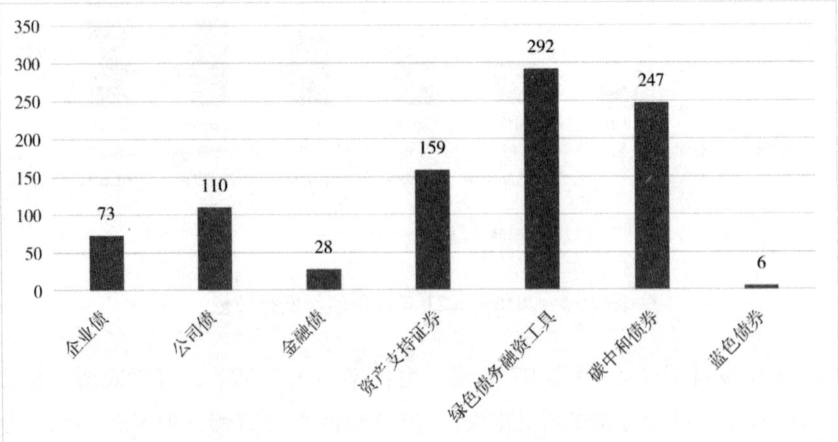

图 2-3　2021 年各类绿色债券状况

三、发行方式

2021 年境内发行公募债券 402 只，境内发行私募债券 260 只，公募占比 60. 73%。2016—2021 年境内发行公募债券所占比重从 2016 年逐年下降后呈稳定趋势，且仍占有较大的比重。

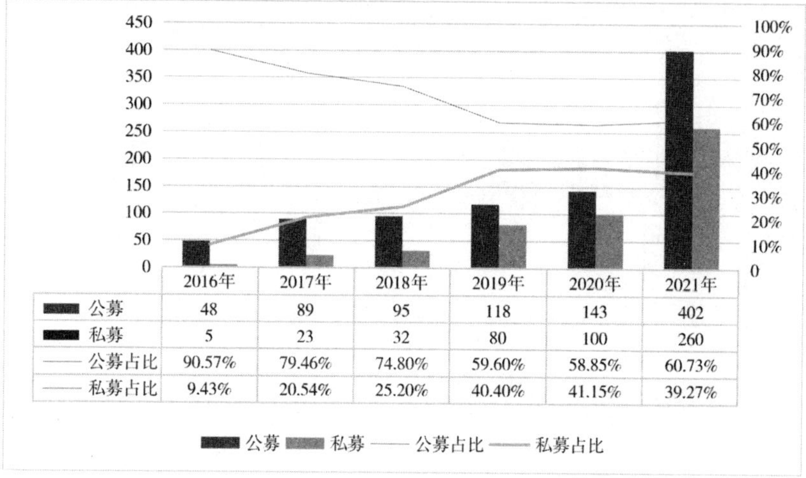

图 2-4 2016—2021 年绿色债券发行方式情况

五、计息方式

2021 年，境内发行的 662 只绿色债券中，计息方式为单利的有 609 只占比 91. 99%，占绝对主导地位；而复利等其他计息方式的债券仅有 53 只，比重很小。

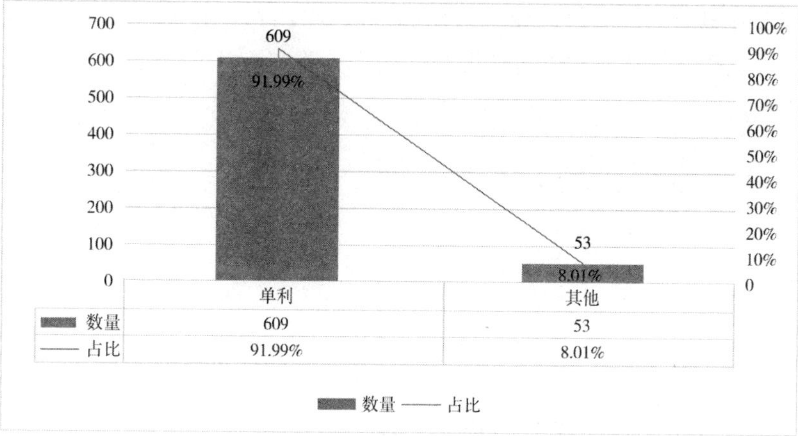

图 2-5 绿色债券计息方式

六、发行利率

2021 年绿色债券的票面利率分布如图 2-6 所示，绿色债券的票面利率在 2%~7.5%区间分布，平均票面利率为 3.73%。

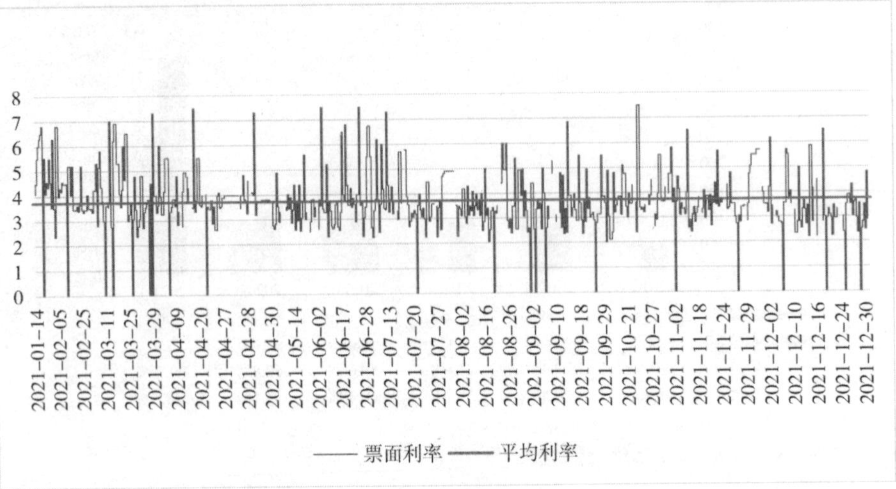

图 2-6　2021 年绿色债券发行利率

七、发行人行业

2021 年绿色债券发行人行业中，电力、热力、燃气及水生产和供应业发行人有 149 个，涨幅最大，这与 2021 年国家政策对该行业的倾斜有关，金融业发行人有 106 个，交通运输、仓储和邮政业发行人有 103 个，均呈历史新高；而房地产业与批发和零售业发行人较少，都只有 4 个，工业发行人最少，仅有 2 个。

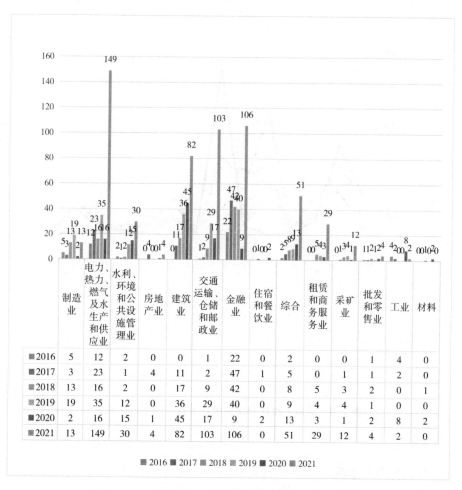

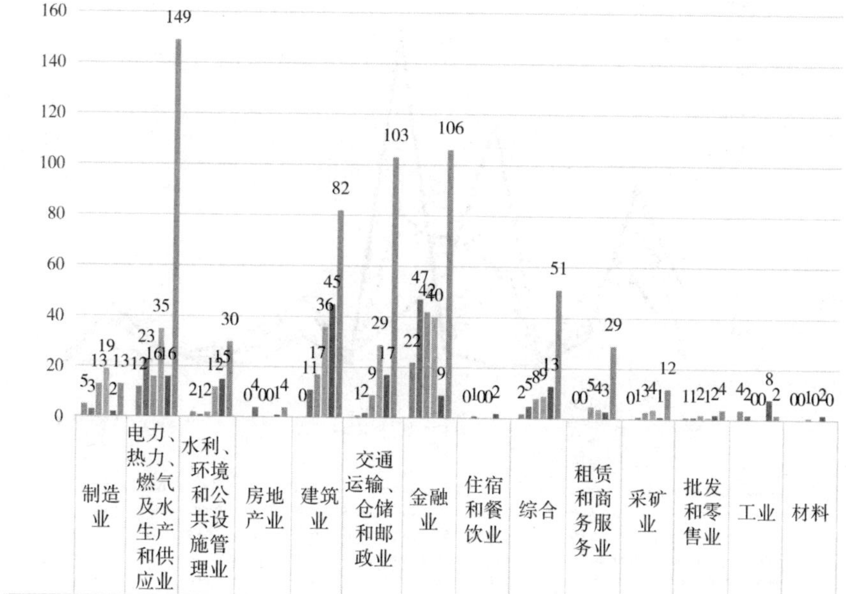

	制造业	电力、热力、燃气及水生产和供应业	水利、环境和公共设施管理业	房地产业	建筑业	交通运输、仓储和邮政业	金融业	住宿和餐饮业	综合	租赁和商务服务业	采矿业	批发和零售业	工业	材料
2016	5	12	2	0	0	1	22	0	2	0	0	1	4	0
2017	3	23	1	4	11	2	47	1	5	0	1	1	2	0
2018	13	16	2	0	17	9	42	0	8	5	3	2	0	1
2019	19	35	12	0	36	29	40	0	9	4	4	1	0	0
2020	2	16	15	1	45	17	9	2	13	3	1	2	8	2
2021	13	149	30	4	82	103	106	0	51	29	12	4	2	0

■2016 ■2017 ■2018 ■2019 ■2020 ■2021

图 2-7 2016—2021 年绿色债券发行人行业分布状况

2021 年的行业占比中，占比排名最高的前三名分别是：电力、热力、燃气及水生产和供应业占比 25.47%，金融业占比 18.12%，交通运输、仓储和邮政业占比 17.61%；占比靠后的三名分别是工业、材料业和住宿餐饮业。

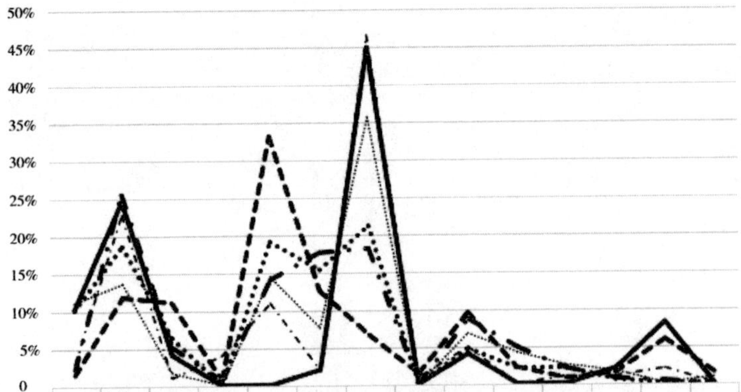

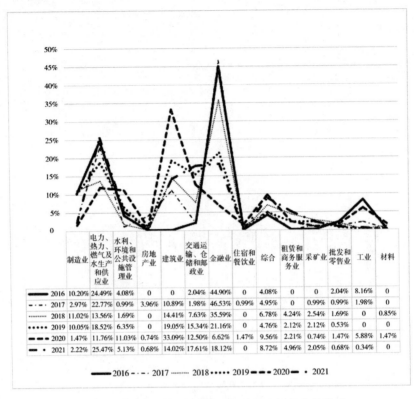

	制造业	电力、热力、燃气及水生产和供应业	水利、环境和公共设施管理业	房地产业	建筑业	交通运输、仓储和邮政业	金融业	住宿和餐饮业	综合	租赁和商务服务业	采矿业	批发和零售业	工业	材料
2016	10.20%	24.49%	4.08%	0	0	2.04%	44.90%	0	4.08%	0	0	2.04%	8.16%	0
2017	2.97%	22.77%	0.99%	3.96%	10.89%	1.98%	46.53%	0.99%	4.95%	0	0.99%	0.99%	1.98%	0
2018	11.02%	13.56%	1.69%	0	14.41%	7.63%	35.59%	0	6.78%	4.24%	2.54%	1.69%	0	0.85%
2019	10.05%	18.52%	6.35%	0	19.05%	15.34%	21.16%	0	4.76%	2.12%	2.12%	0.53%	0	0
2020	1.47%	11.76%	11.03%	0.74%	33.09%	12.50%	6.62%	1.47%	9.56%	2.21%	0.74%	1.47%	5.88%	1.47%
2021	2.22%	25.47%	5.13%	0.68%	14.02%	17.61%	18.12%	0	8.72%	4.96%	2.05%	0.68%	0.34%	0

2016 2017 2018 2019 2020 2021

图 2-8　2016—2021 年绿色债券发行人行业占比状况

八、发行人性质

2021 年共有的 662 只绿色债券发行人中，有 355 家地方国有企业、200 家中央国有企业、21 家民营企业、2 家公众企业、1 家中外合资企业和 1 家外资企业。地方国有企业和中央国有企业仍占有绝大部分的比重，应鼓励民营企业等主体的参与，以提高债券市场的活力。

2016—2021 年共有 789 只绿色债券为地方国有企业发行，发行的绿色债券数量整体呈现上升的趋势。民营企业共发行了 66 只债券，数量不多，每年的发行量占比呈逐步下降的态势。

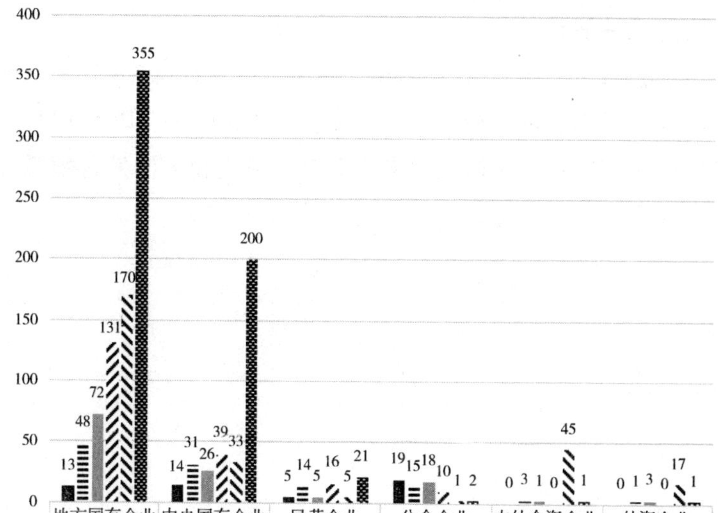

	地方国有企业	中央国有企业	民营企业	公众企业	中外合资企业	外资企业
2016	13	14	5	19	0	0
2017	48	31	14	15	3	1
2018	72	26	5	18	1	3
2019	131	39	16	10	0	0
2020	170	33	5	1	45	17
2021	355	200	21	2	1	1

图 2-9　2016—2021 年发行人性质数量状况

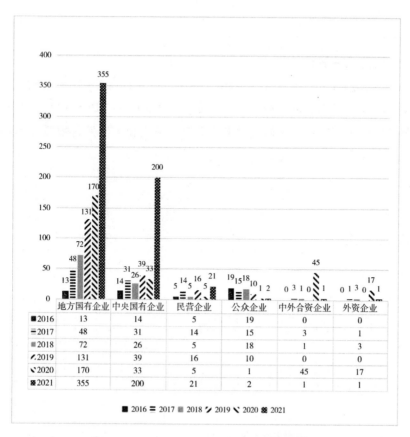

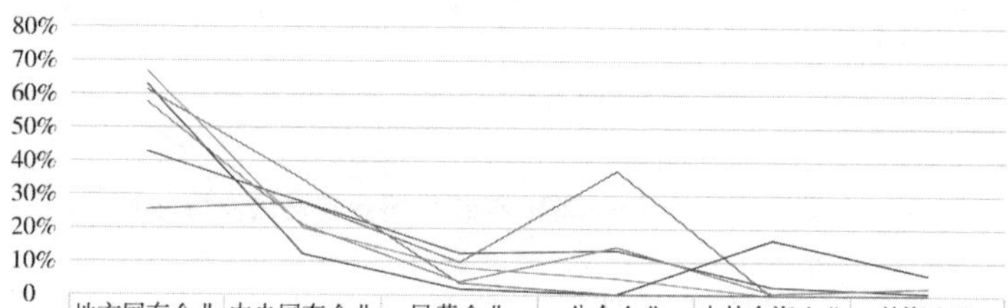

	地方国有企业	中央国有企业	民营企业	公众企业	中外合资企业	外资企业
2016	25.49%	27.45%	9.80%	37.25%	0	0
2017	42.86%	27.68%	12.50%	13.39%	2.68%	0.89%
2018	57.60%	20.80%	4.00%	14.40%	0.80%	2.40%
2019	66.84%	19.90%	8.16%	5.10%	0	0
2020	62.73%	12.18%	1.85%	0.37%	16.61%	6.27%
2021	61.21%	34.48%	3.62%	0.34%	0.17%	0.17%

图 2-10　2016—2021 年发行人性质占比状况

九、发行人注册地

2016 年—2021 年，共计 33 个省域（含自治区与直辖市）发行了绿色债券，历年来发行数量最多的主体为北京、江苏、浙江和广东，均为 100 只以上，属第一梯队；山东、四川、江西、湖南、上海、湖北和天津发行数量在 50 只左右，属第二梯队；其余省域发行数量较少，属第三梯队。

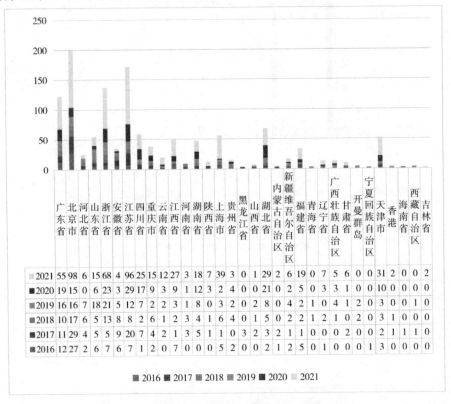

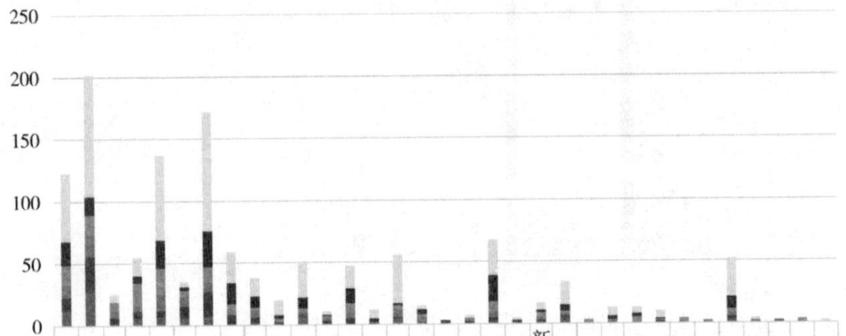

	广东省	北京市	河北省	山东省	浙江省	安徽省	江苏省	四川省	重庆市	云南省	江西省	河南省	湖南省	陕西省	上海市	贵州省	黑龙江省	山西省	湖北省	内蒙古自治区	新疆维吾尔自治区	福建省	青海省	辽宁省	广西壮族自治区	甘肃省	开曼群岛	宁夏回族自治区	天津市	香港	海南省	西藏自治区	吉林省
2021	55	98	6	15	68	4	96	25	15	12	27	3	18	7	39	3	0	1	29	2	6	19	0	7	5	6	0	0	31	2	0	0	2
2020	19	15	0	6	23	3	29	17	9	3	9	1	12	3	2	4	0	0	21	0	2	5	0	3	3	1	0	0	10	0	0	0	0
2019	16	16	7	18	21	5	12	7	2	2	3	1	8	0	3	2	0	2	8	0	4	2	1	0	4	1	2	0	3	0	0	1	0
2018	10	17	6	5	13	8	8	2	6	1	2	3	4	1	6	4	0	1	5	0	2	2	1	2	1	0	2	0	3	1	0	0	0
2017	11	29	4	5	5	9	20	7	4	2	1	3	5	1	1	0	3	2	3	2	1	1	0	0	0	2	0	0	2	1	1	1	0
2016	12	27	2	6	7	6	7	1	2	0	7	0	0	0	5	2	0	0	2	1	2	5	0	1	0	0	0	1	3	0	0	0	0

■2016 ■2017 ■2018 ■2019 ■2020 ■2021

图 2-11　2016—2021 年绿色债券各地区发行数量

发行数量排名前四的主体依旧是北京、江苏、浙江和广东，最少的是山西省。而发行规模排名前四的主体分别是湖北、江苏、广东和北京，最小的是甘肃省。

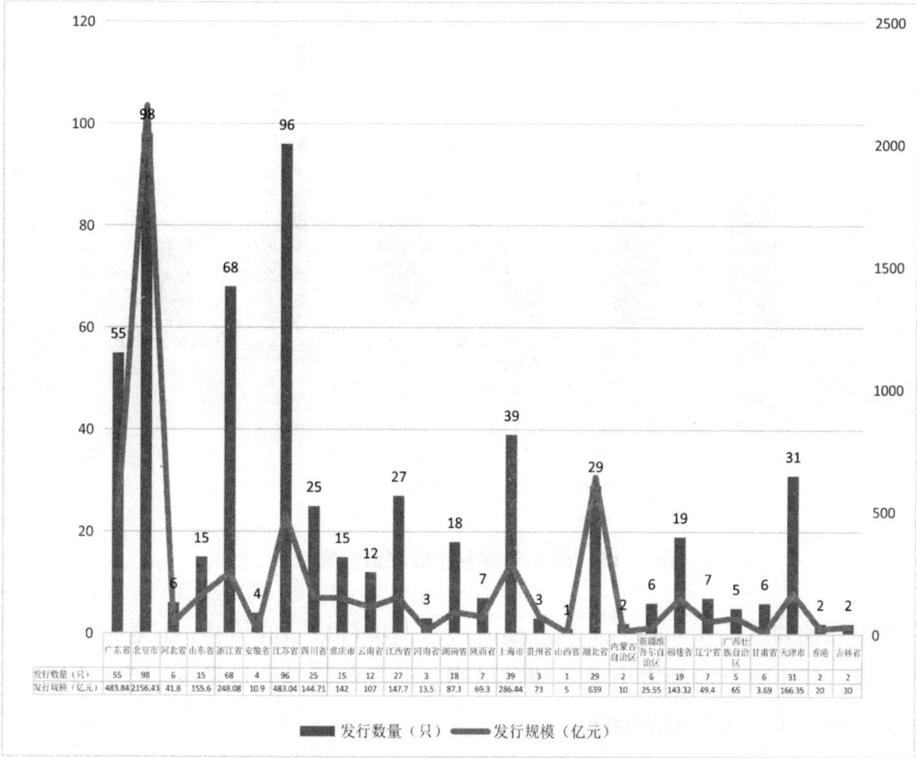

图 2-12 2021 年绿色债券发行主体地区数量及规模分布

第二节 绿色债券标准

一、项目分类

根据《绿色债券支持目录》我们把投向分为六大项目，2021 年债券投向最多的为清洁能源，有 238 只债券，占比 36.56%；而资源节约与循环利用则是投向最少的，只有 41 只债券，占比 6.30%。

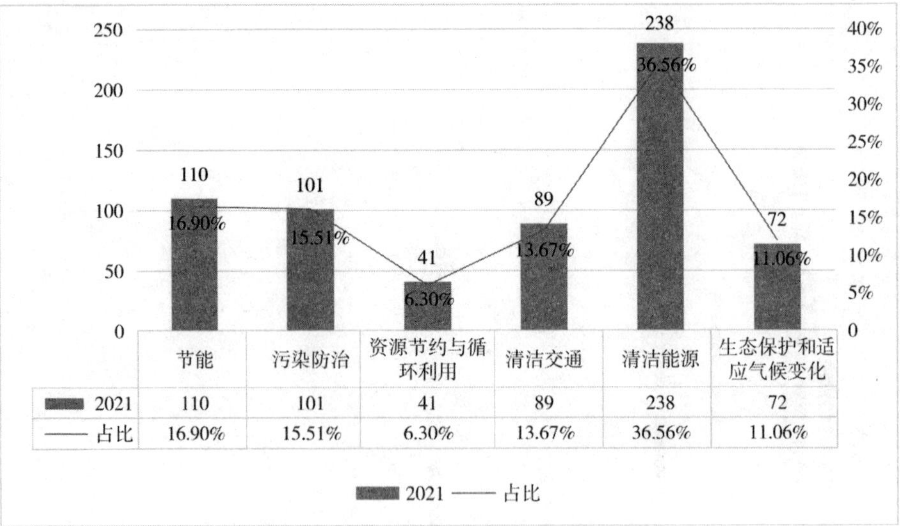

图 2-13　2021 年绿色债券项目分类

碳中和债和绿色债务融资工具是投向这六大项目最多的债券，且各个项目均有涉及，其中清洁能源方向债券数量最多。而蓝色债券数量最少，且涉及项目较为单一，全部属于清洁能源。

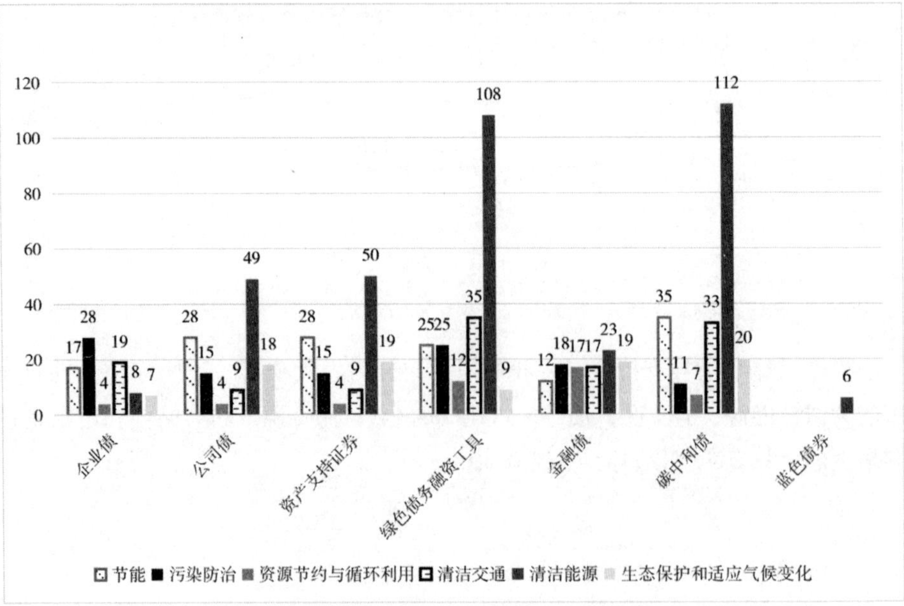

图 2-14　2021 年各类绿色债券投向

纵观 2016—2021 年绿色债券投资方向，募集资金投向中清洁能源的占比不断扩大，这与国家近几年的环保政策息息相关；资源节约与循环利用投向占比逐渐减少；其余投向的占比则较为稳定。

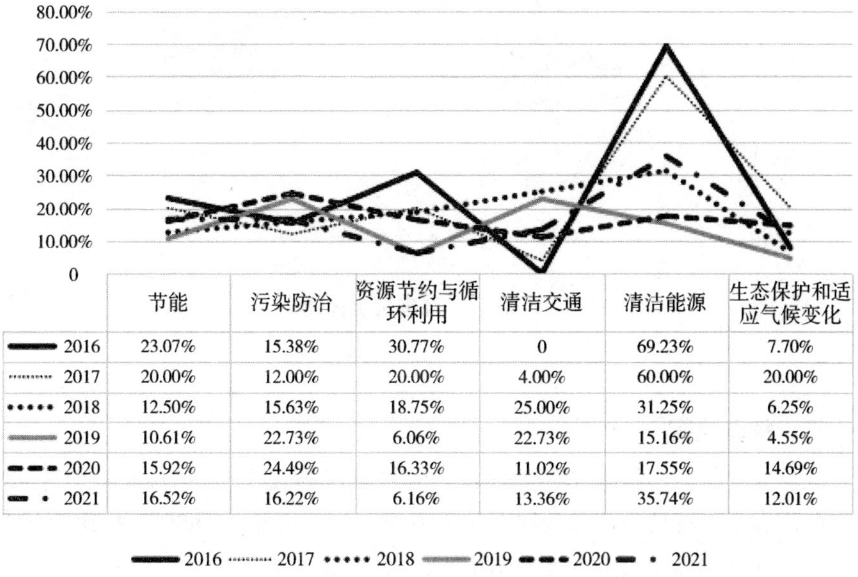

	节能	污染防治	资源节约与循环利用	清洁交通	清洁能源	生态保护和适应气候变化
2016	23.07%	15.38%	30.77%	0	69.23%	7.70%
2017	20.00%	12.00%	20.00%	4.00%	60.00%	20.00%
2018	12.50%	15.63%	18.75%	25.00%	31.25%	6.25%
2019	10.61%	22.73%	6.06%	22.73%	15.16%	4.55%
2020	15.92%	24.49%	16.33%	11.02%	17.55%	14.69%
2021	16.52%	16.22%	6.16%	13.36%	35.74%	12.01%

图 2-15　2016—2021 年募集资金投向占比

二、募集资金管理

绿色债券资金管理制度不断完善，在 2021 年发行的 662 只绿色债券中，有专门募集资金管理账户和信息披露制度的绿色债券 489 只，占比 73. 87%，未披露相关信息的债券 173 只，占比 26. 13%。

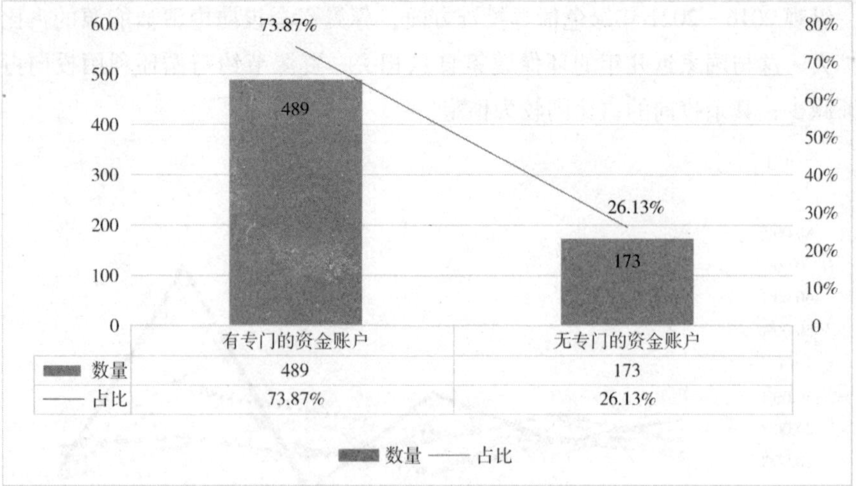

图 2-16　募集资金管理

三、信息披露

绿色债券信息的披露受到越来越多的投资者的关注，在 2021 年发行的 662 只绿色债券中，有信息披露的绿色债券有 501 只，占比 75.68%，相比往年有所提高，未披露相关信息的债券有 161 只，占比 24.32%。

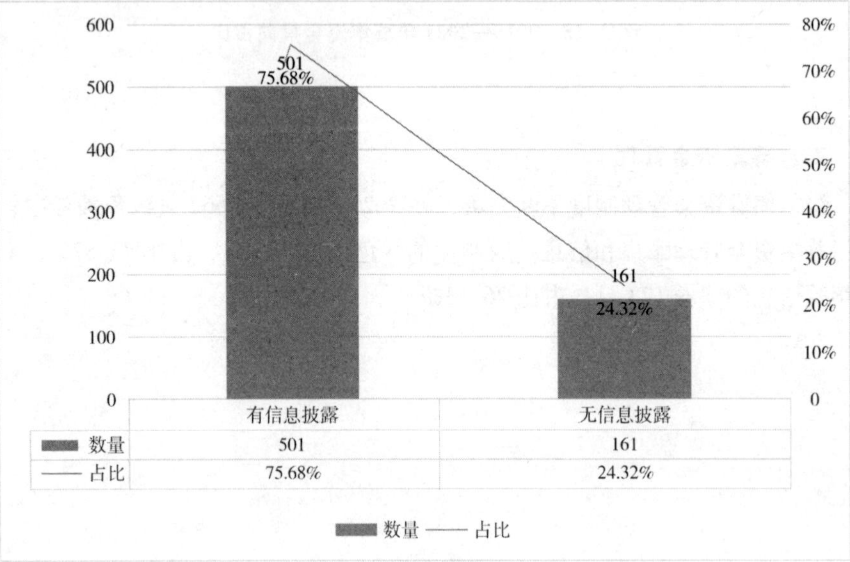

图 2-17　信息披露

四、环境效益

在绿色债券制度体系日系完善的条件下，越来越多的债券投资者开始注意环境效益信息的披露，进行环境效益信息披露的债券也越来越多。2021 年发行的 662 只绿色债券中，有环境效益披露的绿色债券 493 只，占比 74. 47%，未披露相关信息的债券 169 只，占比 25. 53%。

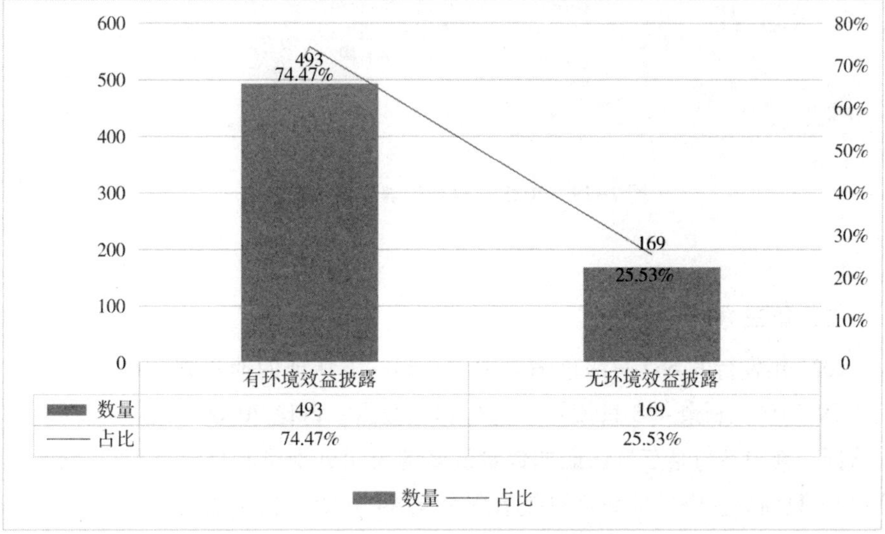

图 2-18　环境效益披露

第三节　绿色债券评估与托管

一、评级机构

2021 年发行的 662 只绿色债券的评级机构中，中诚信国际信用评级有限责任公司参与评级的债券数量最多，达 170 只；联合信用评级有限公司参与评级的债券数量最少，仅有 1 只。其中 238 只债券未进行相关披露。

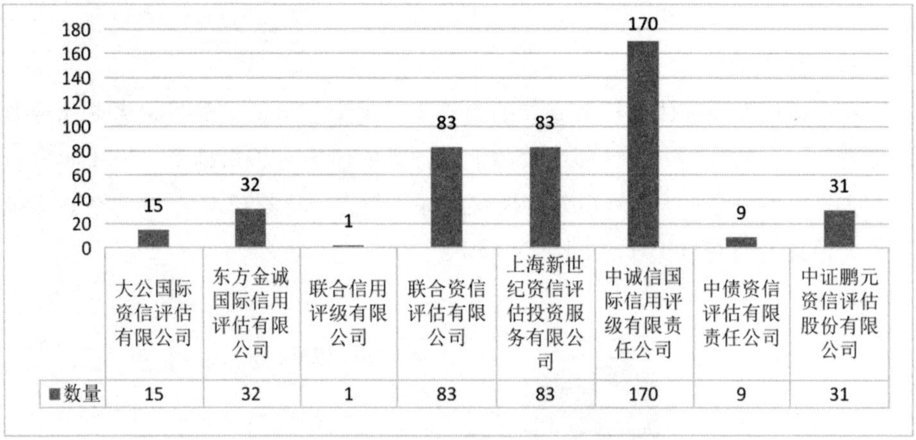

图 2-19　2021 年绿色债券评级机构状况

二、第三方认证

2021 年发行的 662 只绿色债券中，有第三方认证的债券数量达 194 只，占比达 29. 31%；剩余 468 只债券未进行相关披露，占比 70. 69%，应当加强第三方认证。其中参与第三方认证的数量最多的公司分别是联合赤道环境评价有限公司 91 只债券、中诚信绿金科技有限公司 44 只债券和绿融投资服务有限公司 14 只债券。联合赤道环境评价有限公司以绝对优势占第一名位置。

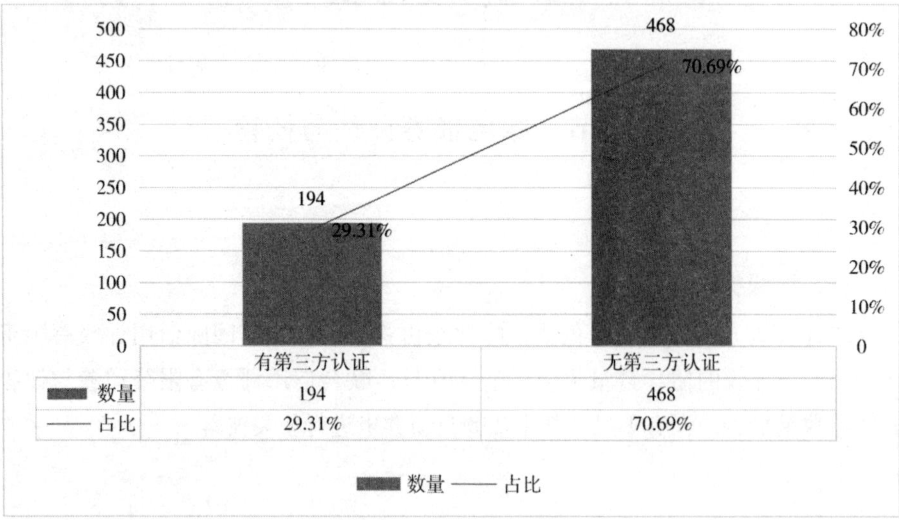

图 2-20　第三方认证情况

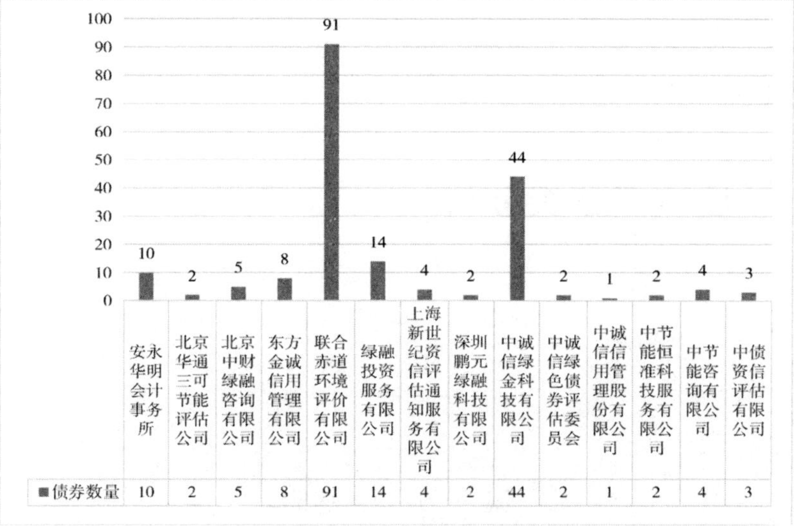

图 2-21　第三方认证情况

三、托管机构

2021年发行的662只绿色债券中，托管机构主要是银行间市场清算所股份有限公司、中国证券登记结算有限责任公司和中央国债登记结算有限责任公司，分别占比37.01%、40.48%和14.65%，债券主要在银行间市场清算所股份有限公司和中国证券登记结算有限责任公司进行托管；剩余52只债券未进行相关信息的披露。

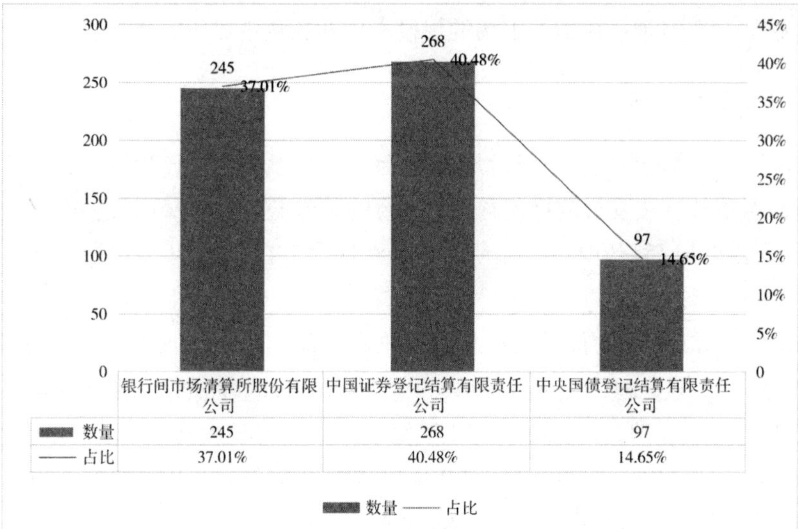

图 2-22　托管机构

第三章

绿色债券分类分析

第一节　企业债

一、企业债发行概览

绿色企业债券是指有法人资格的企业依法发行的、募集资金主要用于支持绿色产业项目并约定在一定期限内还本付息的有价证券。绿色企业债是企业债券和绿色金融结合之后的创新产品，最终由国家发改委核准。

2021 年，我国绿色债券市场的发展已进入第六个年头，总量实现大幅度跃升，并呈现出多维度的亮点。其中，绿色企业债共发行 73 只，发行规模达 747.2 亿元，在整个绿色债券市场的规模占比和数量占比不容小视。

（一）发行规模

2021 年的绿色企业债总发行规模为 747.2 亿元，相比于 2020 年的 482.4 亿元增长 54.89%。从发行数量上看，新发行的债券数量从 2020 年的 46 只增长为 73 只，同比增加 58.70%。企业债的总体涨幅大，在 2021 年境内贴标绿色债券市场中不容小觑。

2016—2021 年新发行绿色企业债的数量总体上呈现增加的状态，分别为 5 只、21 只、21 只、39 只、46 只和 73 只。2016—2017 年发行规模保持增长，分别为 140.9 亿元、311.6 亿元，2018 年新发行债券的规模却缩小至 213.7 亿元，同比下降了 31.42%，2020 年较 2019 年的增幅仅 0.58%，基本持平；2021 年较 2020 年的增幅为 54.89%，涨幅明显增大。

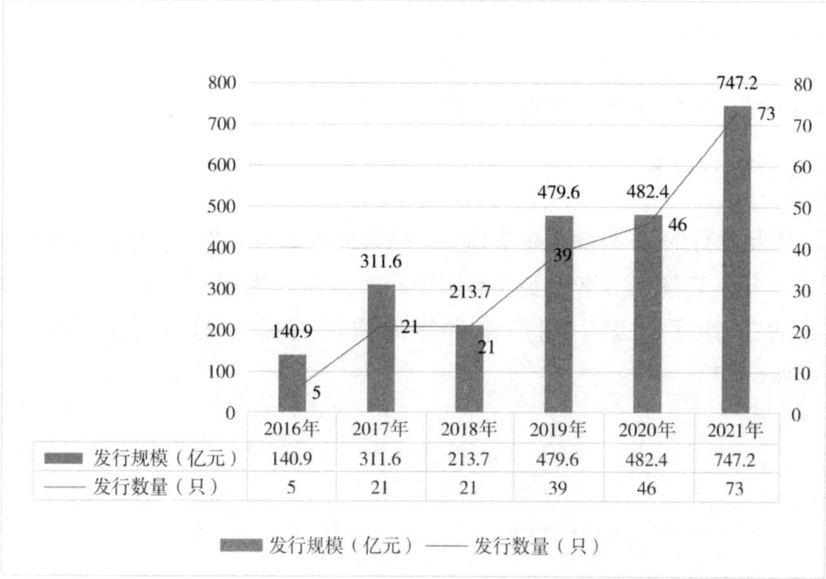

图 3-1 2016—2021 年我国绿色企业债发行规模及数量

（二）发行方式

2021 年发行的 73 只绿色企业债全部为公募发行，说明绿色企业债发行主体披露信息总体上来说是非常透明的。在境内绿色企业债的发行方式中，公募债券相对于私募债券的发行数量占比始终保持在一个较高的位置，均在 80%以上。

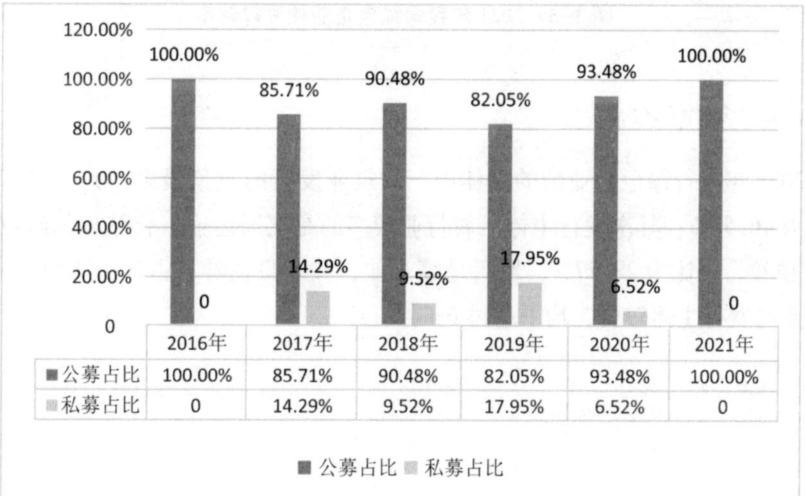

图 3-2 2016—2021 年我国绿色企业债发行方式

（三）计息方式

2021 年，发行的 73 只绿色企业债全部为单利计息。

（四）发行利率

2021 年发行的 73 只绿色企业债券平均票面利率为 4.87%，票面利率最高的是 2021 年第一期遂宁市富源实业有限公司发行的绿色债券，为 7.5%；票面利率最低的是 2021 年第一期广东省能源集团有限公司发行的绿色债券，为 3.45%。

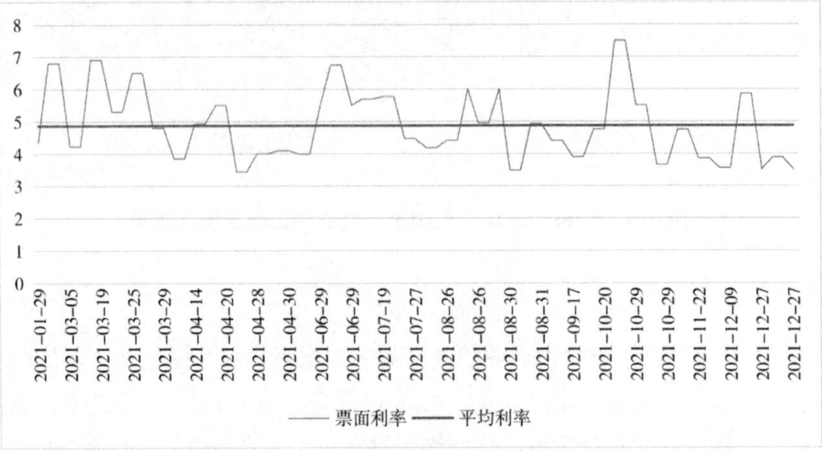

图 3-3　2021 年我国绿色企业债发行利率

（五）发行人行业

2021 年发行绿色企业债的主体中，建筑业发行的数量最多，共 34 只债券，占比为 46.58%；其次发行主体所属行业较多的是交通运输、仓储和邮政业，共 21 只债券，占比为 28.77%；然后是综合业，共 8 只债券，占比为 10.96%；其他行业的发行主体较少，均不超过 6%。

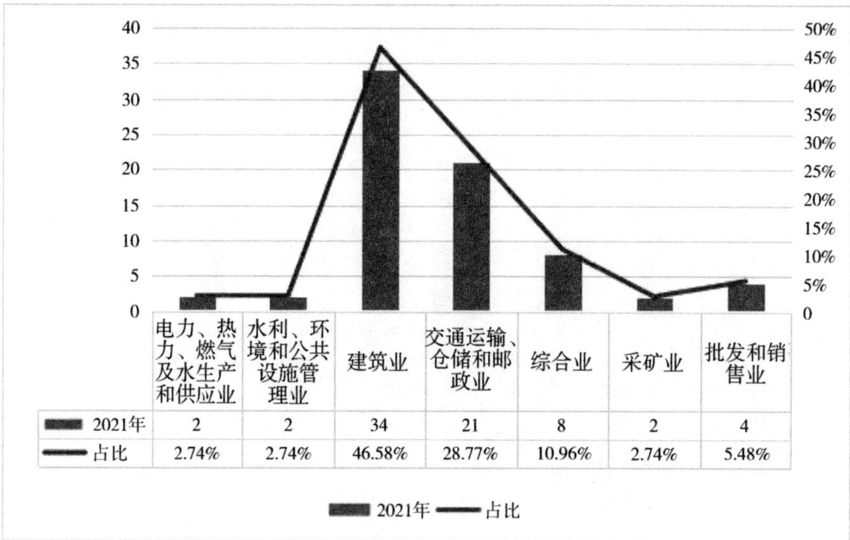

	电力、热力、燃气及水生产和供应业	水利、环境和公共设施管理业	建筑业	交通运输、仓储和邮政业	综合业	采矿业	批发和销售业
2021年	2	2	34	21	8	2	4
占比	2.74%	2.74%	46.58%	28.77%	10.96%	2.74%	5.48%

图 3-4　2021 年我国绿色企业债发行人性质

（六）发行人性质

2021 年的 73 只绿色企业债券中，均为地方国有企业所发行，募集资金 747.2 亿元，占据了绝对地位。

2016—2021 年，地方国有企业发行绿色企业债的数量总体上升幅度较大，从 40.00%增加到 100.00%，而中央国有企业和民营企业发行绿色企业债的数量急剧下降，分别由 2016 年的 40.00%和 20.00%减少到 2019 年的 5.13%，再到 2020 年和 2021 年的 0。

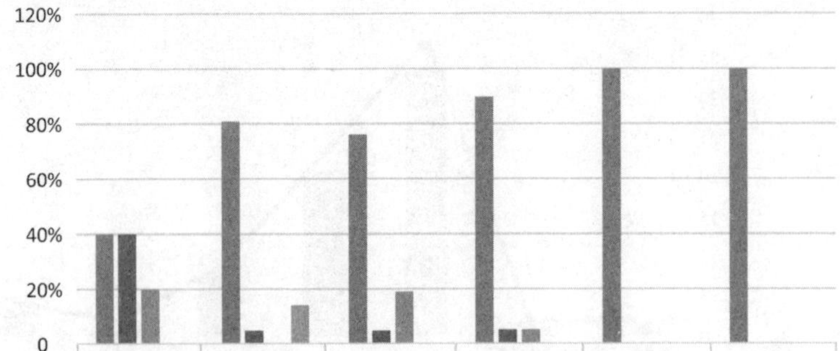

	2016	2017	2018	2019	2020	2021
■地方国有企业	40.00%	80.95%	76.19%	89.74%	100.00%	100.00%
■中央国有企业	40.00%	4.76%	4.76%	5.13%	0	0
■民营企业	20.00%	0	19.05%	5.13%	0	0
■中外合资企业	0	14.29%	0	0	0	0

■地方国有企业 ■中央国有企业 ■民营企业 ■中外合资企业

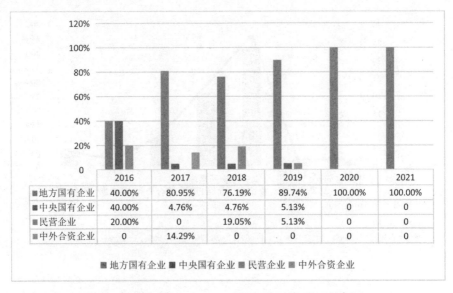

图 3-5　2016—2021 年绿色企业债发行主体性质数量占比

（七）发行人注册地

2021 年发行绿色企业债券的省份有 10 个，其中湖北省发行规模位于第一，共计发行 12 只债券，募集资金 194 亿元；江苏省和江西省的发行数量并列第一，都发行了 14 只债券，其中江苏省发行规模位列第二，募集资金 162 亿元，江西省发行规模位列第三，募集资金 98 亿元。其余省份发行数量都在 10 只及以下，其中湖南省和吉林省都只发行了 2 只债券，分别募集资金 4 亿元和 30 亿元。

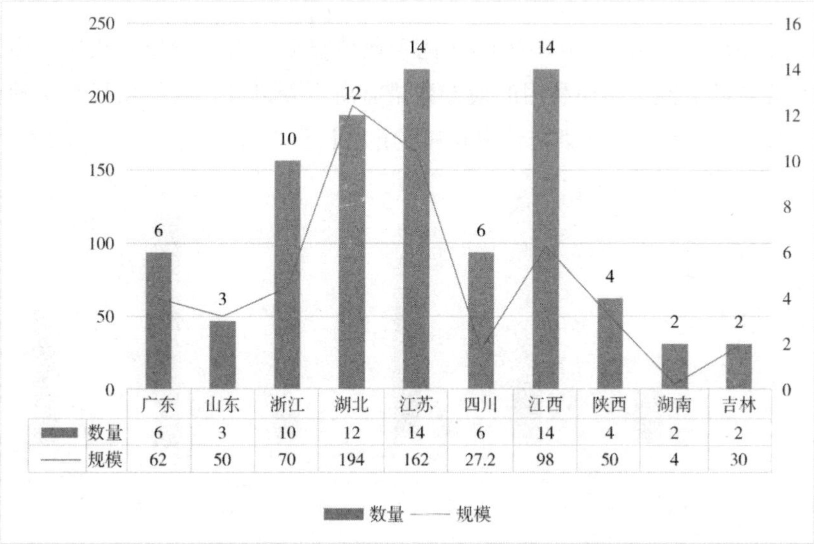

图 3-6　2021 年绿色企业债发行主体地区数量及规模分布

二、企业债标准分析

（一）项目分类

根据《绿色债券支持目录》把投向分为六大项目，2021 年绿色企业债投向最多的为污染防治，有 28 只债券；而资源节能与循环利用是投向最少的，只有 4 只债券。

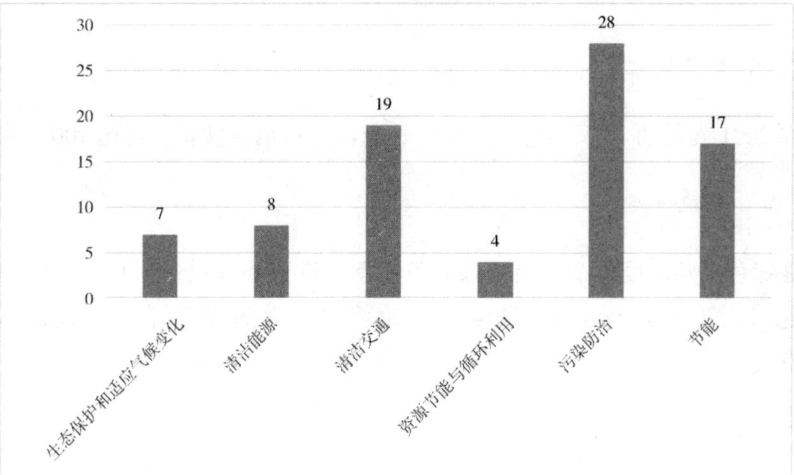

图 3-7　2021 年绿色企业债投向

通过对比 2020 年与 2021 年的绿色企业债投向，可以看出，相比 2020 年，2021 年除资源节能与循环利用的债券数量有所下降以外，其他项目类别的债券数量都有所增长，其中污染防治由 6 只债券增长到 28 只债券，增长幅度最大。

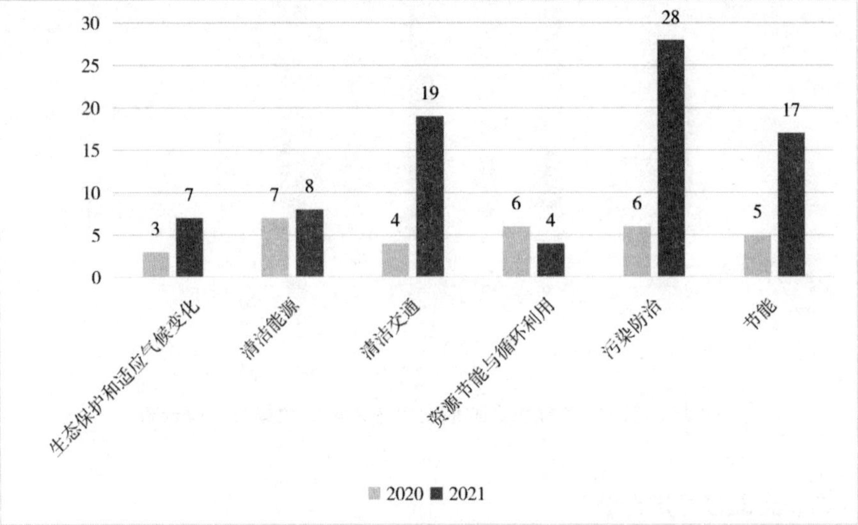

图 3-8　2020—2021 年绿色企业债投向

（二）募集资金管理

绿色债券资金管理制度不断完善，在 2021 发行的 73 只绿色企业债中，全部都有专门募集资金管理账户和信息披露制度，占比 100%。

（三）信息披露

在 2021 发行的 73 只绿色企业债中，全部都有信息披露，占比 100%。

（四）环境效益

在绿色债券制度体系日趋完善的条件下，进行环境效益信息披露的债券也越来越多。2021 发行的 73 只绿色企业债中，全部都有环境效益披露，占比 100%。

三、企业债评估与托管情况分析

（一）评级机构

2021 年发行的 73 只绿色企业债的评级机构中，中证鹏元资信评估股份有限公司和中诚信国际信用评级有限责任公司参与评级的债券数量最多，分别是 26 只和 25 只，占绝大多数市场份额；大公国际资信评估有限公司参与评级的债券数量最少，仅有 2 只。

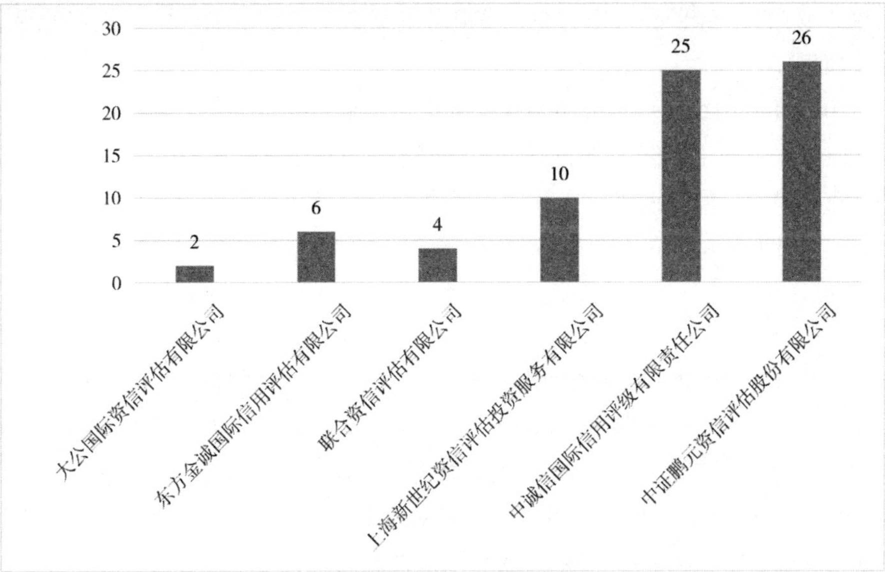

图 3-9　绿色企业债评级机构

（二）第三方认证

2021 年发行的 73 只绿色企业债中，全部都没有第三方认证，应当加强第三方认证。

（三）托管机构

2021 年发行的 73 只绿色企业债中，全部是中央国债登记结算有限责任公司托管。

第二节 公司债

一、公司债发行概览

公司债是公司依照法定程序发行并按约定还本付息的有价证券。在一般公司债的基础上，绿色公司债的发行要求募集资金 70%以上投向符合规定的绿色产业项目。

2021 年我国绿色债券市场整体发展提速，呈现多重亮点。其中，绿色公司债在政策的引导下稳步发展，服务实体经济能力不断增强。本文从发行情况、募集资金投向、信息披露等方面对 2021 年我国绿色公司债的市场发展情况进行分析，并针对推动绿色公司债券更好发展提出建议。

（一）发行规模和数量

绿色公司债券经过 6 年的发展，规模在逐渐地上升。其中 2016 年的规模是 175.4 亿元，2017 年的规模是 234.15 亿元，2018 年的规模是 285.79 亿元，2019 年的规模是 823.77 亿元，2020 年的规模是 723.1 亿元。2017 年较 2016 年增长 33.49%，2018 年较 2017 年增长 22.05%，2019 年较 2018 年增长 188.24%，2020 年较 2019 年减少 12.22%，2021 年较 2020 年增长 20.57%。

我国绿色公司债的规模增长较快，尤其是 2019 年较 2018 年，增长了近 3 倍。但新冠疫情对中国绿色金融领域产生了较大影响，2020 年发行规模较上年有所减少，而 2021 年又迅速恢复到 2019 年水平，并有所上涨。由图 3-10 可以看出 2021 年较 2016 年增长了 4 倍左右，说明我国绿色公司债券的规模在最近几年发展速度很快。

发行数量方面，2016 年绿色公司债发行 13 只，2017 年发行 25 只，2018 年发行 32 只，2019 年发行 66 只，2020 年发行 91 只，2021 年发行 110 只，五年总共发行 337 只绿色公司债券。2016 年到 2018 年，两年增长了 1.46 倍，但是从 2018 到 2019 年，一年的时间就增长了 1.06 倍。在 2016 年的时候，我国绿色公司债券还仅仅只有 13 只，但是到了 2021 年，我国的绿色公司债券的规模就已经达到 110 只，说明我国绿色公司债券的发行数量在快速增长。

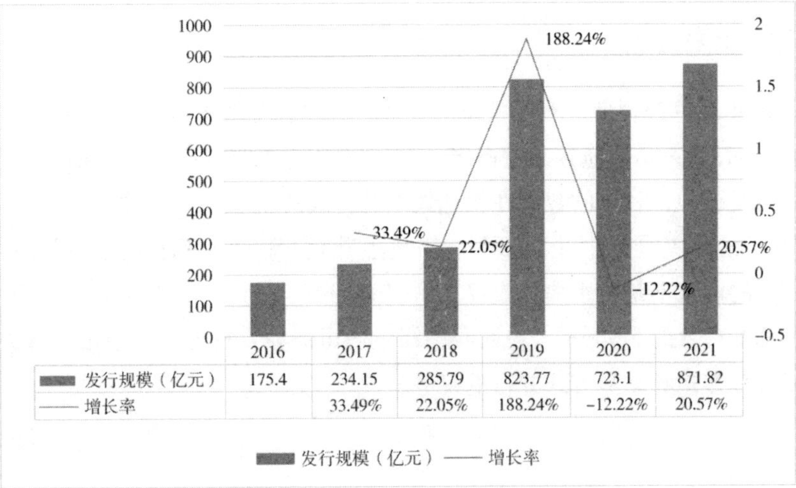

图 3-10　绿色公司债券发行规模

2017 年绿色公司债的发行数量增长率为 92.31%，发行规模增速只有 33.49%，2017 年较 2016 年绿色公司债单只债券的规模在缩小。2019 年绿色公司债的发行数量增长率为 106.25%，发行规模增长率为 188.24%，2019 年较 2018 年绿色公司债的单只债券规模有小幅度的上升。2020 年绿色公司债的发行数量增长率为 37.88%，发行规模增长率为-12.22%，2020 年较 2019 年绿色公司债的单只债券规模有较大幅度的下降。2021 年绿色公司债的发行数量增长率为 20.88%，发行规模增长率为 20.57%，呈稳定增长态势。

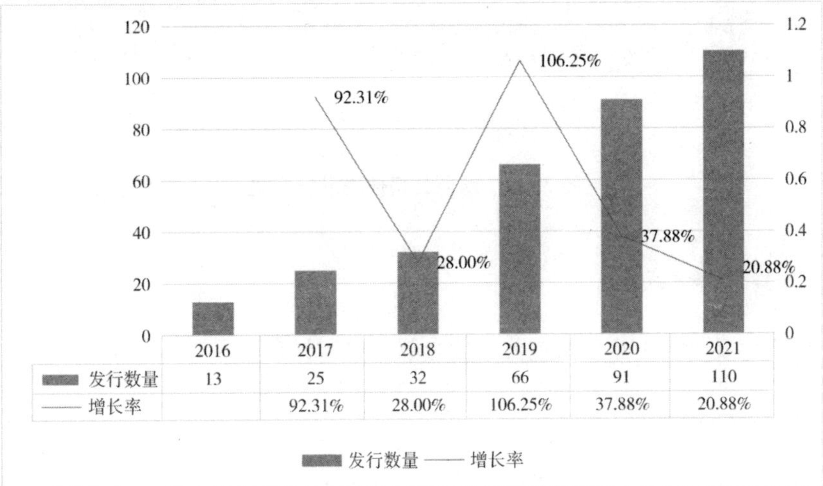

图 3-11　绿色公司债券发行数量

（二）发行方式

2021 年绿色公司债券有两种发行方式，其中公募债券共发行 58 只，占总发行数的 52.73%，私募债券共发行 52 只，占总发行数的 47.27%。绿色公司债在近两年的发行中，私募的数量在快速地上升，2016 年没有私募绿色公司债发行，但 2020 年已经快速上升到了 60 只，占比上升至 65.93%。而绿色公司债券在公募发行中的增长不是特别快，仅仅是从 2016 年的 13 只，增长到了 2021 年的 58 只，占总发行数的 52.73%。说明我国绿色公司债券发行方式逐渐由公募方式为主转成公募方式和私募方式并行的趋势。

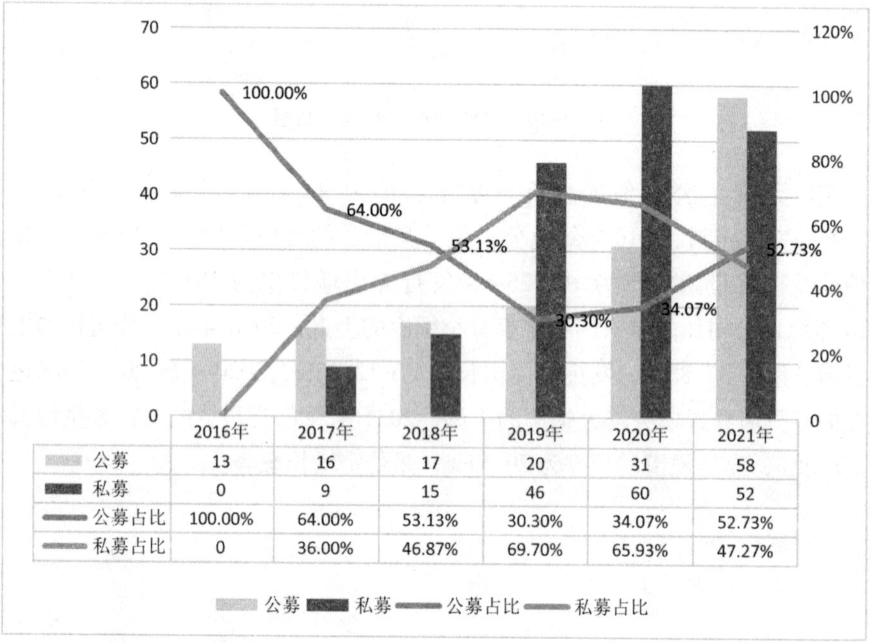

	2016年	2017年	2018年	2019年	2020年	2021年
公募	13	16	17	20	31	58
私募	0	9	15	46	60	52
公募占比	100.00%	64.00%	53.13%	30.30%	34.07%	52.73%
私募占比	0	36.00%	46.87%	69.70%	65.93%	47.27%

图 3-12　绿色公司债券发行方式

（三）计息方式

2021 年发行的 110 只绿色公司债全部为单利计息。

（四）发行利率

2021 年期间绿色公司债券的平均票面利率为 4.39%。2021 年债券的票面利率分布广泛，从江苏交通控股有限公司 2021 年面向专业投资者公开发行绿色公司债券（长三角一体化建设债）的 2.8%到泸州汇兴投资集团有限公司 2021 年非公开发行绿色项目收益专项公司债券（第二期）等的 7.5%，中间跨度为 4.7 个百分点。

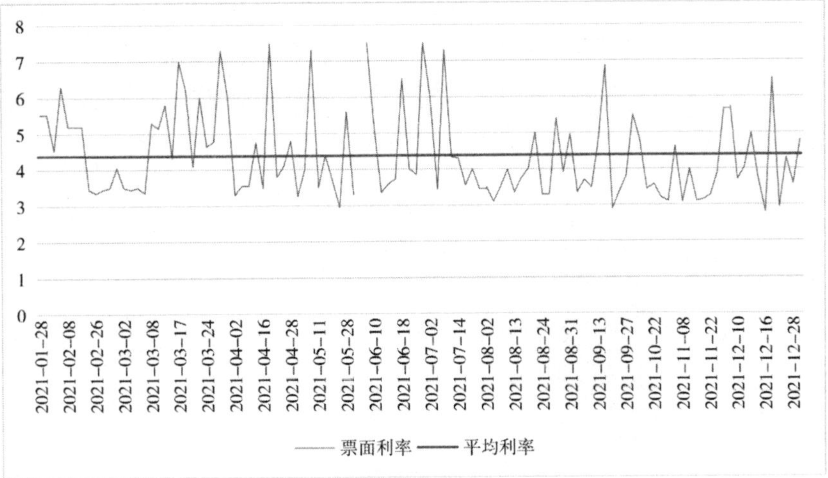

图 3-13 绿色公司债发行利率

（五）发行人行业

2021 年发行的 110 只绿色公司债主体中，最多的公司来自建筑业，有 26 只；其次发行人所属行业较多的是电力、热力、燃气及水生产和供应业有 21 只；而制造业、房地产业、采矿业和农业的债券数量较少，均只有 1 只。

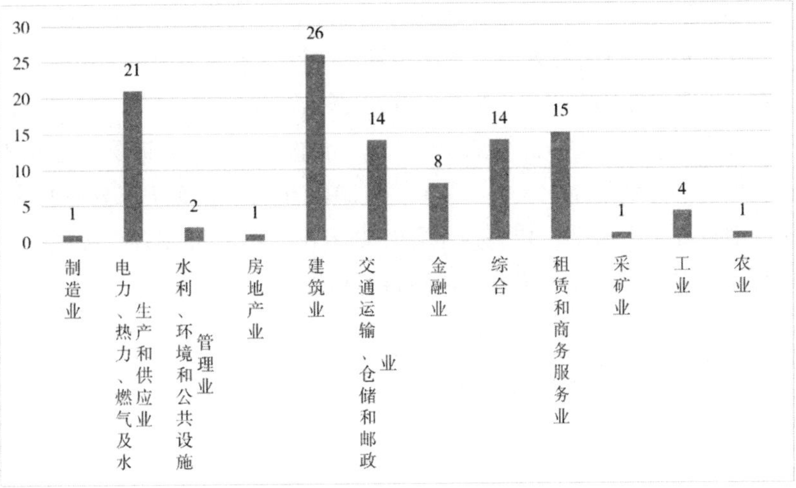

图 3-14 绿色公司债发行人行业

（六）发行人性质

图 3-15 可以看出 2021 年发行绿色公司债券的地方国有企业总共有 71 家，占发行总数的 64.55%，民营企业共有 1 家，占发行总数的 0.91%，中央国有企业有 38 家，占发行总数的 34.55%。可见地方国有企业是发行绿色公司债券的最大主体。

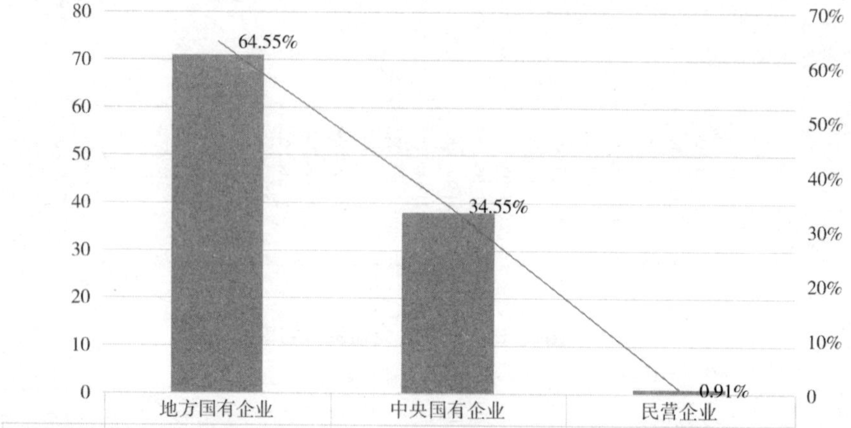

	地方国有企业	中央国有企业	民营企业
2021	71	38	1
占比	64.55%	34.55%	0.91%

图 3-15　绿色公司债发行人性质

由图 3-16 可以看出地方国有企业在发行绿色公司债券中由 2016 年的 1 家、占比 7.69%，快速上升到 2021 年的 71 家，占比上升到 64.55%。而中央国有企业 2016 年有 10 家，占发行总数的 76.92%，虽然 2021 年有 38 家，但是占总发行的比例快速下降到了 34.55%。另外，在 2017 年的时候有 1 家外商独资企业，其余年份则没有。民营企业和公众企业逐渐退出。由此可以看出我国绿色公司债券发行主体有逐渐向地方国有企业倾斜的趋势。

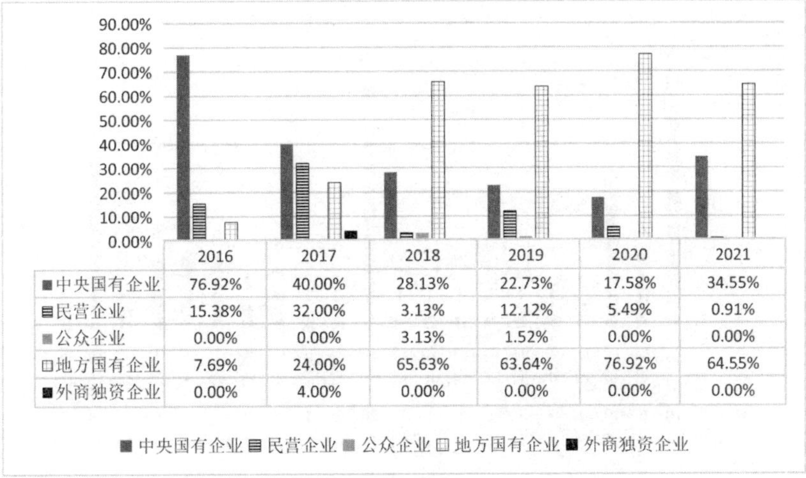

	2016	2017	2018	2019	2020	2021
中央国有企业	76.92%	40.00%	28.13%	22.73%	17.58%	34.55%
民营企业	15.38%	32.00%	3.13%	12.12%	5.49%	0.91%
公众企业	0.00%	0.00%	3.13%	1.52%	0.00%	0.00%
地方国有企业	7.69%	24.00%	65.63%	63.64%	76.92%	64.55%
外商独资企业	0.00%	4.00%	0.00%	0.00%	0.00%	0.00%

图 3-16 2016—2021 年发行人性质趋势图

（七）发行人注册地

2021 年共 21 个省份的企业发行了绿色公司债券，其中北京市发行规模位列第一，共计发行 18 只债券，共募集资金 280.8 亿元；江苏省的发行数量位列第一，发行了 20 只债券，其发行规模位列第三，共募集资金 77.62 亿元，浙江省发行数量位列第三，发行了 14 只债券，发行规模位列第二，共募集资金 92 亿元。其余省份发行数量都在 10 只及以下，其中陕西省发行了 2 只债券，募集资金最少，仅有 2 亿元。

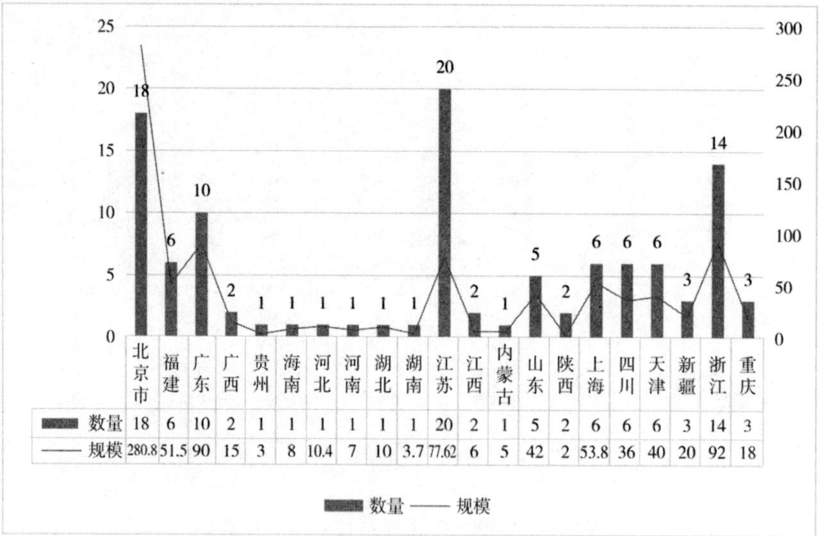

	北京市	福建	广东	广西	贵州	海南	河北	河南	湖北	湖南	江苏	江西	内蒙古	山东	陕西	上海	四川	天津	新疆	浙江	重庆
数量	18	6	10	2	1	1	1	1	1	1	20	2	1	5	2	6	6	6	3	14	3
规模	280.8	51.5	90	15	3	8	10.4	7	10	3.7	77.62	6	5	42	2	53.8	36	40	20	92	18

图 3-17　2021 年绿色公司债发行人注册地

二、公司债标准分析

（一）项目分类

根据《绿色债券支持目录》我们把投向分为六大项目，2021 年绿色公司债投向最多的为清洁能源，有 49 只债券；而资源节约与循环利用则是投向最少的，只有 4 只债券。

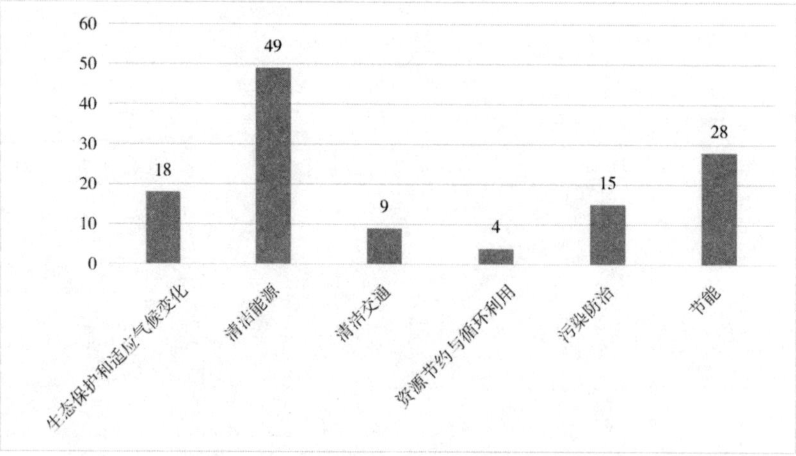

图 3-18　2021 年绿色公司债项目分类

通过对比 2020 年与 2021 年的绿色公司债投向，可以看出，相比 2020 年，2021 年除资源节约与循环利用和污染防治的债券数量有所下降以外，其他项目类别的债券数量都有所增长，其中清洁能源由 18 只债券增长到 49 只债券，增长幅度最大，节能由 9 只债券增长到 28 只债券，增长幅度次之。

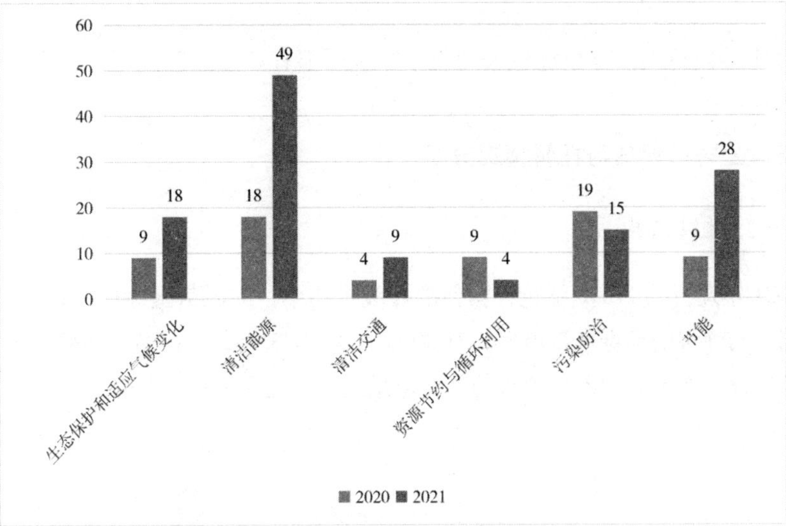

图 3-19　2021 年绿色公司债项目分类

（二）募集资金管理

绿色债券资金管理制度不断完善，在 2021 年发行的 110 只绿色公司债中，105 只有专门募集资金管理账户和信息披露制度，占比 95. 45%。

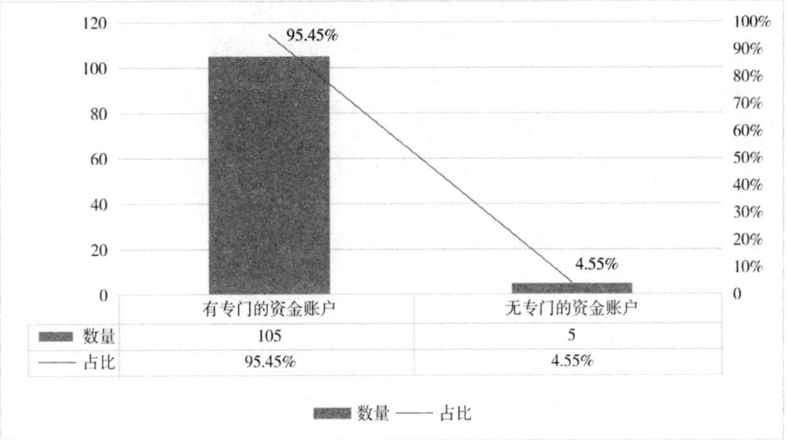

图 3-20　绿色公司债募集资金管理

（三）信息披露

在 2021 年发行的 110 只绿色公司债中，全部都有信息披露，占比 100%。

（四）环境效益

2021 年发行的 110 只绿色公司债中，全部都有环境效益披露，占比 100%。

三、公司债评估与托管情况分析

（一）评级机构

2021 年发行的 110 只绿色公司债的评级机构中，中诚信国际信用评级有限责任公司参与评级的债券数量最多，有 30 只，占比 43.48%，占绝大多数市场份额；联合信用评级有限公司参与评级的债券数量最少，仅有 1 只，占比 1.45%。

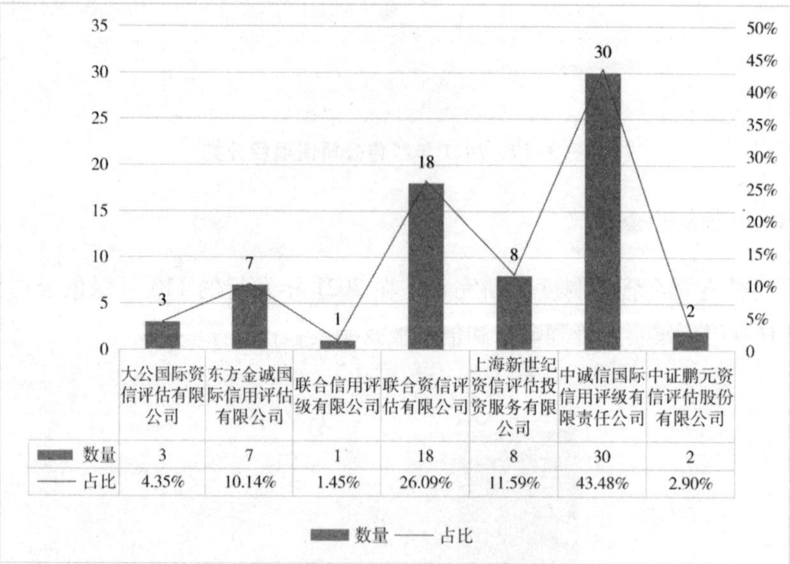

图 3-21 绿色公司债评级机构

（二）第三方认证

2021 年发行的 110 只绿色公司债中，全部都没有第三方认证，应当加强第三方认证。

（三）托管机构

2021 年发行的 110 只绿色公司债中，全部都由中国证券登记结算有限责任公司进行托管，占领全部市场份额。

第三节 金融债

一、金融债发行概览

绿色债券按发行主体可以分为绿色金融债和绿色非金融债，资金的募集主要投向符合标准的绿色项目，绿色非金融债又包括绿色企业债、绿色资产支持证券、绿色公司债和绿色债务融资工具。其中绿色金融债的发行主体主要是指政策性银行、商业银行、非银行金融机构。

发展绿色金融债券有多方面的意义，包括解决期限错配问题，提供中长期信贷融资来源；改变负债占比，降低商业银行的不良贷款率；推动供给侧改革，实现资金供求平衡；拓展大型商业银行业务品种，提升中小型银行生存空间；助力战略性新兴行业和地方经济发展；给投资者带来新的投资渠道，激发投资市场活力等战略性意义。为我国金融市场、债券市场、资本交易市场以及生态文明建设提供了有利的条件，实现经济效益和环境效益的双丰收，成为培育绿色发展新动能，实现经济、社会、生态的高质量发展提供有力的保障。

（一）发行规模和数量

2021 年绿色金融债券发行总规模为 1208.55 亿元，占 2021 年我国绿色债券发行规模的 18.67%。2016 年发行规模 1550.00 亿元；2017 年发行规模 1234.00 亿元，相比 2016 年降低 20.39%；2018 年发行规模 1289.20 亿元，相比 2017 年增加 4.47%；2019 年发行规模 833.50 亿元，相比 2018 年降低 35.35%；2020 年相比 2019 年降低 77.56%，2021 年相比 2020 年增长 546.28%。可以看到，绿色金融债券的发行规模在前五年有 3 次大幅度的降低，绿色金融债券在 2016 年开元年以来发行规模就在快速缩减，2020 年受疫情影响，缩减尤为明显，但随着政策的调整与完善，绿色金融债券市场逐渐成熟，监管力度不断提高，2021 年绿色金融债券发行总规模较 2020 年增长约 5.5 倍，迅速恢复到前三年的水平。

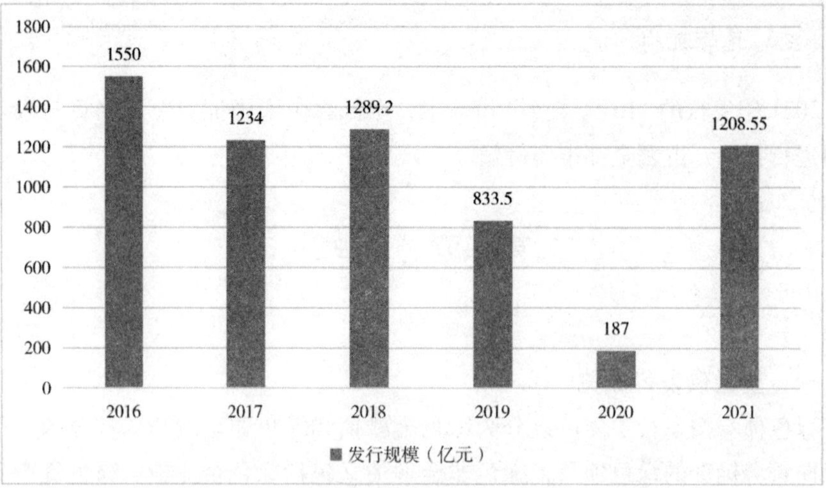

图 3-22　绿色公司债发行规模

2021 年，我国境内市场新发行 28 只绿色金融债券。截至 2021 年年底，绿色金融债共有 171 只。2016 年绿色金融债发行 21 只，2017 年发行绿色金融债 44 只，2018 年发行绿色金融债 38 只，2019 年发行绿色金融债 31 只，2020 年发行绿色金融债 9 只。结合 2016—2021 年数据，新发行绿色金融债券的数量从 2017 年大幅上涨后在逐年递减，受 2020 年疫情影响，当年降幅最大，到 2021 年又有显著的增长。

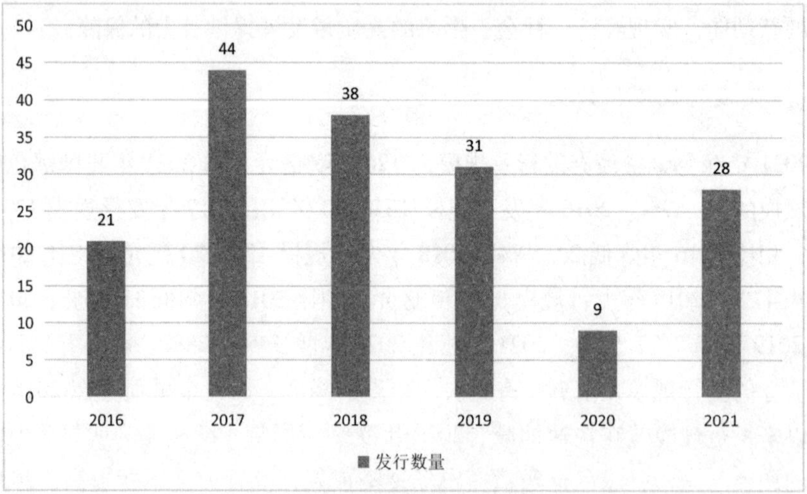

图 3-23　绿色金融债发行数量

（二）发行方式

2021 年绿色金融债券全部为公募发行。2016—2020 年的绿色金融债券也都是公募发行。

（三）计息方式

2021 年绿色金融债券全部为单利计息。

（四）发行利率

2021 年新发行的 28 只绿色金融债券平均票面利率为 3.24%，最高票面利率为 4.95%，是 2021 年 9 月 26 日发行的新疆昌吉农村商业银行股份有限公司 2021 年第一期绿色金融债券；最低票面利率为 2%，是 2021 年 9 月 29 日发行的中国农业发展银行 2021 年第一期绿色金融债券。

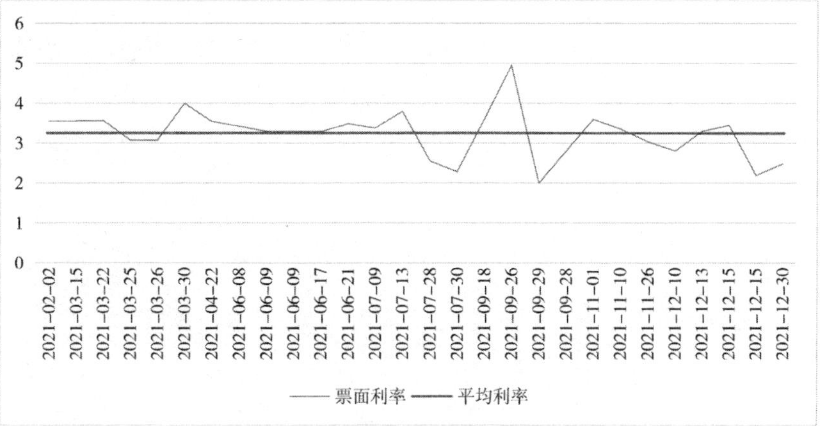

图 3-24　绿色公司债发行利率

（五）发行人行业

2021 年绿色金融债券的发行人全部属于金融业。

（六）发行人性质

2021 年绿色金融债券发行人有中央国有企业、地方国有企业和公众企业。其中地方国有企业发行人数量最多，为 17 家，占比为 60.71%；最少的是公众企业发行人，只有 3 家，占比为 10.71%。

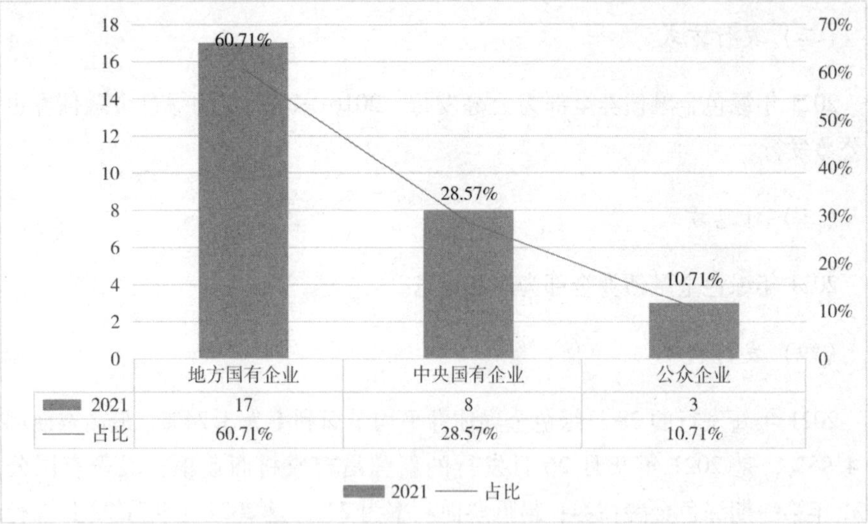

图 3-25　绿色公司债发行人性质

根据 2016—2021 年绿色金融债券发行人性质分布状况可以看出，2021 年地方国有企业参与发行绿色金融债券的数量较多，有 17 只，一直占主导地位。中央国有企业其次，有 8 只，公众企业最少，仅有 3 只。民营企业逐渐退出市场份额。

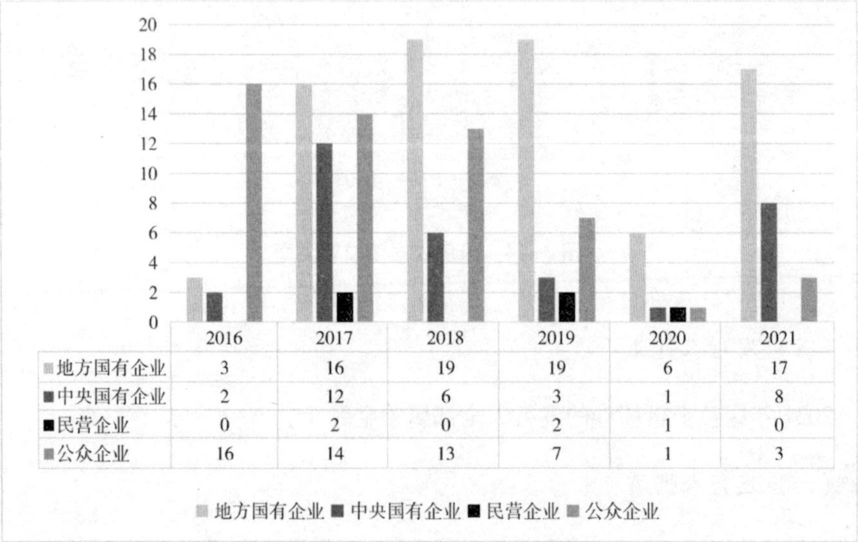

图 3-26　2016—2021 年绿色公司债发行人性质

（七）发行人注册地

2021 年共 12 个省份的企业发行了绿色公司债券，其中北京市发行规模和数量都位列第一，共计发行 8 只债券，共募集资金 826 亿元；江苏省的发行规模和数量位列第二，发行了 4 只债券，共募集资金 80 亿元。其余省份发行数量都在 3 只及以下，其中新疆发行了 1 只债券，募集资金最少，仅有 0.55 亿元。

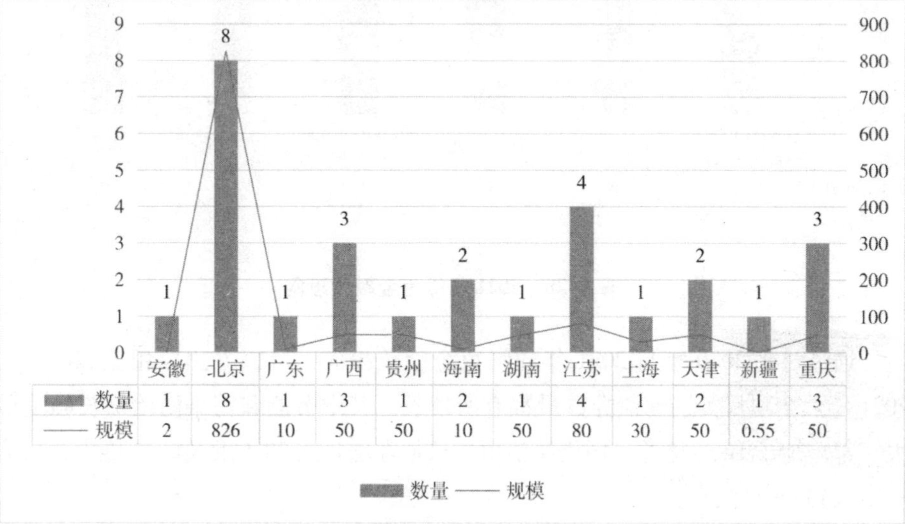

	安徽	北京	广东	广西	贵州	海南	湖南	江苏	上海	天津	新疆	重庆
数量	1	8	1	3	1	2	1	4	1	2	1	3
—— 规模	2	826	10	50	50	10	50	80	30	50	0.55	50

图 3-27　绿色公司债发行人注册地

二、金融债标准分析

（一）项目分类

根据《绿色债券支持目录》我们把投向分为六大项目，2021 年绿色金融债投向最多的为污染防治，有 23 只债券；清洁能源则是投向最少的，只有 8 只债券。

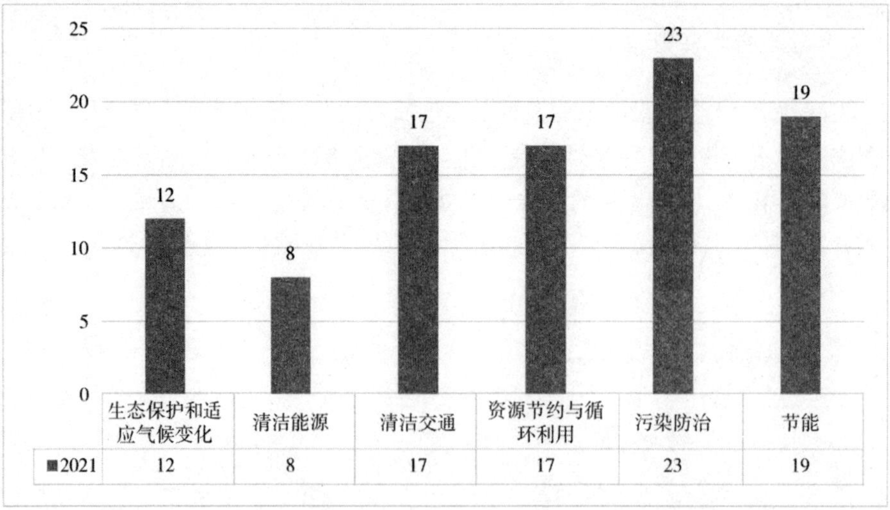

图 3-28　2021 年绿色金融债投向

通过对比 2020 年与 2021 年的绿色金融债投向，可以看出，相比 2020 年，2021 年六个项目类别的债券数量都有所增长，其中节能和污染防治增长幅度最大，都增加了 16 只债券。污染防治由 7 只债券增长到 23 只债券，节能由 3 只债券增长到 19 只债券。

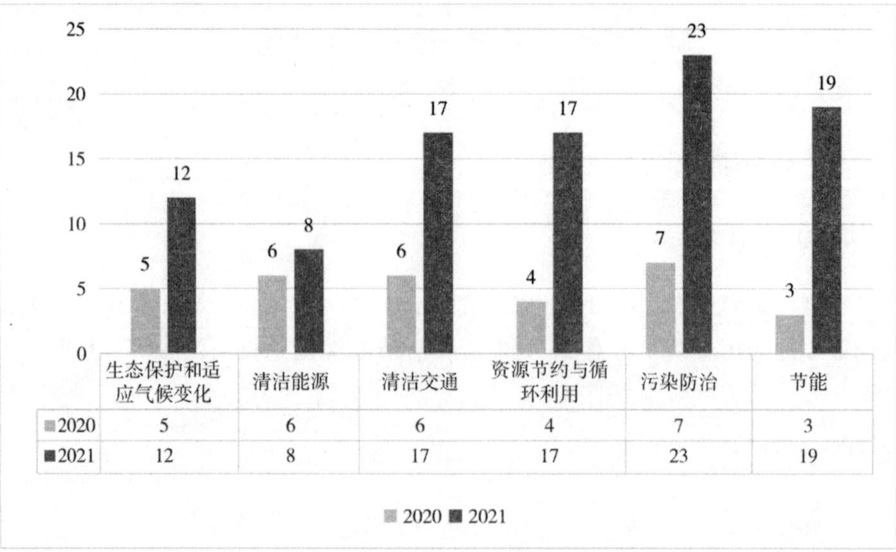

图 3-29　2020—2021 年绿色金融债投向

（二）募集资金管理

绿色债券资金管理制度不断完善，在2021发行的28只绿色金融债中，全部都有专门募集资金管理账户和信息披露制度，占比100%。

（三）信息披露

在2021发行的28只绿色金融债中，全部都有信息披露，占比100%。

（四）环境效益

2021发行的28只绿色金融债中，全部都有环境效益披露，占比100%。

三、金融债评估与托管情况分析

（一）评级机构

2021年的28只绿色金融债券中21只有评级机构，剩余7只未披露相关信息。经统计，由联合资信评估有限公司评级的债券最多，有10只，占比为35.71%；其次为中诚信国际信用评级有限责任公司，有8只，占比28.57%；东方金诚国际信用评估有限公司数量最少，仅有3只，占比为10.71%。可见，在境内市场中绿色金融债券的发行主体更偏向于通过联合资信评估有限公司和中诚信国际信用评级有限责任公司进行评级。

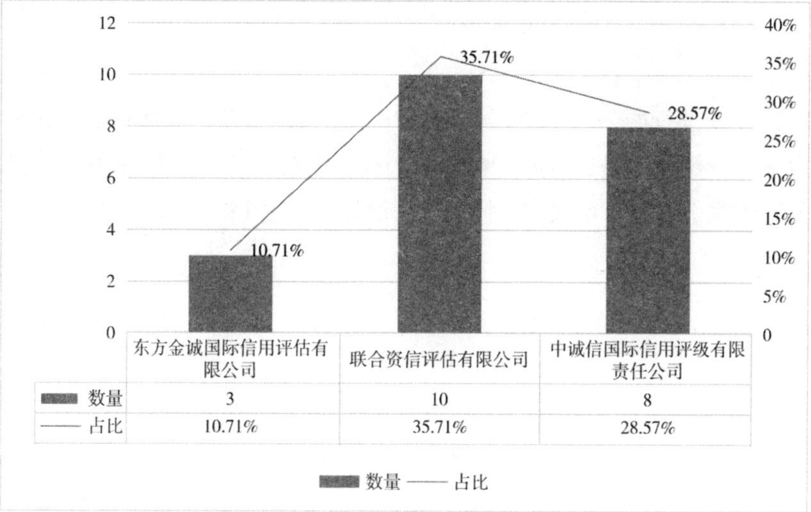

图3-30 绿色金融债评级机构

（二）第三方认证

2021 年新发行的 28 只绿色金融债券全部进行了第三方认证。在 2021 年绿色债券认证机构出现最为频繁的当数安永华明会计师事务所，共计出现 10 次，占绿色金融债券第三方认证的 35. 71%；其次是联合赤道环境评价有限公司，出现 9 次，占比 32. 14%。中节能咨询有限公司和中债资信评估有限公司出现最少，各自只出现一次，占比 3. 57%。

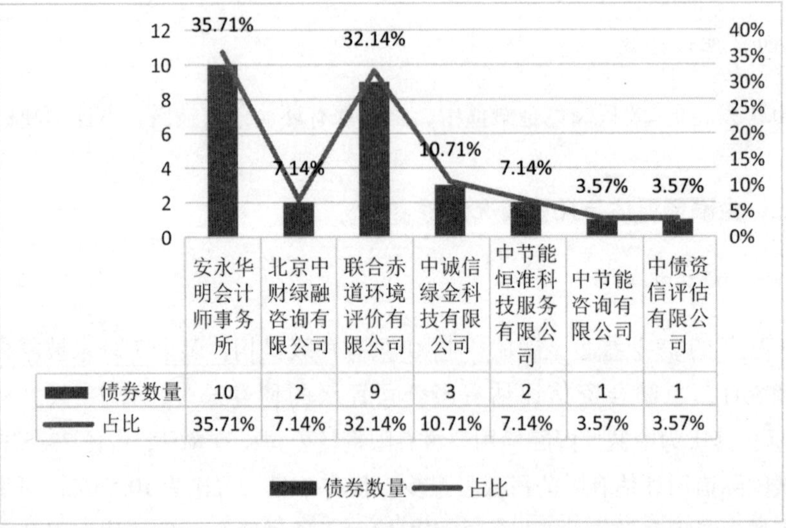

图 3-31　绿色金融债第三方认证机构

（三）托管机构

2021 年新发行的 28 只绿色金融债券中，中央国债登记结算有限责任公司出现次数最多，托管 24 只债券，占比 85. 71%，占有绝大多数市场份额。银行间市场清算所股份有限公司次之，托管 4 只债券，占比 14. 29%。

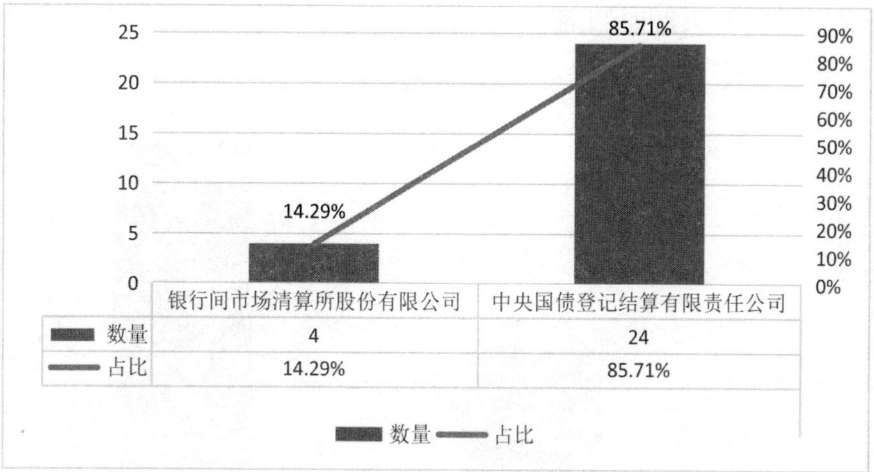

图 3-32 绿色金融债托管机构

第四节 绿色资产支持证券

一、绿色资产支持证券发行概览

以绿色资产未来现金流作为基础，对多个绿色项目进行结构化组合，标的资产多样化，包括绿色贷款、绿色债券、绿色住房抵押贷款、新能源汽车消费贷款、屋顶太阳能光伏发电收益权等。绿色资产支持证券可以通过优先/次级结构安排为产品提供增信，提高绿色资产的流动性，加强绿色投资的有效和精准性。

2016 年，兴业银行发行中国首单绿色资产支持证券，融资规模 26.46 亿元，该资产支持证券为“双绿”模式：标的资产全部为绿色金融贷款，是从兴业银行贷款中严格筛选出来的优质贷款；同时，募集资金全部投向符合中国人民银行《绿色债券支持项目目录》和银监会关于绿色信贷统计相关标准的项目。随后绿色资产支持证券快速发展，2021 年共发行 159 只绿色资产支持证券，融资规模 589.41 亿元。

（一）发行规模和数量

2021 年共发行 159 只绿色资产支持证券，融资规模 589.41 亿元，相较上年，发行数量上涨 137.31%，融资规模上涨 129.68%。无论是发行数量还是融资规模，都有较大幅度的上涨。

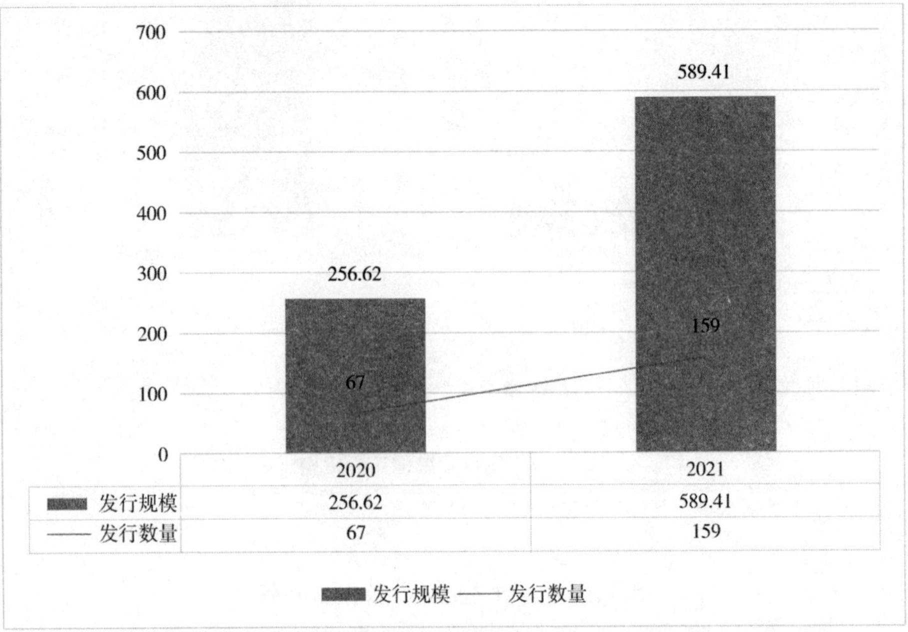

图 3-33　绿色资产支持证券发行规模与数量

从 2016 年发行 4 只绿色资产支持证券，到 2021 年发行 159 只绿色资产支持证券，绿色资产支持证券发展迅猛，且历年来一直保持增长的趋势，除 2018 年的增长率有所下降外，其他年份的增长率都呈不断上升的态势。

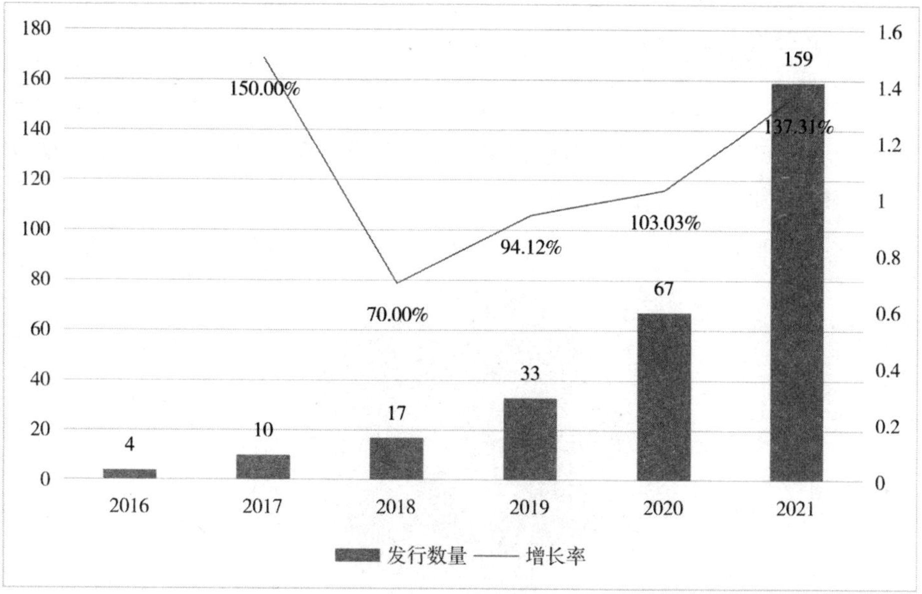

图 3-34　绿色资产支持证券发行数量

（二）发行方式

2021 年发行的 159 只绿色资产支持证券中，有 153 只是私募发行，占比 96.23%，占有绝大多数比例，公募发行的债券仅有 6 只，占比 3.77%。绿色资产支持证券更倾向于私募发行。

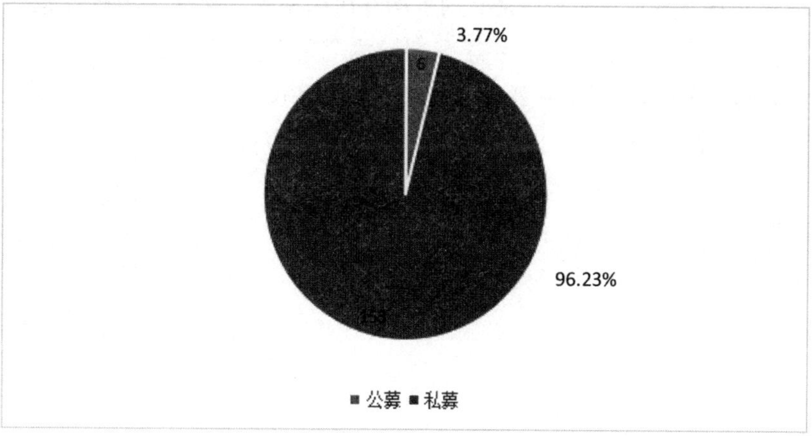

图 3-35　绿色资产支持证券发行方式

（三）计息方式

2021 年，境内发行的 159 只绿色资产支持证券中，计息方式为单利的有 125 只，占比 78.62%，占绝大多数的比重。而复利等其他计息方式的债券仅有 34 只，占比 21.38%，比重较小。

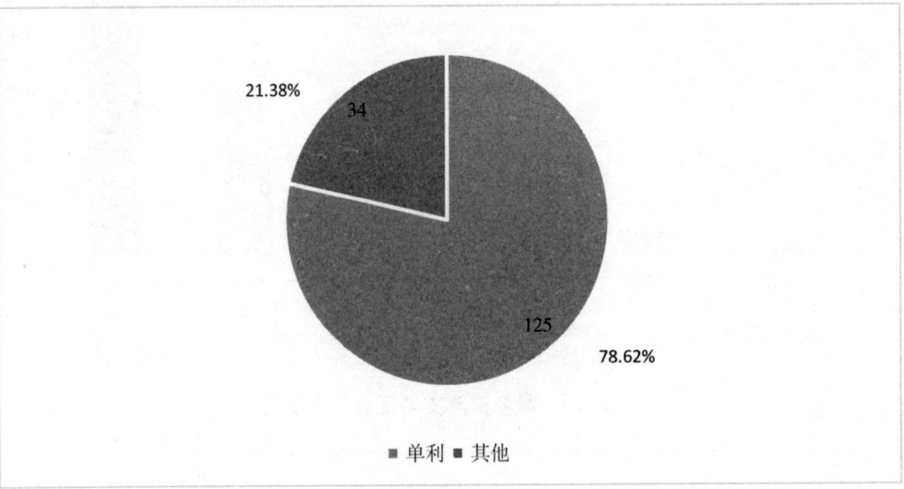

图 3-36　绿色资产支持证券计息方式

（四）发行利率

2021 年期间绿色资产支持证券的平均票面利率为 3.99%。2021 年债券的票面利率分布广泛，从上和 2021 年第一期绿色个人汽车抵押贷款优先 A1 级资产支持证券的 2.5%到兰州城乡公交收费收益权 1 期绿色资产支持专项计划优先级 A5 档资产支持证券的 6.8%，中间跨度为 4.3 个百分点。

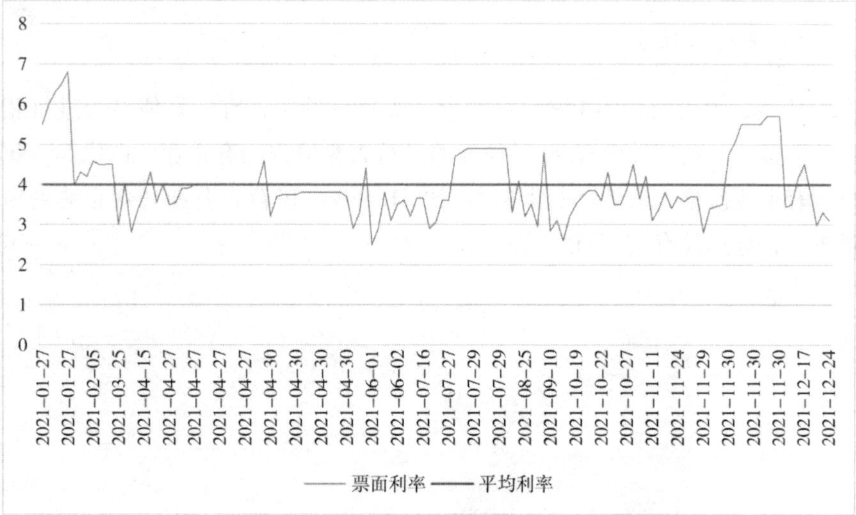

图 3-37 绿色资产支持证券发行利率

（五）发行人行业

2021 年，境内发行的 159 只绿色资产支持证券中，最多的公司来自金融业，有 60 只；其次发行人所属行业较多的是生态保护和环境治理，有 13 只；其他行业的债券数量较少，均不超过 10 只。

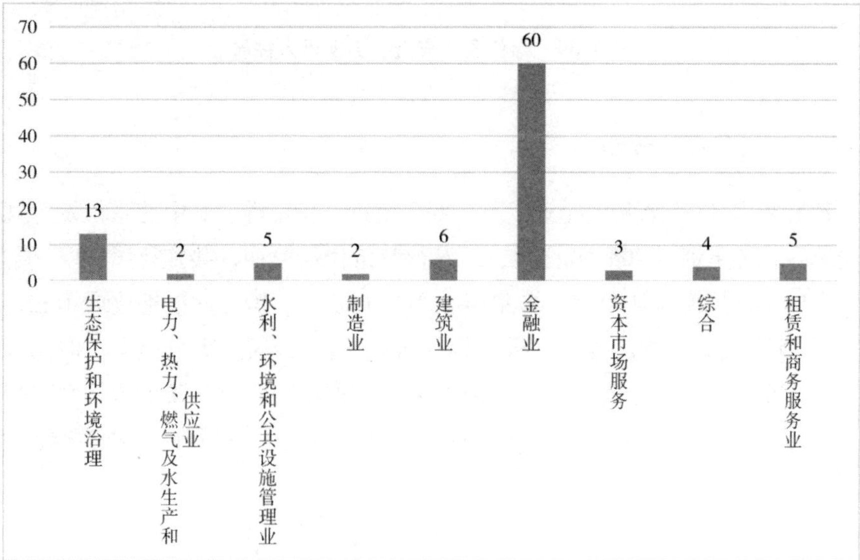

图 3-38 绿色资产支持证券发行人行业

（六）发行人性质

2021 年，境内发行的 159 只绿色资产支持证券中，有 2 只债券未进行相关信息的披露，剩余债券中有 90 只债券的发行人为地方国有企业，占比 56.60%；中央国有企业次之，有 50 只债券，占比 31.45%；民营企业和公众企业的债券数量较少，分别仅有 15 只和 2 只。

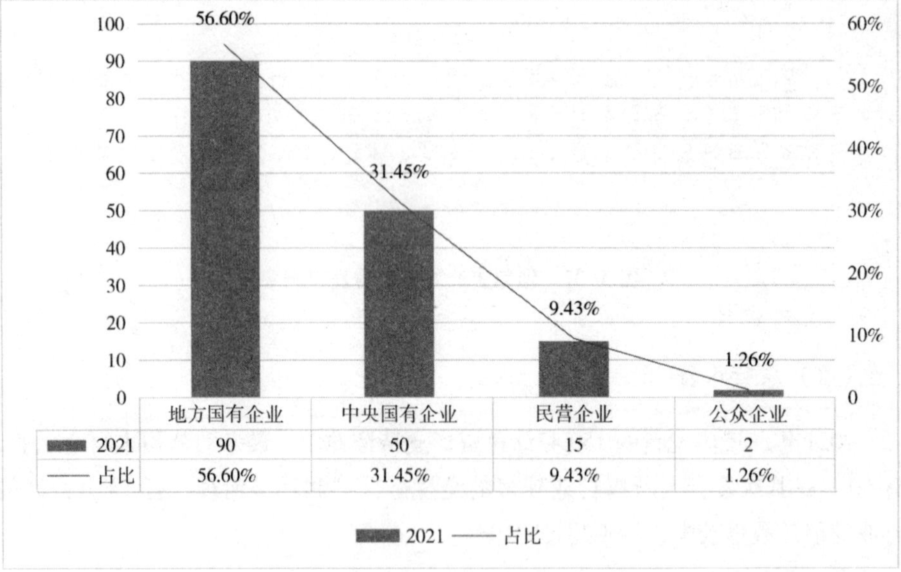

图 3-39　绿色资产支持证券发行人性质

（七）发行人注册地

2021 年共 13 个省份的企业发行了绿色资产支持证券，其中北京市发行规模位居第一，募集资金 205.56 亿元，而发行数量位居第四，共发行了 20 只债券；上海市的发行规模位居第二，募集资金 168.1 亿元，其发行数量位居第三，共发行了 25 只债券。浙江省的发行数量位居第一，共发行 31 只债券，但仅募集资金 12.28 亿元。13 个省份中，湖南省发行规模最小，仅募集资金 3.09 亿元，发行 10 只债券；陕西省份发行数量最少，仅发行了 1 只债券，募集资金 17.3 亿元。

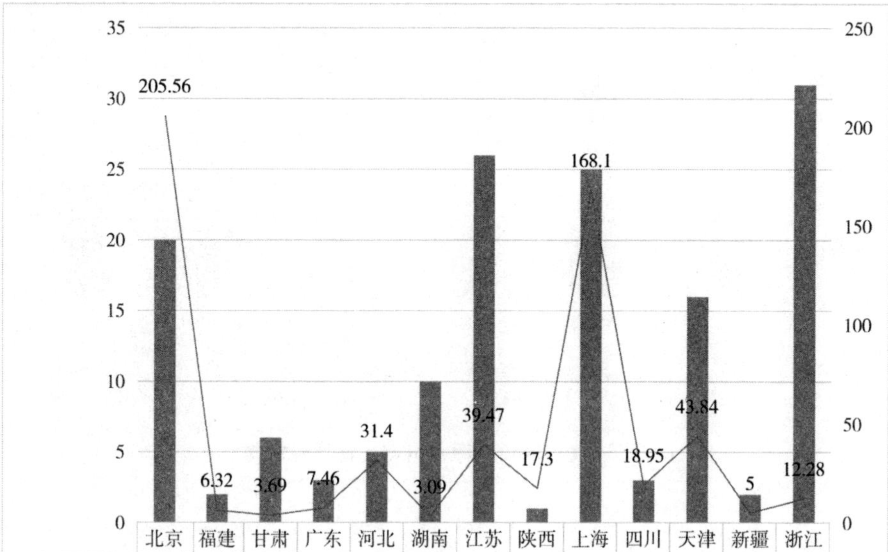

	北京	福建	甘肃	广东	河北	湖南	江苏	陕西	上海	四川	天津	新疆	浙江
数量	20	2	6	3	5	10	26	1	25	3	16	2	31
规模	205.56	6.32	3.69	7.46	31.4	3.09	39.47	17.3	168.1	18.95	43.84	5	12.28

图 3-40 绿色资产支持证券发行人注册地

二、绿色资产支持证券标准分析

（一）项目分类

根据《绿色债券支持目录》我们把投向分为六大项目，2021 年境内发行的 159 只绿色资产支持证券中，投向最多的为清洁能源，有 50 只债券；其次为节能方向，有 28 只债券；而资源节约与循环利用方向是投向最少的，仅有 4 只债券。

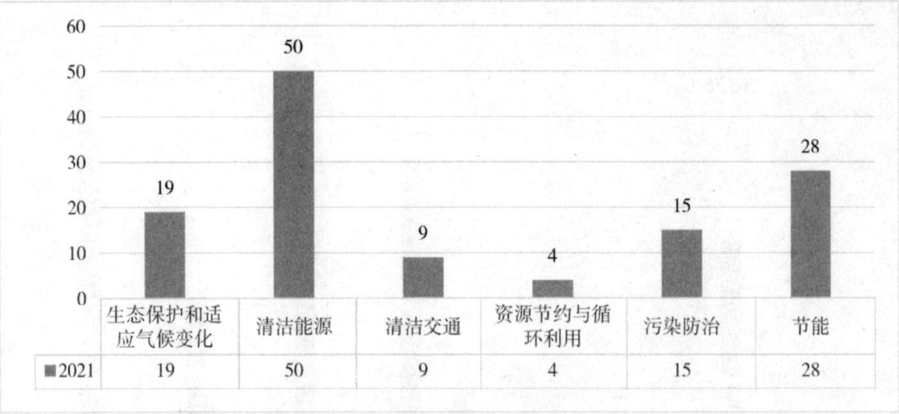

图 3-41　2021 年绿色资产支持证券投向

（二）募集资金管理

绿色债券资金管理制度不断完善，在 2021 年发行的 159 只绿色资产支持证券中，152 只有专门募集资金管理账户和信息披露制度，占比 95.60%，占绝大多数比例。

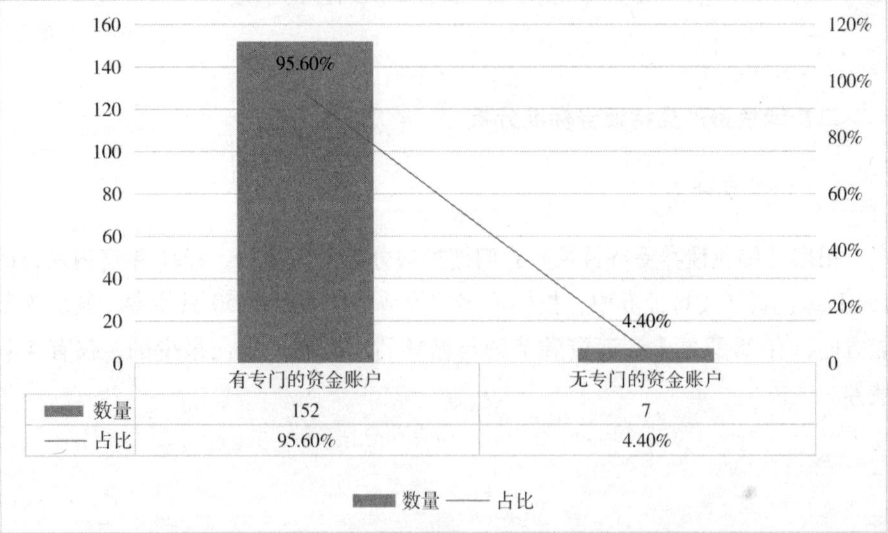

图 3-42　2021 年绿色资产支持证券募集资金管理

（三）信息披露

在 2021 年发行的 159 只绿色资产支持证券中，152 只有信息披露，占比 95.60%。

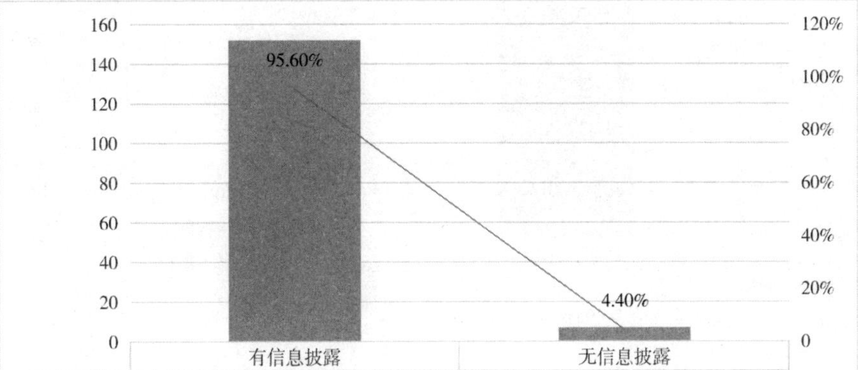

	有信息披露	无信息披露
数量	152	7
占比	95.60%	4.40%

图 3-43 2021 年绿色资产支持证券信息披露

（四）环境效益

2021 年发行的 159 只绿色资产支持证券中，152 只有环境效益披露，占比 95.60%。

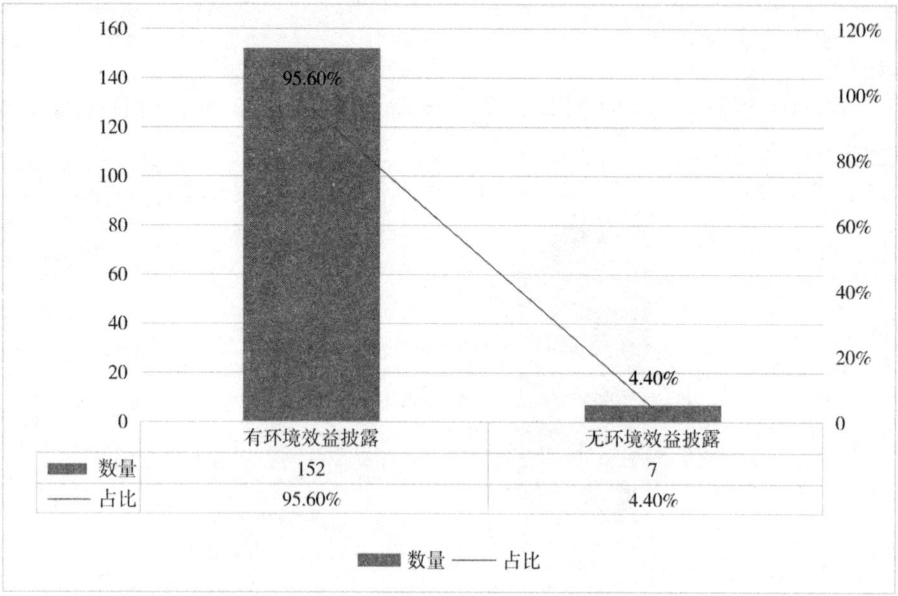

图 3-44　2021 年绿色资产支持证券环境效益

三、绿色资产支持证券评估与托管情况分析

（一）评级机构

2021 年发行的 159 只绿色资产支持证券中，有 4 只证券未进行相关信息披露，由中诚信国际信用评级有限责任公司评级的债券最多，有 72 只，占比为 45.28%；其次为上海新世纪资信评估投资服务有限公司，有 53 只，占比 33.33%；大公国际资信评估有限公司数量最少，仅有 1 只，占比为 0.63%。可以看出在境内市场中绿色资产支持证券的发行主体更偏向于通过中诚信国际信用评级有限责任公司和上海新世纪资信评估投资服务有限公司进行评级。

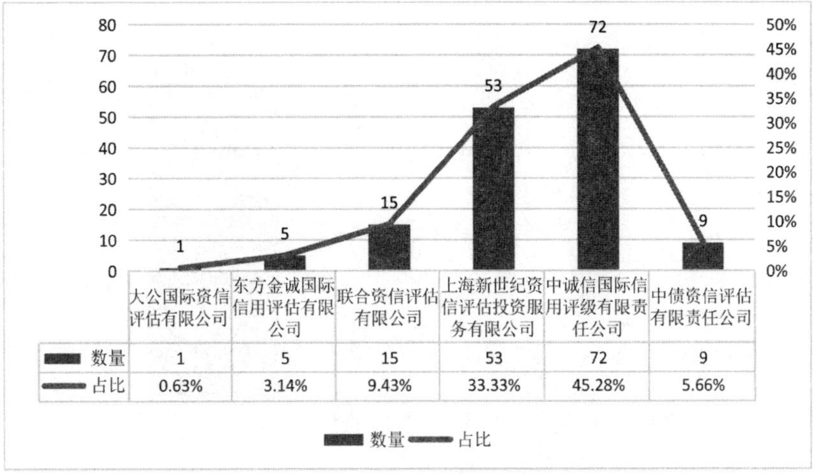

图 3-45 2021 年绿色资产支持证券评级机构

（二）第三方认证

2021 年发行的 159 只绿色资产支持证券中，全部都没有第三方认证。

（三）托管机构

2021 年发行的 159 只绿色资产支持证券中，由中国证券登记结算有限责任公司进行托管的债券最多，有 158 只，占比为 99.37%；剩下的 1 只由银行间市场清算所股份有限公司进行托管，占比为 0.63%。可以看出在境内市场中绿色资产支持证券的发行主体更偏向于通过中国证券登记结算有限责任公司进行托管。

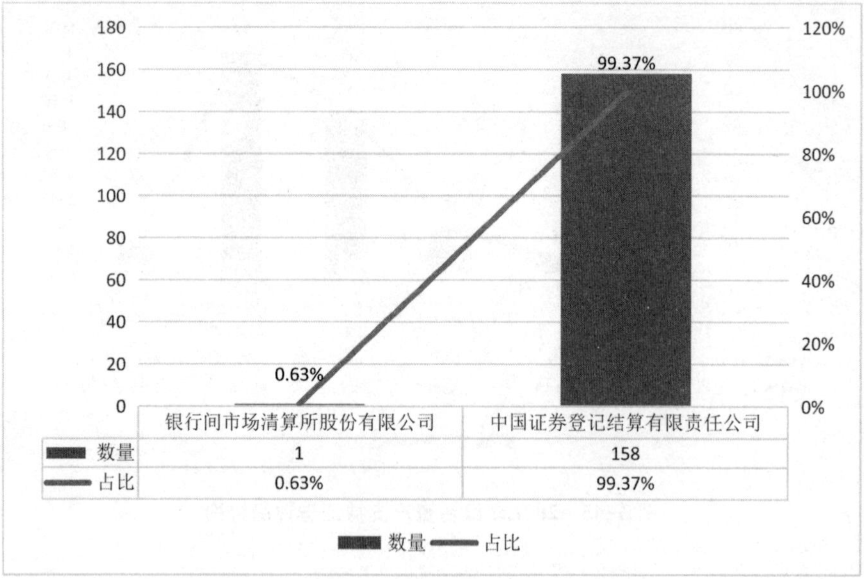

图 3-46　2021 年绿色资产支持证券托管机构

第五节　绿色债务融资工具

一、绿色债务融资工具发行概览

绿色债务融资工具，是指绿色金融改革创新试验区内企业在银行间市场发行的，募集资金专项用于节能环保、污染防治、资源节约与循环利用等绿色项目的债务融资工具。2019 年 5 月 13 日，中国人民银行发布了《关于支持绿色金融改革创新试验区发行绿色债务融资工具的通知》，支持试验区内企业注册发行绿色债务融资工具。

（一）发行规模和数量

2021 年我国发行的绿色债务融资工具募集资金 3117. 26 亿元。在发行数量方面，2016 年绿色债务融资工具发行 9 只，2017 年发行 11 只，2018 年发行 17 只，2019 年发行 27 只，2020 年发行 40 只，2021 年发行 292 只，比前五年的总数还多，大约是前五年总数的 3 倍。在 2016 年的时候，我国绿色债务融资工具还仅仅只有 9 只，但是到了 2021 年，我国的绿色债务融资工具的数量就已经达到 292 只，说明我国绿色债务融资工具的发行数量发展迅猛且仍在快速增长。

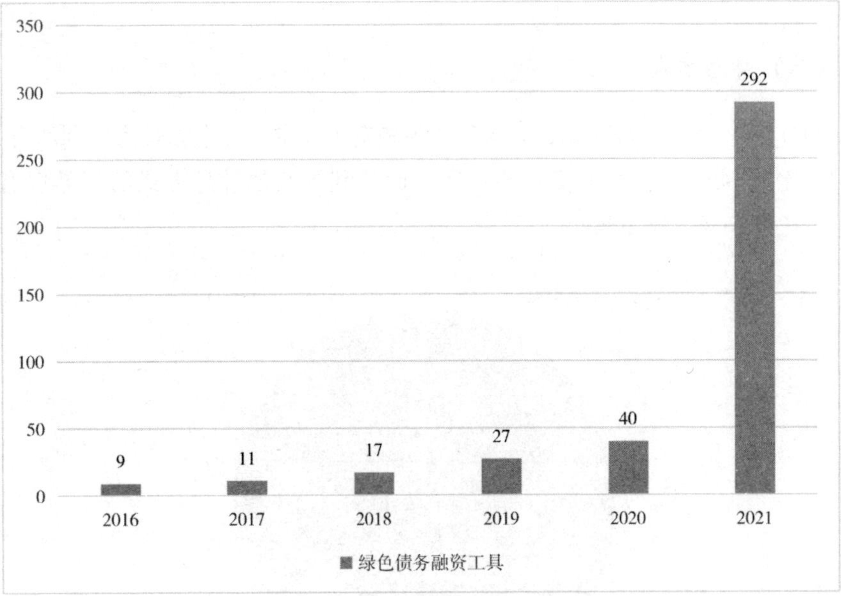

图 3-47 2021 年绿色债务融资工具发行规模和数量

（二）发行方式

2021 年发行的 292 只绿色债务融资工具中，有 52 只是私募发行，占比 17.81%，公募发行的债券有 240 只，占比 82.19%，占有绝大多数比例。说明绿色债务融资工具更倾向于公募发行。

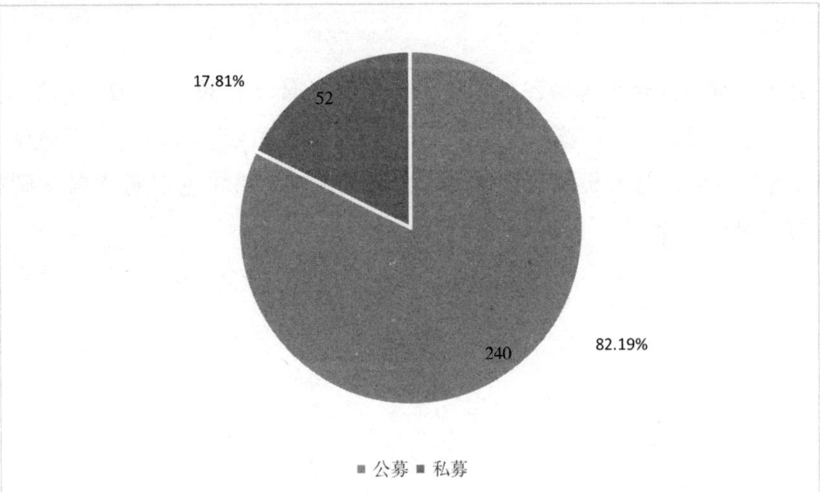

图 3-48 2021 年绿色债务融资工具发行方式

（三）计息方式

2021 年，境内发行的 292 只绿色债务融资工具中，计息方式为单利的有 273 只，占比 93.49%，占绝大多数的比重。而复利等其他计息方式的债券仅有 19 只，占比 6.51%，比重较小。

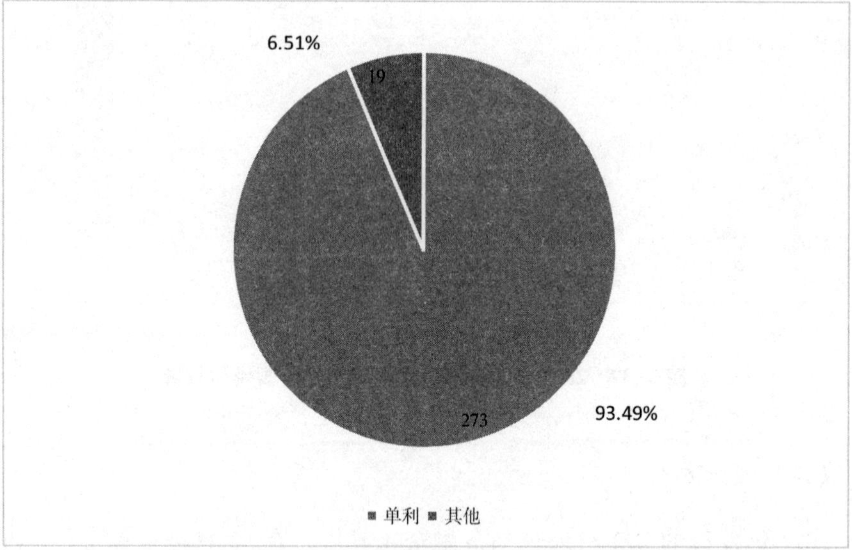

图 3-49　2021 年绿色债务融资工具计息方式

（四）发行利率

2021 年期间绿色债务融资工具的平均票面利率为 3.39%。2021 年债券的票面利率分布广泛，从中广核风电有限公司 2021 年度第四期绿色超短期融资券的 2.06%到晋能控股电力集团有限公司 2021 年度第一期绿色中期票据（碳中和债）的 6.8%，中间跨度为 4.74 个百分点。

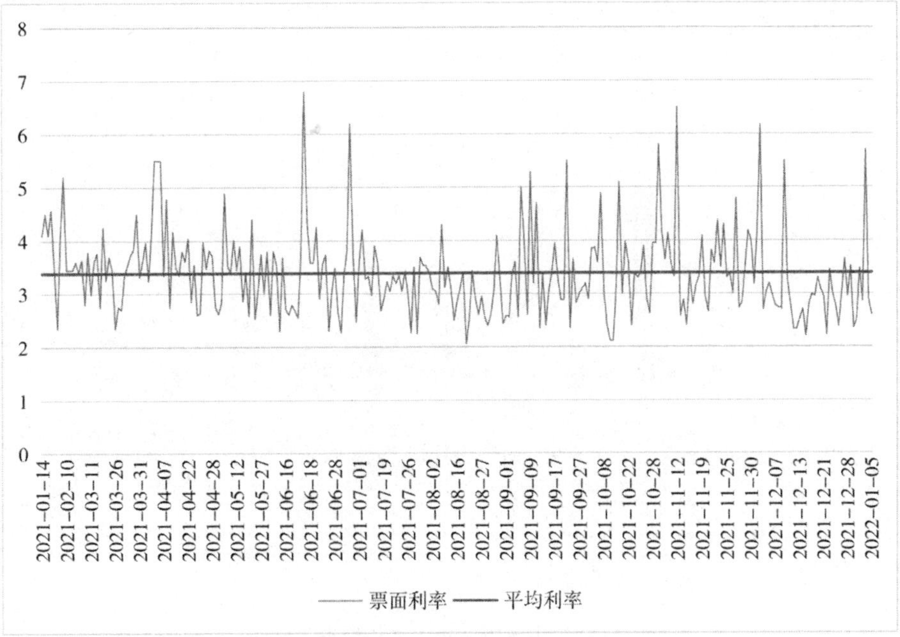

图 3-50 2021 年绿色债务融资工具发行利率

（五）发行人行业

2021 年，境内发行的 292 只绿色债务融资工具中，最多的公司来自电力、热力、燃气及水生产和供应业，有 103 只债券；其次发行人所属行业较多的是交通运输、仓储和邮政业，有 34 只债券；然后是综合类行业，有 24 只债券；其他行业的债券数量较少，均不超过 19 只。

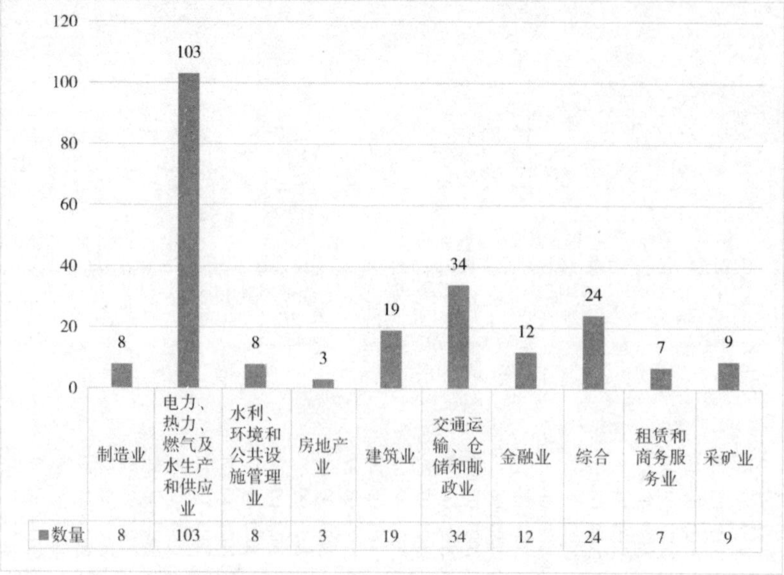

图 3-51　绿色债务融资工具发行人行业

（六）发行人性质

2021 年境内发行的绿色债务融资工具中，共有 240 只债券进行了相关信息的披露，其中 121 只债券的发行人属为地方国有企业，占比 50.42%；中央国有企业次之，有 112 只债券，占比 46.67%；外商独资企业和中外合资企业的债券数量较少，分别仅有 1 只。

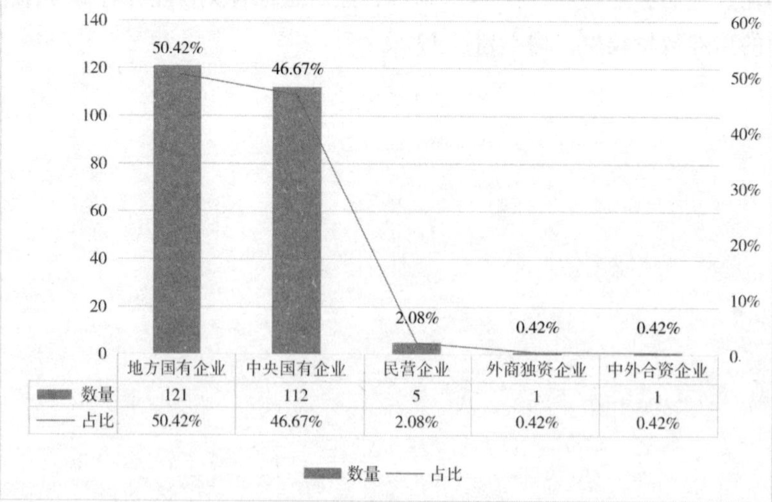

图 3-52　绿色债务融资工具发行人性质

（七）发行人注册地

2021 年共 21 个省份的企业发行了绿色债务融资工具，其中北京市发行规模和发行数量都位居第一，募集资金 844.07 亿元，共发行了 52 只债券；湖北省的发行规模位居第二，募集资金 435 亿元，其发行数量位居第四，共发行了 16 只债券。广东省的发行数量位居第二，共发行 35 只债券，发行规模位居第三，募集资金 314.38 亿元。在 21 个省份中，湖南省发行规模和发行数量最小，仅募集资金 3 亿元，发行 1 只债券。

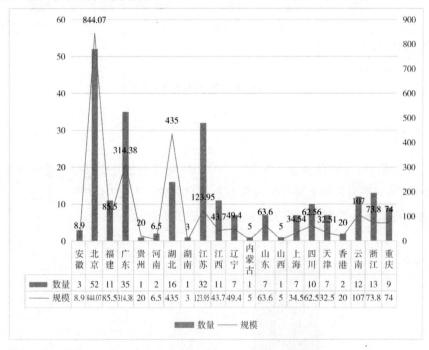

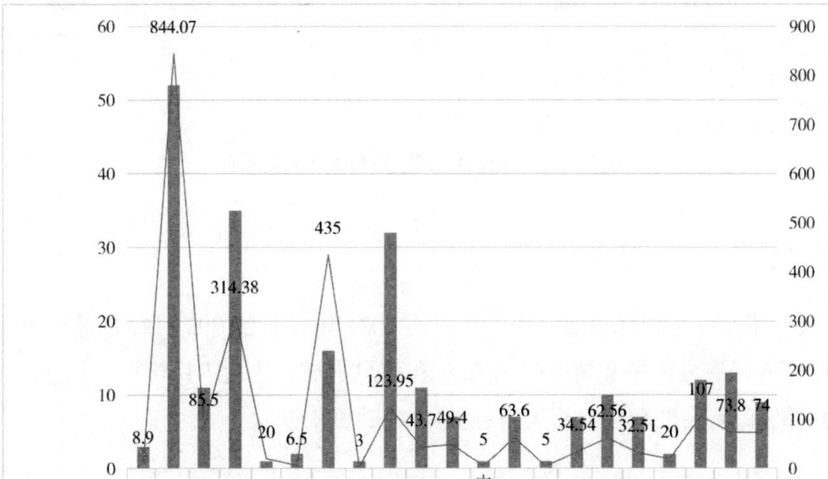

	安徽	北京	福建	广东	贵州	河南	湖北	湖南	江苏	江西	辽宁	内蒙古	山东	山西	上海	四川	天津	香港	云南	浙江	重庆
数量	3	52	11	35	1	2	16	1	32	11	7	1	7	1	7	10	7	2	12	13	9
规模	8.9	844.07	85.5	314.38	20	6.5	435	3	123.95	43.7	49.4	5	63.6	5	34.56	62.5	32.5	20	107	73.8	74

数量 —— 规模

图 3-53 绿色债务融资工具发行人注册地

二、绿色债务融资工具标准分析

（一）项目分类

根据《绿色债券支持目录》我们把投向分为六大项目，2021 年绿色债务融资工具投向最多的为清洁能源，有 108 只债券；清洁交通、污染防治和节能较少，债券数量都在 20 到 40 只之间；生态保护和适应气候变化则是投向最少的，只有 9 只债券。

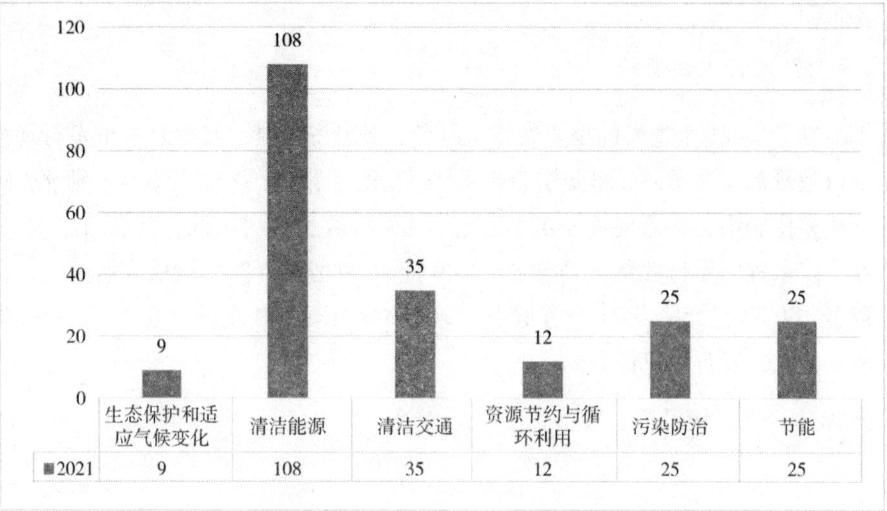

图 3-54　2021 年绿色债务融资工具投向

（二）募集资金管理

绿色债券资金管理制度不断完善，在 2021 年发行的 292 只绿色债务融资工具中，276 只有专门募集资金管理账户和信息披露，占比 94.52%，占绝大多数比例。仅有 16 只没有进行相关信息披露，占比 5.48%。

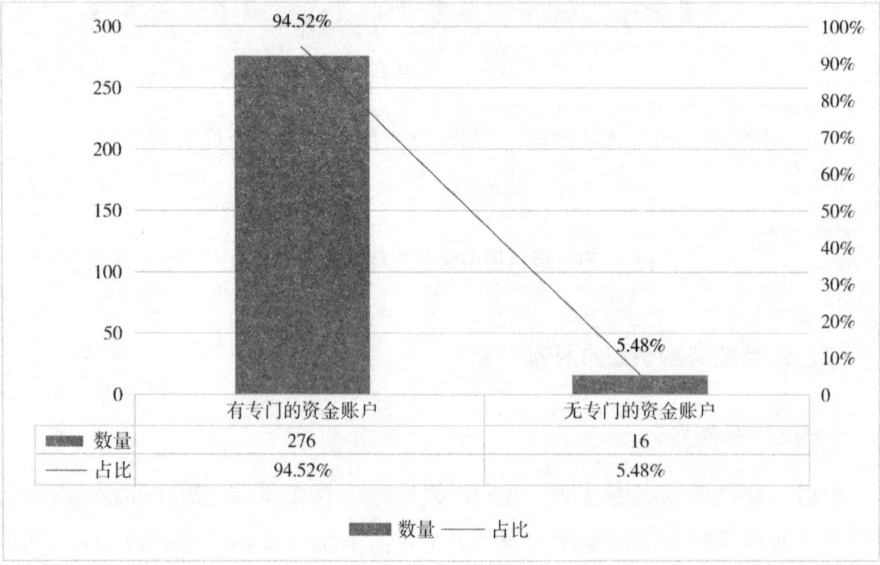

图 3-55　2021 年绿色债务融资工具募集资金管理

（三）信息披露

在2021年发行的292只绿色债务融资工具中，283只有信息披露，占比96.92%。仅有9只没有进行相关信息披露，占比3.08%。

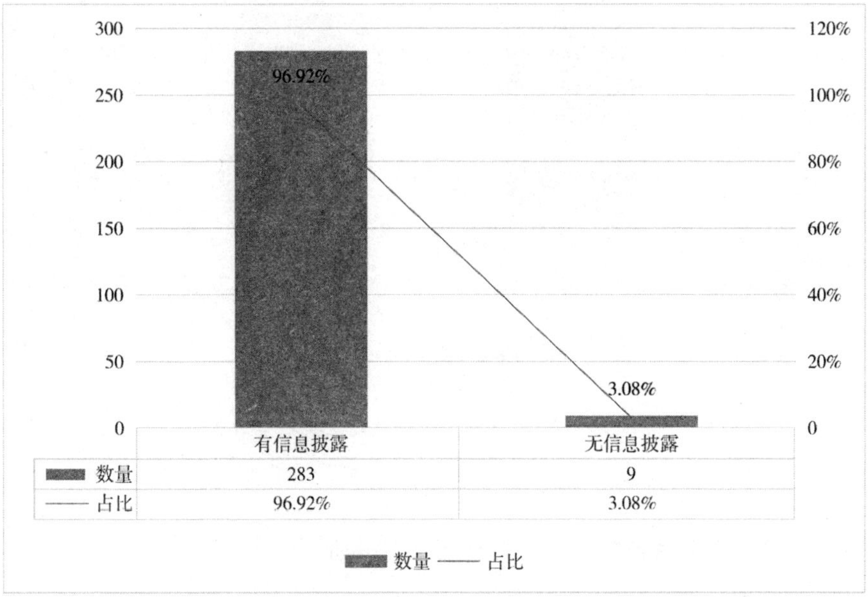

图3-56 2021年绿色债务融资工具信息披露

（四）环境效益

2021年发行的292只绿色债务融资工具中，275只有环境效益披露，占比94.18%。仅有17只没有进行相关信息披露，占比5.82%。

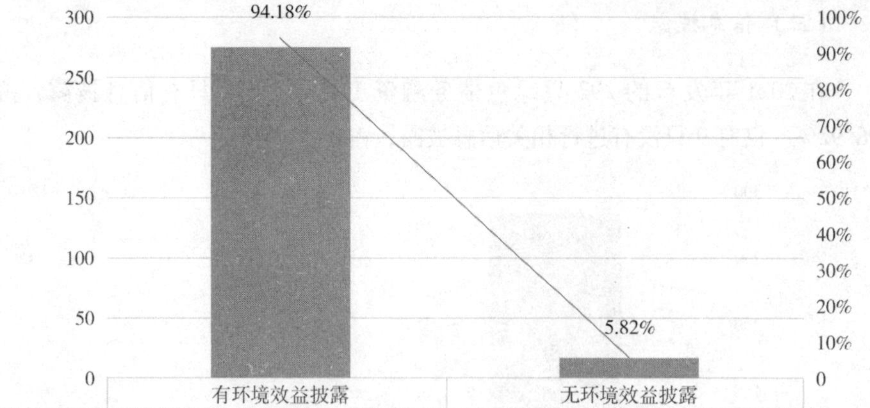

	有环境效益披露	无环境效益披露
数量	275	17
占比	94.18%	5.82%

图 3-57　2021 年绿色债务融资工具环境效益

三、绿色债务融资工具评估与托管情况分析

（一）评级机构

2021 年发行的 292 只绿色债务融资工具中，有 106 只参与评级，其中由联合资信评估有限公司评级的债券最多，有 36 只，占比为 33.96%；其次为中诚信国际信用评级有限责任公司，有 35 只，占比 33.02%；中证鹏元资信评估股份有限公司数量最少，仅有 3 只，占比为 2.83%。可以看出在境内市场中绿色债务融资工具的发行主体更偏向于通过联合资信评估有限公司和中诚信国际信用评级有限责任公司进行评级。

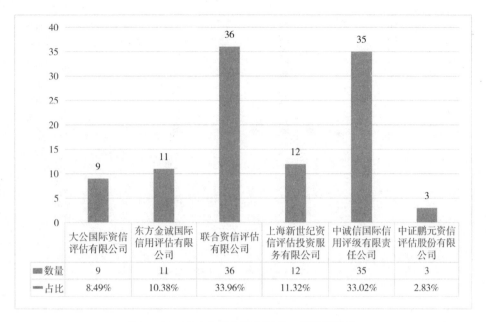

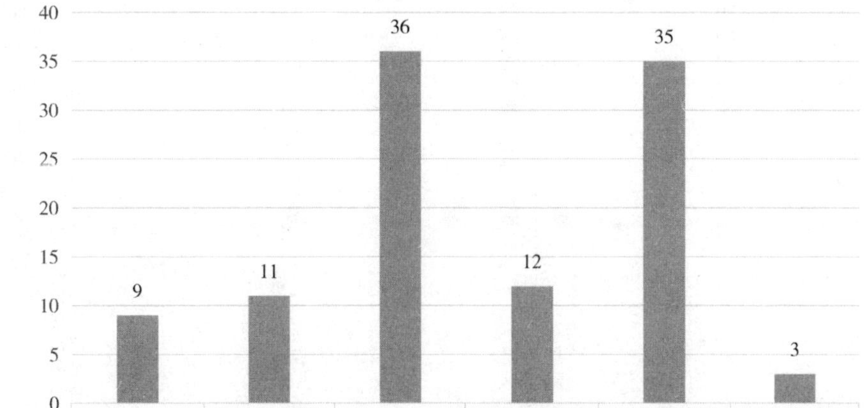

	大公国际资信评估有限公司	东方金诚国际信用评估有限公司	联合资信评估有限公司	上海新世纪资信评估投资服务有限公司	中诚信国际信用评级有限责任公司	中证鹏元资信评估股份有限公司
数量	9	11	36	12	35	3
占比	8.49%	10.38%	33.96%	11.32%	33.02%	2.83%

图 3-58　2021 年绿色债务融资工具评级机构

（二）第三方认证

2021 年新发行的 292 只绿色债务融资工具有 165 只债券进行了第三方认证，占比 56. 51%。在 2021 年绿色债券认证机构出现最为频繁的当数联合赤道环境评价有限公司，共计出现 83 次，占有第三方认证的绿色债务融资工具数量的 50. 30%；其次是中诚信绿金科技有限公司，出现 41 次，占比 24. 85%。中诚信信用管理股份有限公司出现最少，只出现一次，占比 0. 61%。

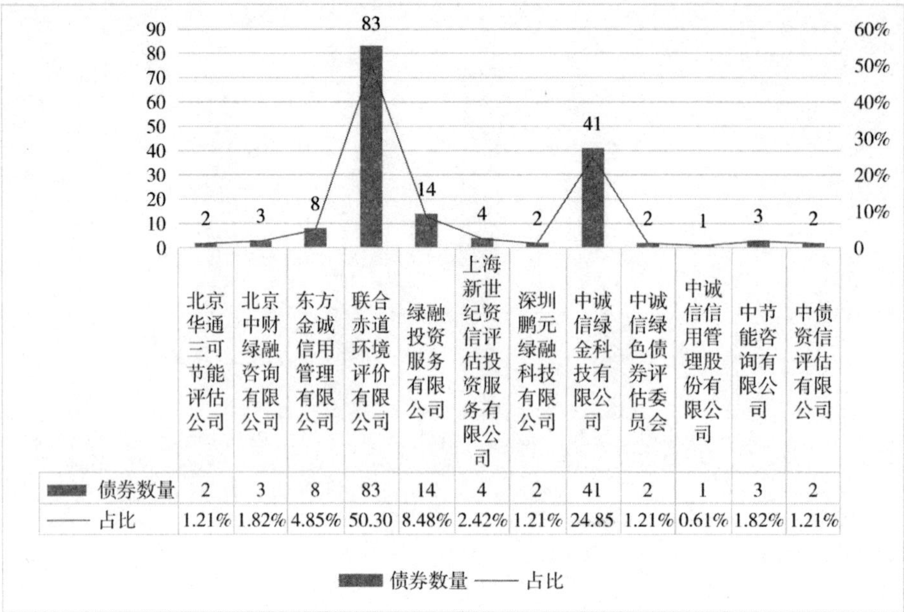

图 3-59 绿色债务融资工具第三方认证机构

（三）托管机构

2021 年新发行的 292 只绿色债务融资工具全部都由银行间市场清算所股份有限公司进行托管。

第六节 其他绿色债券

一、碳中和债券

（一）碳中和债券发行概览

1. 发行规模和数量

碳中和债，是指募集资金专项用于具有碳减排效益的绿色项目的债务融资工具，需满足绿色债券募集资金用途、项目评估与遴选、募集资金管理和存续期信息披露四大核心要素，属于绿色债务融资工具的子品种。通过专项产品持续引导资金流向绿色低碳循环领域，助力实现碳中和愿景。

碳中和债募集的资金应全部专项用于清洁能源、清洁交通、可持续建筑、工业低碳改造等绿色项目的建设、运营、收购及偿还绿色项目的有息债务。并且募投项目应当符合《绿色债券支持项目目录》或国际绿色产业分类标准，聚焦于低碳减排领域。

碳中和债发行人应当在募集说明书、评估认证报告（如有）中详细披露绿色项目环境效益的测算方法、参考依据以及能源节约量（以标准煤计）、二氧化碳及其他污染物（如有）减排量等相关情况。在募集说明书重要提示和募集资金运用章节显著标识本次募投项目预期达到的碳减排效果。同时，交易商协会发布通知建议碳中和债发行人聘请第三方专业机构出具评估认证报告，按照“可计算、可核查、可检验”的原则，对绿色项目能源节约量（以标准煤计）、碳减排等预期环境效益进行专业定量测算，提升碳中和债的公信度。

碳中和债是在碳中和的大背景下应运而生的新品种，随着政策逐渐落地，碳中和债迎来了发展机遇，截至 2021 年年末，我国共发行 247 只碳中和债券，募集资金 2598.53 亿元，已成为绿色债券的重要组成部分。

2. 发行方式

2021 年发行的 247 只碳中和债券中，有 92 只是私募发行，占比 37.25%，公募发行的债券有 155 只，占比 62.75%，占有绝大多数比例。说明碳中和债券更倾向于公募发行。

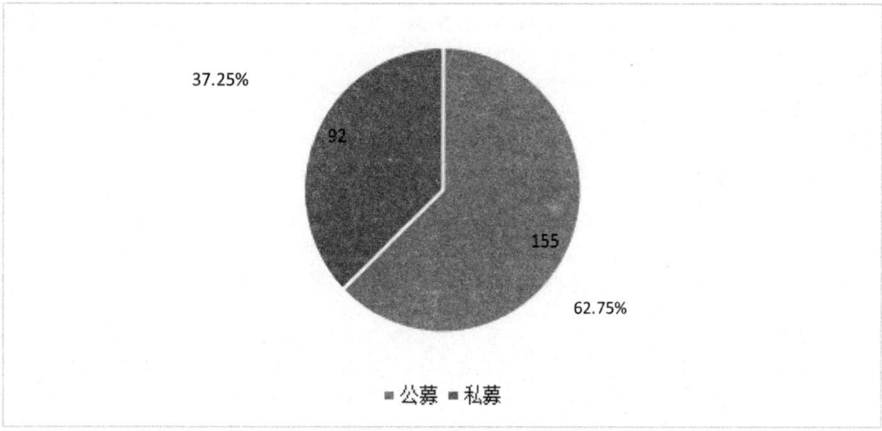

图 3-60 2021 年碳中和债券发行方式

3. 计息方式

2021 年，境内发行的 247 只碳中和债券中，计息方式为单利的有 219 只，占比 88. 66%，占绝大多数的比重。而复利等其他计息方式的债券仅有 28 只，占比 11. 34%，比重较小。

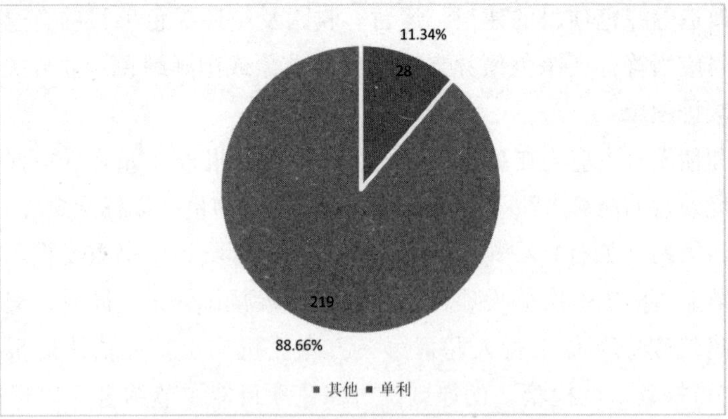

图 3-61　2021 年碳中和债券计息方式

4. 发行利率

2021 年期间碳中和债券的平均票面利率为 3. 55%。2021 年从中国长江三峡集团有限公司 2021 年度第三期绿色超短期融资券（碳中和债）的 2. 35%到晋能控股电力集团有限公司 2021 年度第一期绿色中期票据（碳中和债）的 6. 8%，中间跨度为 4. 45 个百分点。

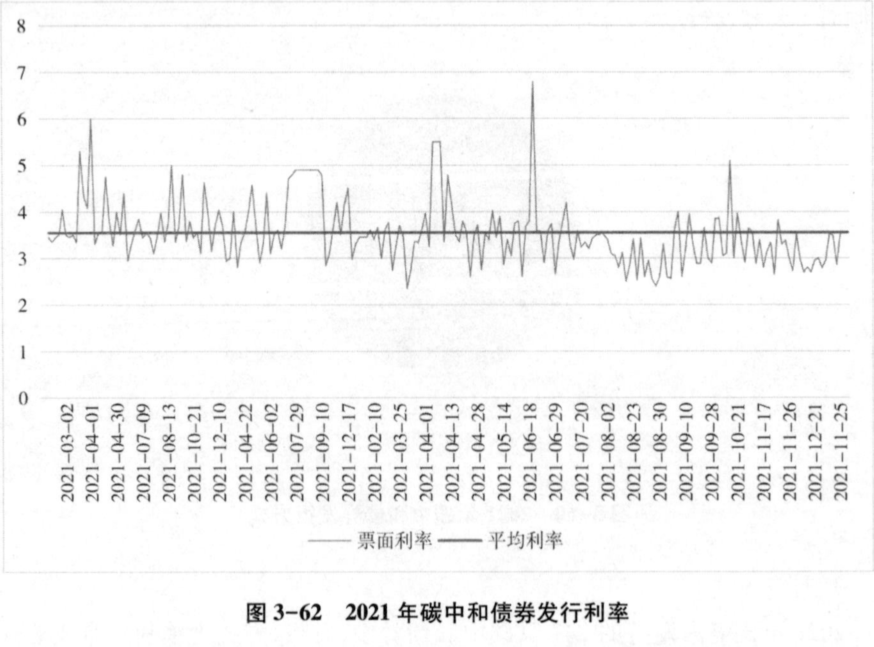

图 3-62　2021 年碳中和债券发行利率

5. 发行人行业

2021 年，境内发行的 247 只碳中和债券中，最多的公司来自电力、热力、燃气及水生产和供应业，有 76 只债券；其次发行人所属行业较多的是金融业，有 40 只债券，交通运输、仓储和邮政业，有 40 只债券；租赁和商务服务业，有 18 只债券；其他行业的债券数量较少，均不超过 15 只。

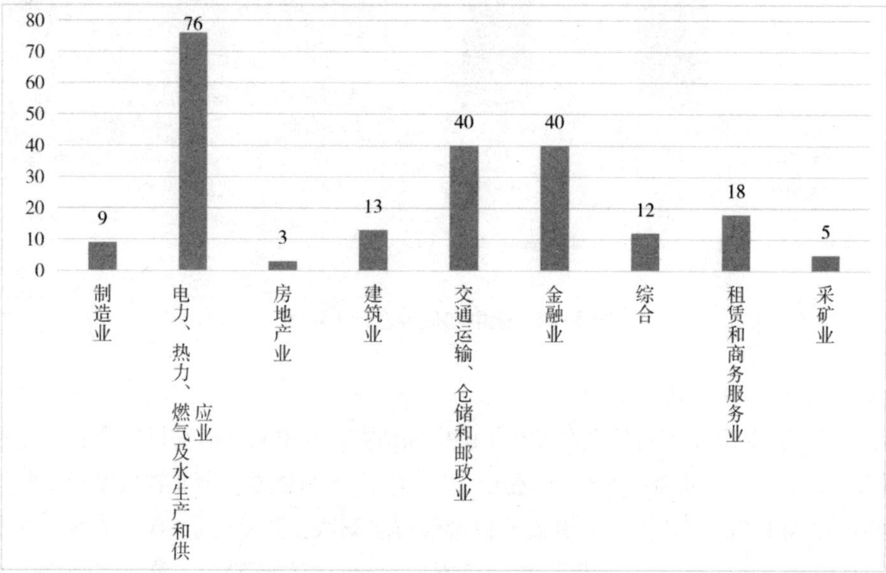

图 3-63　碳中和债券发行人行业

6. 发行人性质

2021 年，境内发行的 247 只碳中和债券中，除 27 只债券未进行相关信息的披露外，有 127 只债券的发行人属于中央国有企业，占比 51.42%；地方国有企业次之，有 81 只债券，占比 32.79%；民营企业和公众企业的债券数量较少，其中公众企业的债券数量仅有 2 只，占比 0.81%。

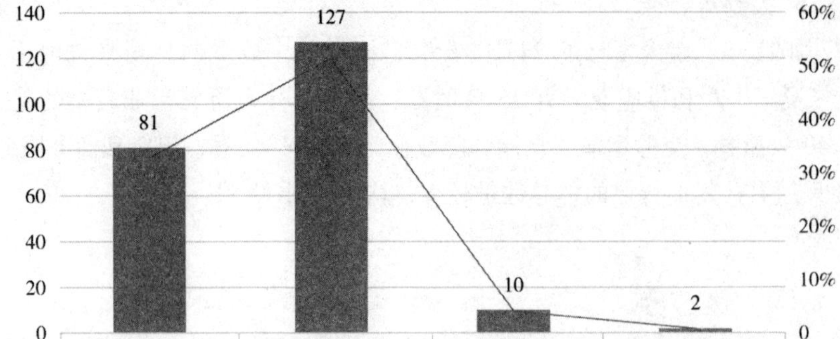

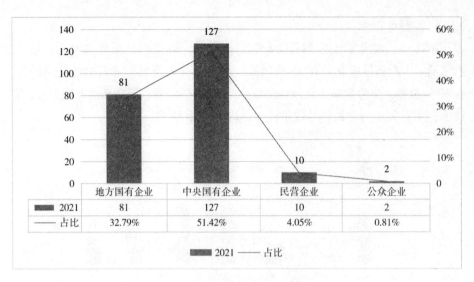

	地方国有企业	中央国有企业	民营企业	公众企业
2021	81	127	10	2
占比	32.79%	51.42%	4.05%	0.81%

图 3-64 碳中和债券发行人性质

7. 发行人注册地

2021 年共 22 个省份的企业发行了碳中和债券，其中北京市发行规模和发行数量都位居第一，募集资金 879.61 亿元，共发行了 55 只债券；湖北省的发行规模位居第二，募集资金 270 亿元，其发行数量仅位居第八，共发行了 10 只债券。广东省的发行数量位于第二，共发行 26 只债券，发行规模位于第三，募集资金 260.07 亿元。在 22 个省份中，江西省发行规模最小，仅募集资金 4.7 亿元，发行 6 只债券；安徽省、广西壮族自治区、山西省和云南省发行数量最少，均仅发行 1 只债券。

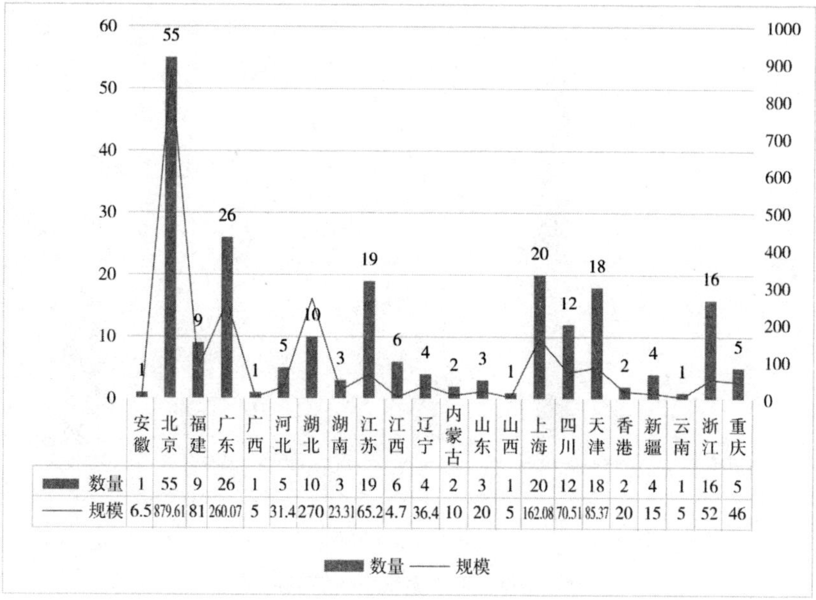

	安徽	北京	福建	广东	广西	河北	湖北	湖南	江苏	江西	辽宁	内蒙古	山东	山西	上海	四川	天津	香港	新疆	云南	浙江	重庆
数量	1	55	9	26	1	5	10	3	19	6	4	2	3	1	20	12	18	2	4	1	16	5
规模	6.5	879.61	81	260.07	5	31.4	270	23.31	65.2	4.7	36.4	10	20	5	162.08	70.51	85.37	20	15	5	52	46

图 3-65 碳中和债券发行人注册地

（二）碳中和债券标准分析

1. 项目分类

根据《绿色债券支持目录》我们把投向分为六大项目，2021 年碳中和债券投向最多的为清洁能源，有 112 只债券；清洁交通和节能较少，债券数量分别是 33 只和 35 只；其余投向的债券数量均在 20 只及以下，其中资源节约与循环利用是数量最少的，只有 7 只债券。

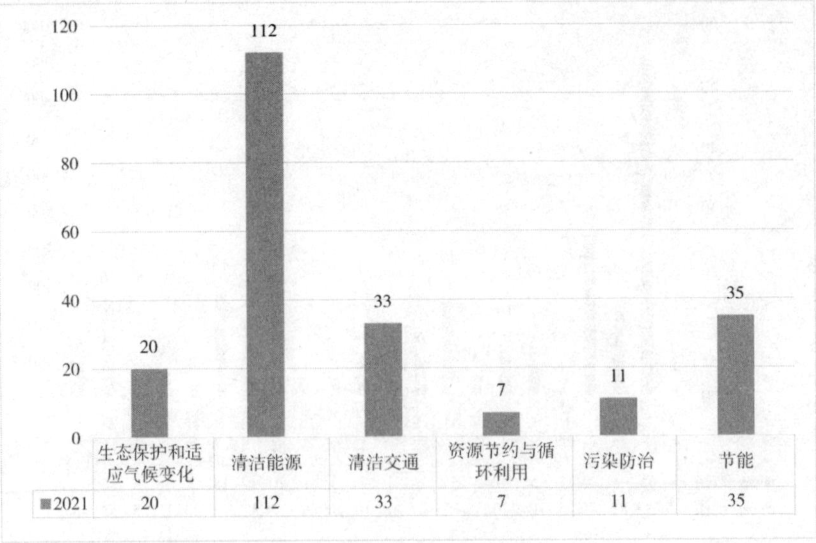

图 3-66　2021 年碳中和债券投向

2. 募集资金管理

在 2021 年发行的 247 只碳中和债券中，182 只债券有专门募集资金管理账户和信息披露，占比 73.68%，占大多数比例。有 65 只债券没有进行相关信息披露，占比 26.32%。

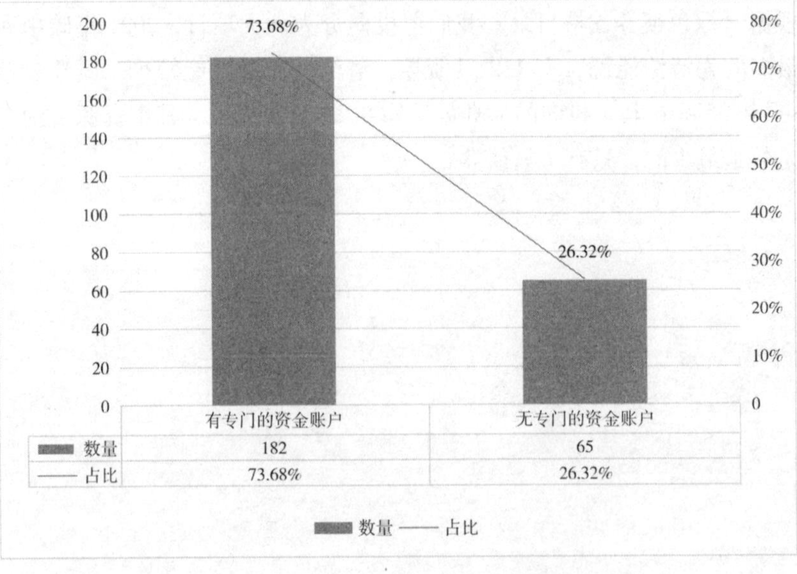

图 3-67　2021 年碳中和债券募集资金管理

3. 信息披露

在 2021 年发行的 247 只碳中和债券中，194 只有信息披露，占比 78.54%。仅有 53 只没有进行相关信息披露，占比 21.46%。

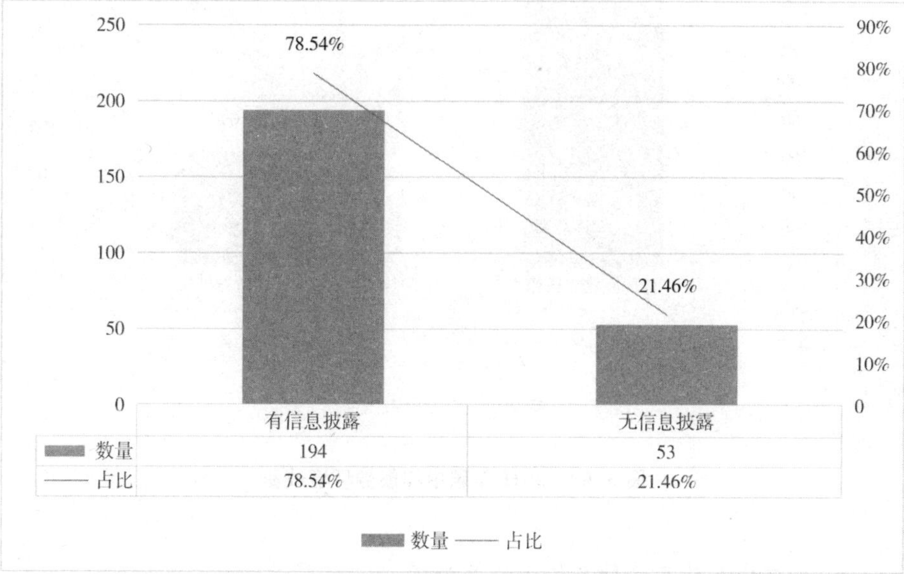

图 3-68 2021 年碳中和债券信息披露

4. 环境效益

2021 年发行的 247 只碳中和债券中，185 只有环境效益披露，占比 74.90%。仅有 62 只没有进行相关信息披露，占比 25.10%。

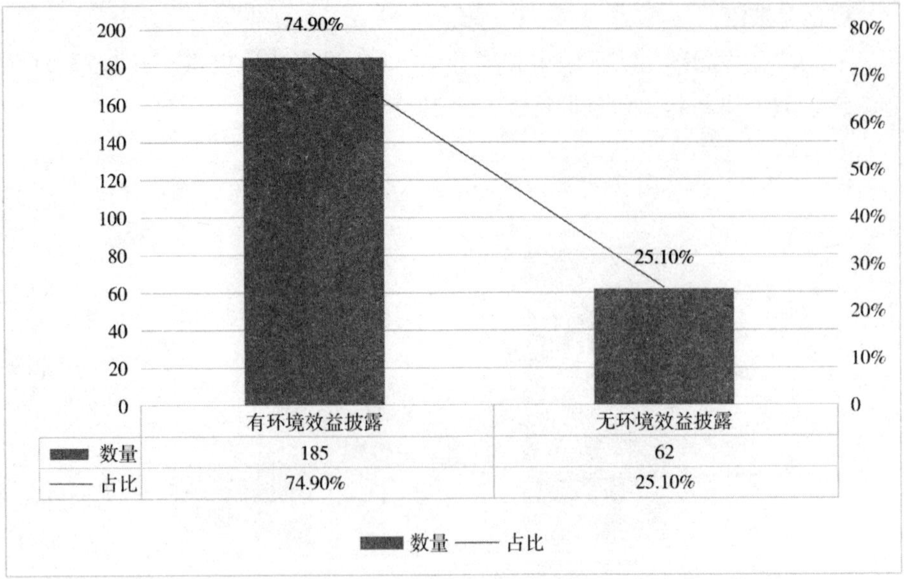

图 3-69 2021 年碳中和债券环境效益

（三）碳中和债券评估与托管情况分析

1. 评级机构

2021 年发行的 247 只碳中和债券中，有 154 只债券参与评级，其中由中诚信国际信用评级有限责任公司评级的债券最多，有 68 只，占比为 44.16%；其次为联合资信评估有限公司，有 46 只，占比 29.87%；中证鹏元资信评估股份有限公司数量最少，仅有 1 只，占比为 0.65%。可以看出在境内市场中碳中和债券的发行主体更倾向于通过中诚信国际信用评级有限责任公司和联合资信评估有限公司进行评级。

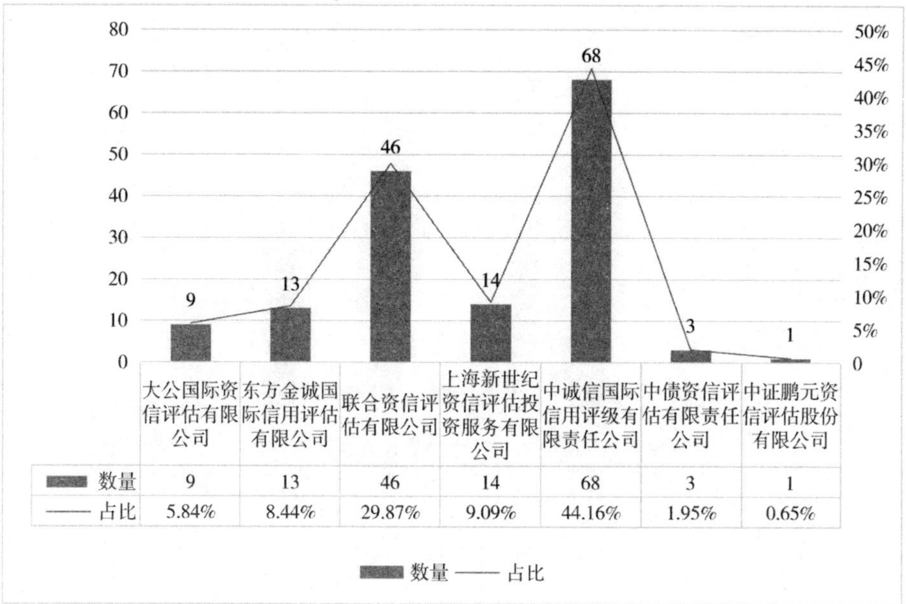

图 3-70　2021 年碳中和债券评级机构

2. 第三方认证

2021 年新发行的 247 只碳中和债券只有 100 只债券进行了第三方认证，占比 40. 49%，应加强相关的政策力度，鼓励企业进行第三方认证。在 2021 年绿色债券认证机构出现最为频繁的当数联合赤道环境评价有限公司，共计出现 54 次，占有第三方认证的绿色债务融资工具数量的 54. 00%；其次是中诚信绿金科技有限公司，出现 25 次，占比 25. 00%。中诚信绿色债券评估委员会和中节能咨询有限公司出现最少，各只出现一次，共计占比 2%。

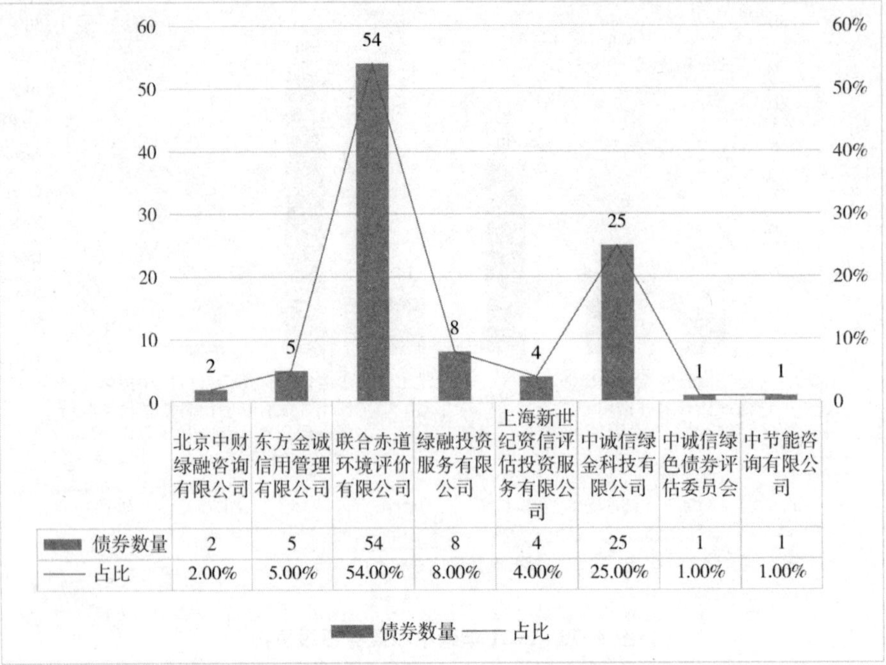

	北京中财绿融咨询有限公司	东方金诚信用管理有限公司	联合赤道环境评价有限公司	绿融投资服务有限公司	上海新世纪资信评估投资服务有限公司	中诚信绿金科技有限公司	中诚信绿色债券评估委员会	中节能咨询有限公司
债券数量	2	5	54	8	4	25	1	1
占比	2.00%	5.00%	54.00%	8.00%	4.00%	25.00%	1.00%	1.00%

图 3-71　碳中和债券第三方认证机构

3. 托管机构

2021 年发行的 247 只碳中和债券中，有 24 只债券未披露托管机构的信息，披露信息的 223 只债券中，由银行间市场清算所股份有限公司进行托管的债券最多，有 120 只，占比为 53. 81%；其次是中国证券登记结算有限责任公司，有 100 只，占比为 44. 84%；剩下的 3 只由中央国债登记结算有限责任公司进行托管，占比为 1. 35%。可以看出在境内市场中碳中和债券的发行主体更偏向于通过银行间市场清算所股份有限公司和中国证券登记结算有限责任公司进行托管。

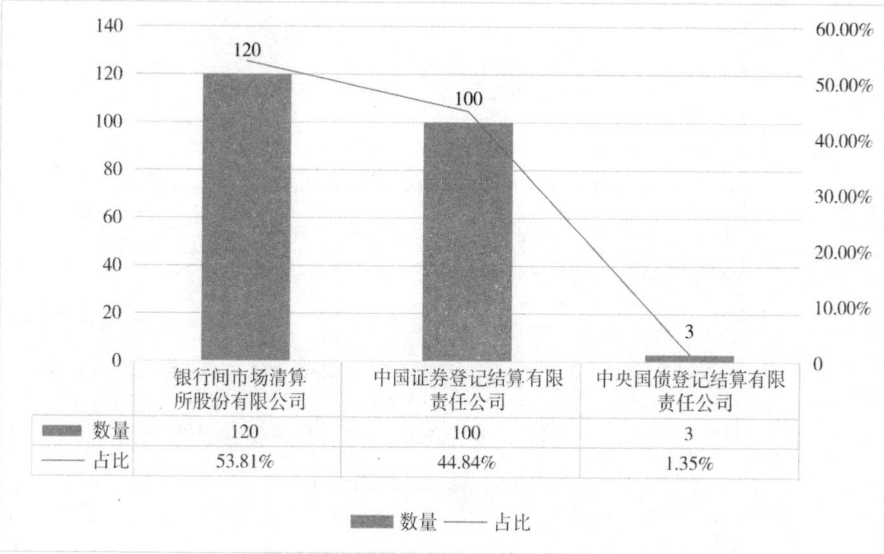

图 3-72 2021 年碳中和债券托管机构

二、蓝色债券

（一）蓝色债券发行概览

蓝色债券作为一种创新型融资工具，旨在将募集资金投向符合可持续发展目标的蓝色领域，进而开发蓝色资源。2021 年绿色债券在我国的空前发展为蓝色债券支持蓝色经济发展提供了经验。作为绿色债券的延伸，蓝色债券在保护海洋环境的前提下发展海洋经济，能够为未来蓝色经济的发展提供重要的融资工具，具有广阔的发展前景。

目前，我国蓝色债券市场还处于起步探索阶段。2020 年 11 月，青岛水务集团有限公司成功发行境内市场首单贴标蓝色债券。2021 年，我国共发行 6 只蓝色债券，募集资金 36 亿元，全部都是公募发行，单利计息，且发行人所属行业全部都是电力、热力、燃气及水生产和供应业。

2021 年期间蓝色债券的平均票面利率为 3.11%。2021 年债券的票面利率分布较为集中，从浙江省能源集团有限公司 2021 年度第三期绿色中期票据和华能国际电力江苏能源开发有限公司 2021 年度第一期绿色中期票据的 2.95%到国电电力发展股份有限公司 2021 年度第四期绿色中期票据的 3.4%，中间跨度仅为 0.45 个百分点。

图 3-73　2021 年蓝色债券发行利率

2021 年，境内发行的 6 只蓝色债券中，有 5 只债券的发行人属于中央国有企业，占比 83. 33%；地方国有企业的债券数量较少，仅有 1 只，占比 16. 67%。

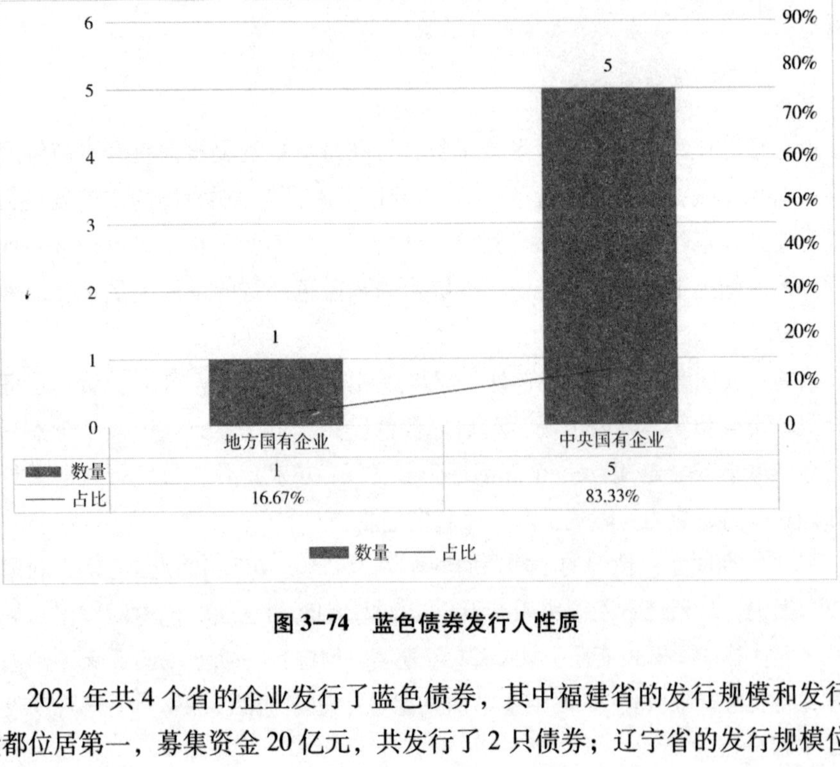

图 3-74　蓝色债券发行人性质

2021 年共 4 个省的企业发行了蓝色债券，其中福建省的发行规模和发行数量都位居第一，募集资金 20 亿元，共发行了 2 只债券；辽宁省的发行规模位居第二，募集资金 8 亿元，其发行数量与福建并列第一，共发行了 2 只债券。浙江省和江苏省的发行数量较少，都只发行了 1 只债券，其中江苏的发行规模最小，仅募集资金 3 亿元。

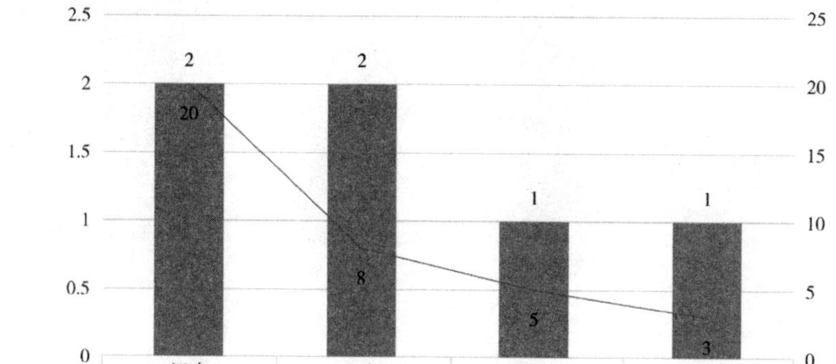

	福建	辽宁	浙江	江苏
数量	2	2	1	1
规模	20	8	5	3

图 3-75 蓝色债券发行人注册地

（二）蓝色债券标准分析

根据《绿色债券支持目录》我们把投向分为六大项目，2021 年发行的 6 只蓝色债券的投向全部都是清洁能源，且都有专门的募集资金管理账户、专门的信息披露制度和环境效益信息披露。

（三）蓝色债券评估与托管情况分析

1. 评级机构

2021 年发行的 6 只蓝色债券中，仅福建华电福瑞能源发展有限公司 2021 年公开发行绿色可续期公司债券（第二期）（蓝色债券）（品种一）1 只债券由大公国际资信评估有限公司进行了债项评级，占比为 16.67%；剩余 5 只债券均未进行债项评级。

2. 第三方认证

2021 年新发行的 6 只蓝色债券中只有 5 只债券进行了第三方认证，占比 83.33%，比例较高。在 2021 年蓝色债券认证机构出现最为频繁的当数北京华通三可节能评估公司和联合赤道环境评价有限公司，共计出现 4 次，占有第三方认证的绿色债务融资工具数量的 80.00%；东方金诚信用管理有限公司出现最少，只出现一次，占比 20%。

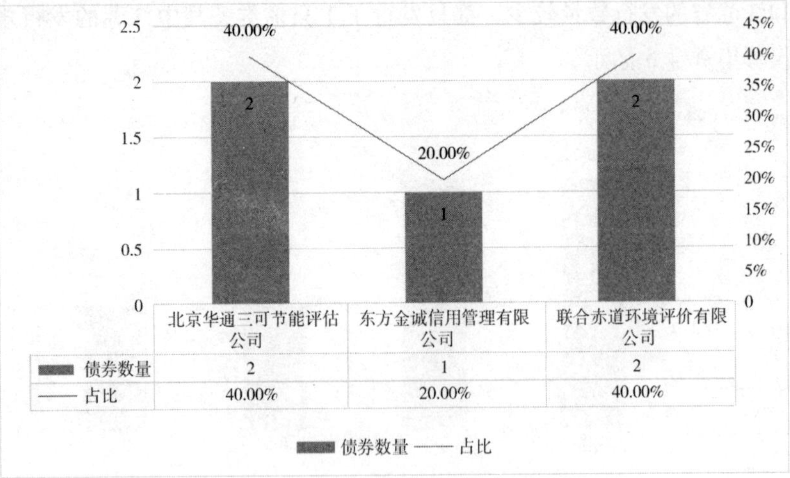

图 3-76　蓝色债券第三方认证机构

3. 托管机构

2021 年发行的 6 只蓝色债券中，由银行间市场清算所股份有限公司进行托管的债券最多，有 5 只，占比为 83. 33%；中国证券登记结算有限责任公司仅有 1 只，占比为 16. 67%。可以看出在境内市场中蓝色债券的发行主体更偏向于通过银行间市场清算所股份有限公司进行托管。

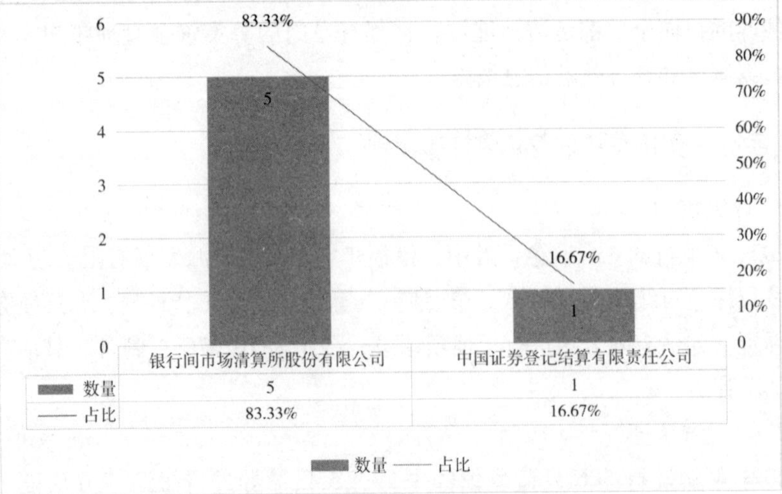

图 3-77　2021 年蓝色债券托管机构

第四章

绿色债券省域运行状况

第一节 绿色债券省域发行概览

一、省域绿色债券发行规模与数量

以发行人注册地省份作为地区分布的参考对象，2021年共有28个省（自治区、特别行政区、直辖市）参与绿色债券发行。含央企在内的发行主体共发行662只绿色债券，规模总计6534.24亿元。从发行数量来看，首先，绿色债券发行量达到40只及以上的6个省份，分别是北京、江苏、浙江、广东、上海、天津，其中排名第一的是北京，共发行了114只绿色债券；江苏位居第二，共发行了101只绿色债券；浙江发行绿色债券数目与往年相比也有重大突破。其次，有8个省份的绿色债券发行量范围达到了10~40只，其中湖北在这一梯度中居于首位，共发行30只绿色债券，江西紧邻其后。最后，绿色债券发行量范围在1~10只的省份有14个，其中，陕西、辽宁、河北三地的发行数量相同，各发行了7只绿色债券；新疆和甘肃各发行了6只绿色债券；河南、贵州、安徽各发行4只绿色债券；山西、香港、内蒙古、吉林各发行了2只绿色债券（见图4-1）。

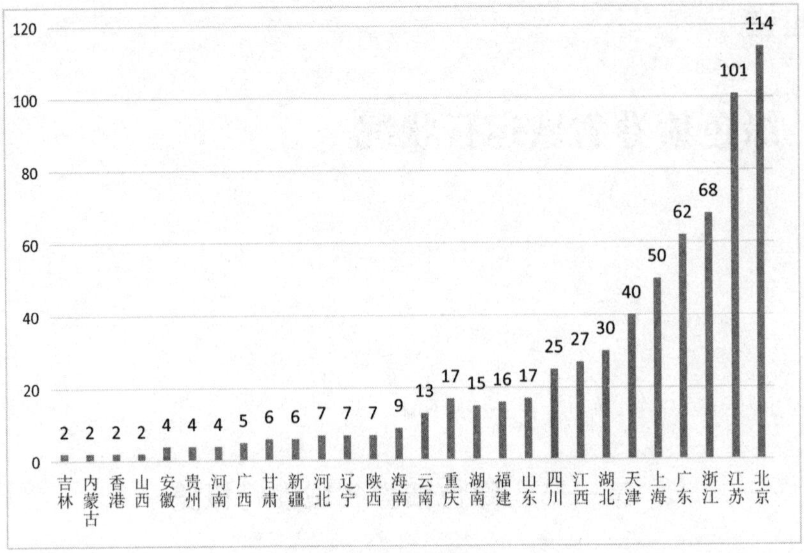

图 4-1　2021 年绿色债券发行数量按地区分布（含中央国有企业分布）

选取了 2021 年绿色债券发行数量占比排名前十的省份。从图 4-2 来看，发行绿色债券数量占比达到 10%以上的省份有三个，北京发行绿色债券数量占比为 17.22%，排名第一；江苏发行绿色债券数量占比为 15.26%，位列第二；浙江排名第三，发行绿色债券数量占比达 10.27%。其余省份发行量占比依次递减，但相邻省份占比差距不大。

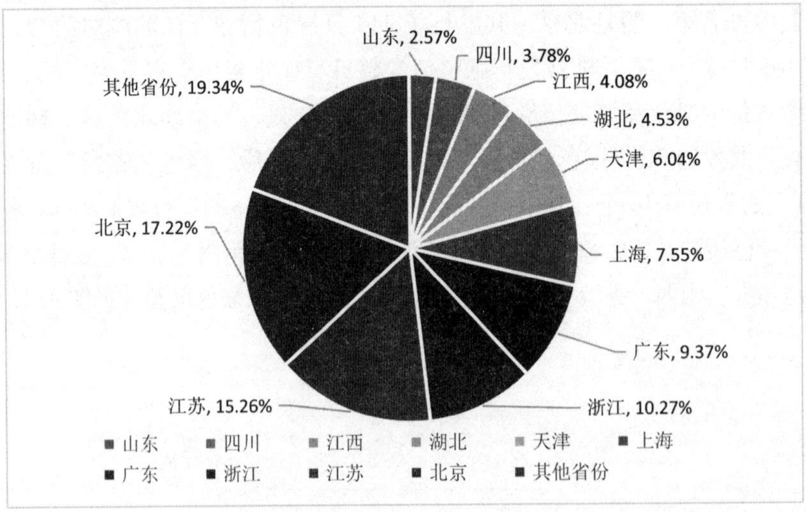

图 4-2　2021 年绿色债券发行数量占比按地区分布（含中央国有企业分布）

从发行金额来看，2021 年北京市以 2519. 98 亿元的发行量位列全国第一，占境内发行总量的 38. 13%，呈现出数量和金额上的双赢景象。其次，发行金额在 100~1000 亿元的省份有 12 个。在这一梯度范围内，云南发行金额最低，发行 117 亿元；湖北发行金额最高，共计发行 648 亿元；其余省份依次递减。这一梯度内的各省份发行金额整体来看差距较小，但与发行量最多的北京市相比，差距较大。最后，有 15 个省份的发行金额未达百亿，其中，湖南省发行 87. 3 亿元，贵州、陕西紧邻其后，甘肃发行金额最少，共计发行 3. 69 亿元（见图 4-3）。

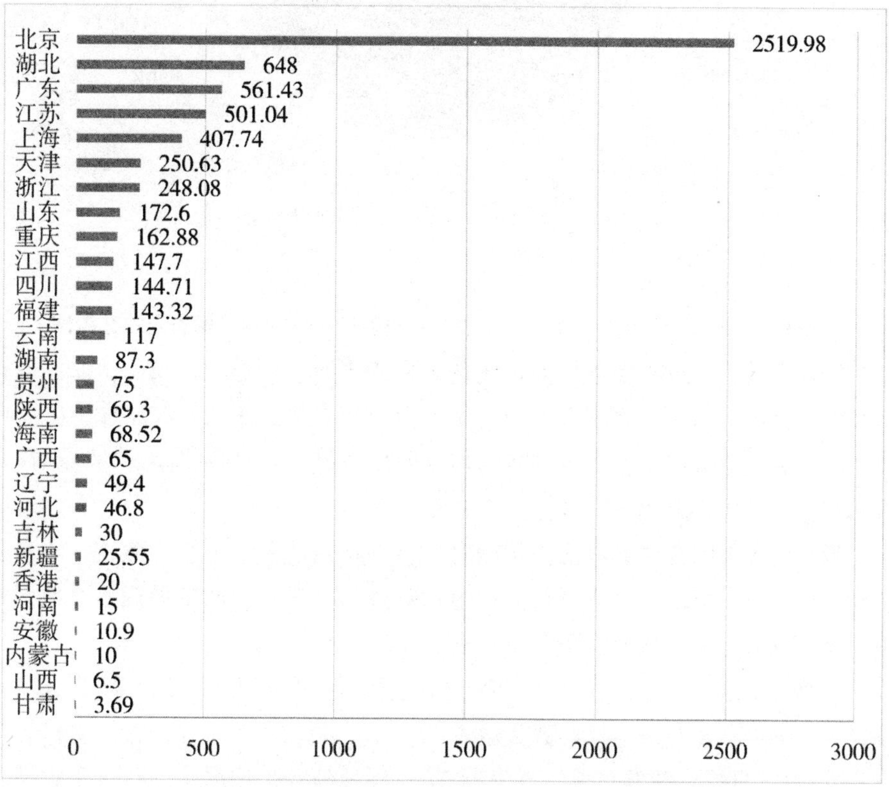

图 4-3 2021 年绿色债券发行金额按地区分布（含中央国有企业分布）

发行额占比前十名的省份中（见图 4-4），发行金额占比第一的是北京市，占比达 38. 13%；其次是湖北省，发行金额占比为 9. 81%；广东省排名第三，发行金额占比为 8. 50%，其余省份依次递减。与上图中的发行金额相对应，2021 年北京市发行金额与其他省份拉开绝对差距，其余相邻省份间差距不大，并呈现逐渐缩小的趋势。

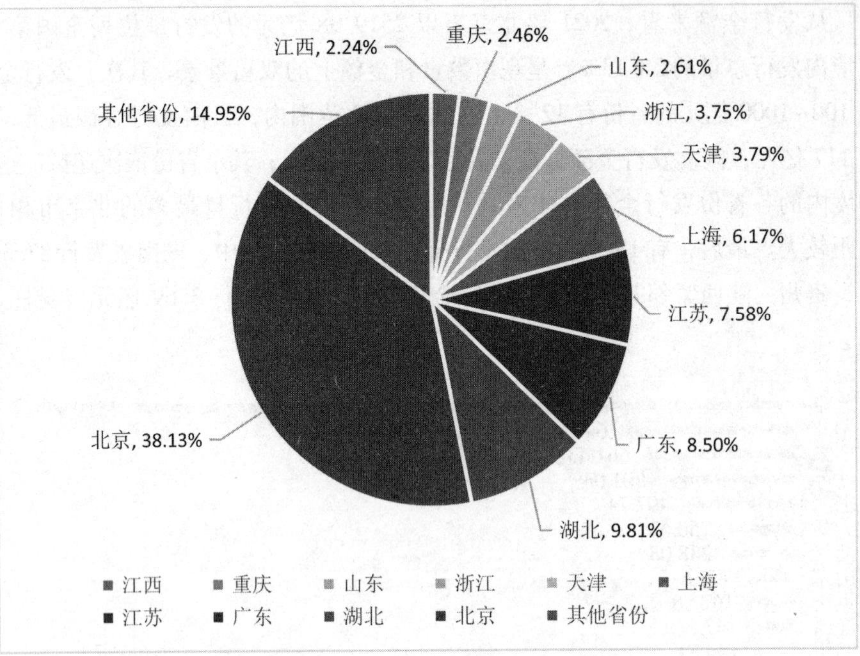

图 4-4　2021 年绿色债券发行金额占比按地区分布（含中央国有企业分布）

综合来看，北京在绿色债券市场的突出表现有多个原因。第一，北京是包括大型国有银行在内的多家中央国有企业总部所在地；第二，北京作为国家政治中心，绿色金融和绿色债券的政策传导效应较好，并具备多家绿色金融研究机构和服务机构，企业发行绿色债券更为便捷。

考虑到中央国有企业包括大型国有银行的特殊性和总部集中效应，本报告将专门针对非中央国有企业发行的绿色债券进行分析，以此来展现各个地区在绿色债券发行方面的积极性和成果。

2021 年，非央企主体共发行 405 只绿色债券，规模总计 2372. 43 亿元。从发行数量来看，发行绿色债券数量达到 40 只以上的省份有 3 个，江苏省排名第一，发行 95 只绿色债券；浙江省发行 67 只绿色债券，位居第二；广东省发行 46 只绿色债券，排名第三。其次，发行绿色债券数量范围在 10~30 只的省份增加至 9 个。在这一梯度范围内，江西省发行量最多，共计发行 27 只绿色债券；上海市紧邻其后，发行 21 只；北京从第一梯度降至第二梯度，共发行 13 只绿色债券。发行量范围最小（1~10 只）的第三梯度包含 15 个省份，其中，有三个省份发行量均为 1 只，四个省份发行量均为 2 只，河南、安徽都发行了 3 只绿色债券，其余省份依次递增，但相邻省份间发行量差距不大（见图 4-5）。

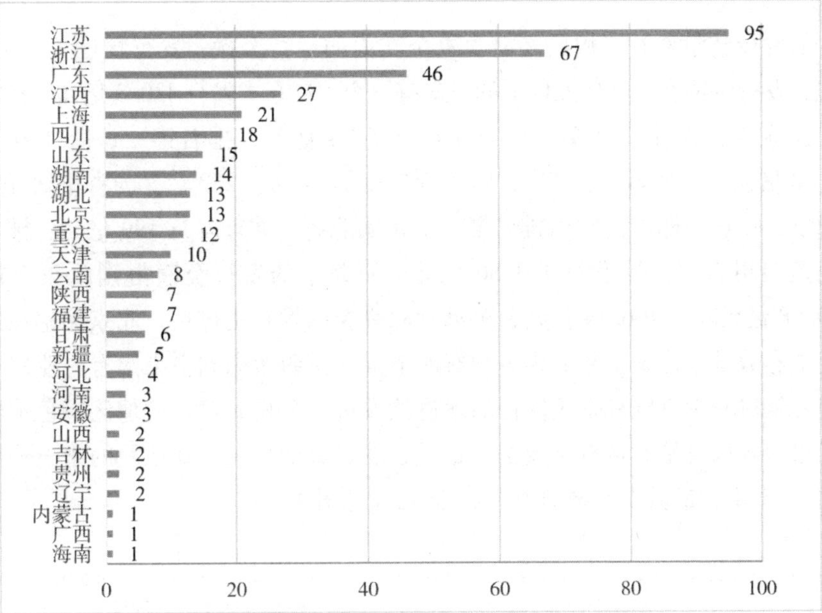

图 4-5 2021 年绿色债券发行数量按地区分布（不含中央国有企业）①

发行绿色债券数量在总体绿色债券数量中的占比前十名的省份中（见图 4-6），江苏省占比最大，达到 20%以上；浙江和广东省占比达 10%以上；其余省份未达到 10%，但占比都比较接近。

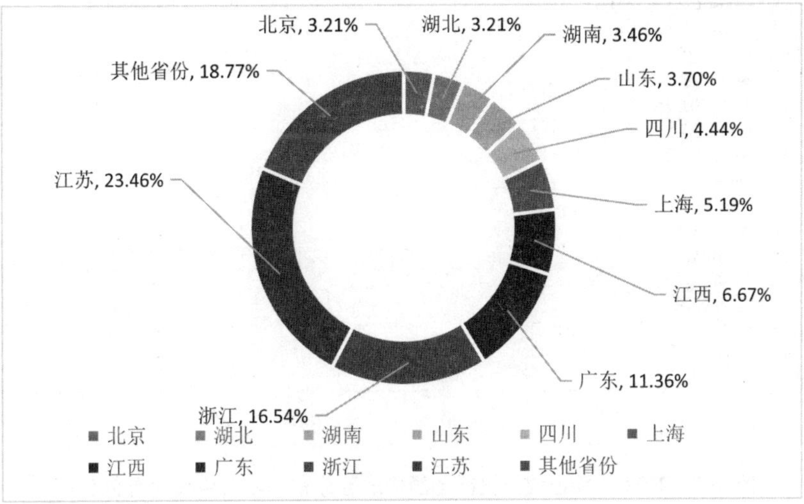

图 4-6 2021 年绿色债券发行数量占比按地区分布（不含中央国有企业）

① 香港地区并未发行中央国有企业以外的绿色债券，故在该图中不涉及香港地区。

从发行金额来看，相比之前含央企在内的发行金额，发行规模大大下降。首先，发行金额在 200 亿元以上的省份有三个，广东省发行 430. 8 亿元，居于首位；江苏省仅次于广东省，发行金额 385. 04 亿元，排名第二；浙江省发行 243. 08 亿元，位列第三。其次，将发行金额在 100 亿~200 亿元的省份划分为第二梯度，在这一梯度范围内排名第一的是湖北省，共计发行 199 亿元，排名最低的是四川省，共计发行 103. 86 亿元。而北京的发行金额由剔除央企前的 2519. 98 亿元降至 106. 14 亿元，可见剔除央企的发行主体后，北京无论在发行绿色债券数量上还是金额上排名均有所下降，说明考虑到中央国有企业的集中效应并针对非中央国有企业发行的绿色债券进行分析，对开展地区绿色债券发行成果深入探讨是非常有必要的。最后，发行金额低于 100 亿元的第三梯度包含 18 个省份，最低发行金额为 3. 69 亿元（见图 4-7）。

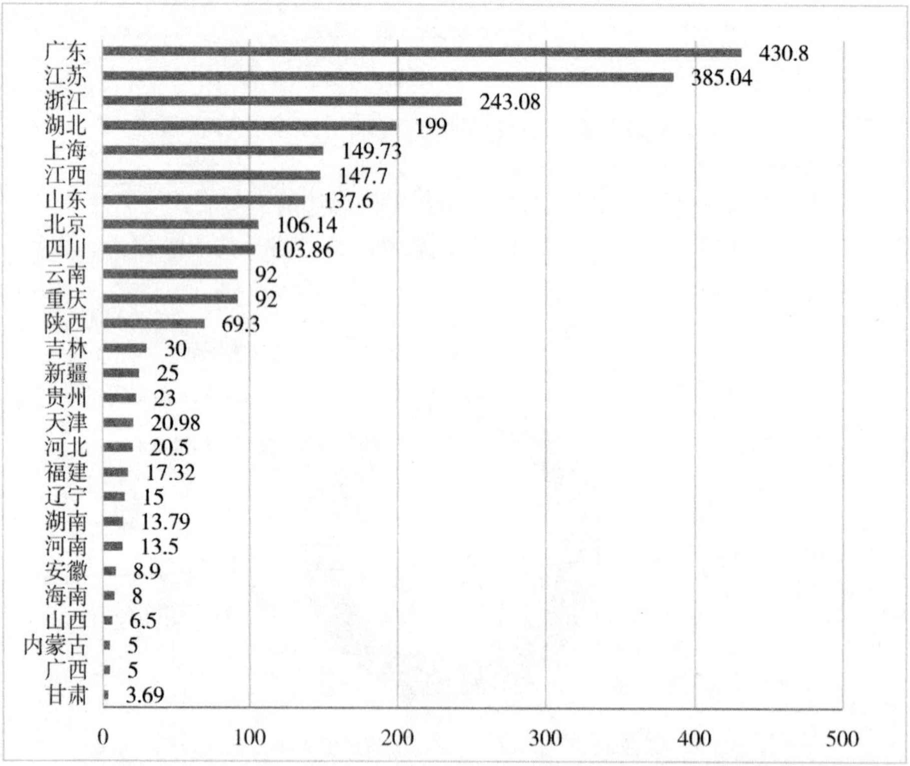

图 4-7　2021 年绿色债券发行金额按地区分布（不含中央国有企业）①

① 香港地区并未发行中央国有企业以外的绿色债券，故在该图中不涉及香港地区。

发行金额排名前十的省份中（见图4-8），广东省发行金额最多，广东省发行绿色债券金额的市场占比由剔除中央前的8.5%上升到18.16%，跃居全国第一；江苏省发行金额占比为16.23%，浙江省发行金额占比为10.25%，均达到10%以上；其余省份发行金额占比未达到10%，但相邻省份间差距不大。

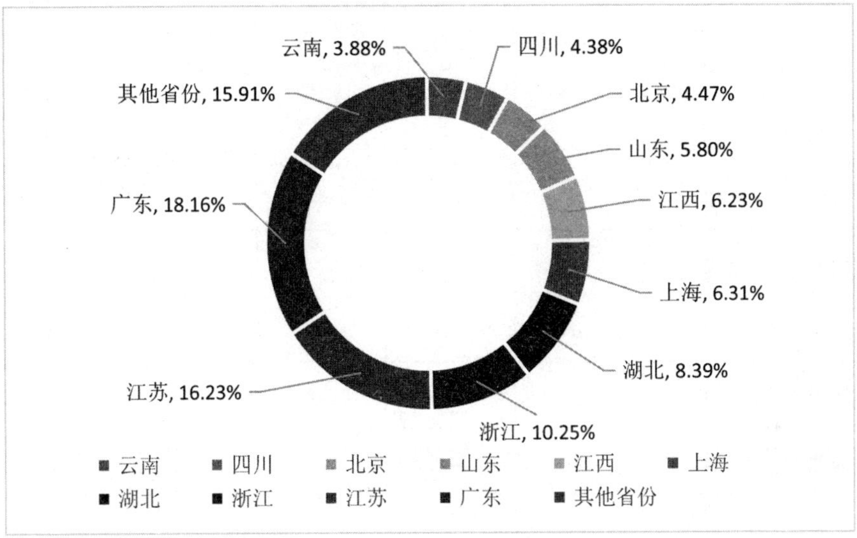

图4-8 2021年绿色债券发行金额占比按地区分布（不含中央国有企业）

综上可见，同一梯度内省份发行数量和发行金额比较接近，差距较小；不同梯度内省份相比较，发行数量和发行金额差距较大。剔除中央国有企业后，各地区在发行数量和发行金额上都发生了变化，各梯度所包含的省份也大有不同，尤其是发行绿色债券主体中包含央企较多的省份，受影响最大。

各地区的发行主体中剔除中央国有企业以后，地方国有企业在各地区的发行主体中占有主要地位。地方国有企业共计发行405只绿色债券，发行金额达2307.29亿元。山东、四川、上海、江西、广东、浙江、江苏的地方国有企业发行超过15只绿色债券，对绿色债券发行重视程度较高（见表4-1）。

表4-1 2021年中国各地区发行主体分布情况（不含中央国有企业）

地区	地方国有企业（只）	民营企业（只）	公众企业（只）	中外合资企业（只）	外商独资企业（只）	总计（只）
海南	1	—	—	—	—	1
广西	1	—	—	—	—	1

续表

地区	地方国有企业（只）	民营企业（只）	公众企业（只）	中外合资企业（只）	外商独资企业（只）	总计（只）
内蒙古	1	—	—	—	—	1
辽宁	2	—	—	—	—	2
贵州	2	—	—	—	—	2
吉林	2	—	—	—	—	2
山西	2	—	—	—	—	2
安徽	3	1	—	—	—	4
河南	3	1	—	—	—	4
河北	4	2	—	—	—	6
新疆	5	—	—	2	—	7
甘肃	6	—	—	—	—	6
福建	7	—	—	—	—	7
陕西	7	1	—	—	—	8
云南	8	—	—	—	—	8
天津	10	—	—	—	—	10
重庆	12	—	—	—	1	13
北京	13	9	—	—	—	22
湖北	13	—	—	—	—	13
湖南	14	—	—	—	—	14
山东	15	—	—	—	—	15
四川	18	—	—	—	—	18

续表

地区	地方国有企业（只）	民营企业（只）	公众企业（只）	中外合资企业（只）	外商独资企业（只）	总计（只）
上海	21	5	—	—	—	26
江西	27	—	—	—	—	27
广东	46	5	1	—	—	52
浙江	67	1	—	—	—	68
江苏	95	1	—	—	—	96
总计	405	26	1	2	1	435

二、省域绿色债券类型

2021年绿色债券按照债券品种可以分为公司债、企业债、金融债、绿色资产支持证券、绿色债务融资工具、其他绿色债券六大类。其中，其他债券类型中包含碳中和债和蓝色债券。

碳中和债是在“双碳”目标的发展下提出来的，是绿色债券的重要创新品种。2021年3月18日，交易商协会发布的《关于明确碳中和债相关机制的通知》中指出，碳中和债是指募集资金专项用于具有碳减排效益的绿色项目的债务融资工具，需满足绿色债券募集资金用途、项目评估与遴选、募集资金管理和存续期信息披露四大核心要素，属于绿色债务融资工具的子品种。而蓝色债券指募集资金用于可持续性海洋经济（又称“蓝色经济”）项目的债券，作为绿色债券的一种，其在推动海洋保护和海洋资源的可持续利用中发挥着重要作用。

从表4-2不难看出，从发行数量来看，2021年28个省份共发行110只绿色公司债、73只绿色企业债、28只绿色金融债、159只绿色资产支持证券、292只债务融资工具、252只其他绿色债券，其中部分债券类型有重叠。首先，发行绿色公司债的省份有21个，有4个省份发行数量达10只以上，其中，江苏省排名第一，发行20只绿色公司债；其次，有10个省份参与绿色企业债发行，同样有4个省份发行数量达10只以上，其中江苏省再次拔得头筹，共计发行14只绿色企业债；而绿色金融债发行数量相对较少，共有12个省份发行绿色金融债，其中北京市发行 8 只，位居第一；再次是绿色资产支持证券，共有 14 个地区发行，发行数量最多的是浙江省，共发行 31 只绿色资产支持证券；最后是绿色债务融资工具和其他绿色债券，两者的发行规模较大，而在债券所有发行省份中，北京市都居于首位，其中绿色债务融资工具和其他绿色债券各发行 61 只。此外，其他绿色债券中包括 247 只碳中和债和 5 只蓝色债券，2021 年度各省份发行碳中和债券数量有所上升，蓝色债券也有很大的发展前景。

表 4-2　2021 年中国各地区绿色债券种类分布情况（发行数量：只）

地区	公司债	企业债	金融债	绿色资产支持证券	绿色债务融资工具	其他绿色债券	总计
吉林	—	2	—	—	—	—	2
内蒙古	1	—	—	—	1	2	4
香港	—	—	—	—	2	2	4
山西	—	—	—	—	2	2	4
安徽	—	—	1	—	3	1	5
贵州	1	—	1	—	2	—	4
河南	1	—	—	—	3	—	4
广西	2	—	3	—	—	1	6
甘肃	—	—	—	6	—	—	6
新疆	3	—	1	2	—	4	10
河北	1	—	—	5	1	6	13
辽宁	—	—	—	—	7	6	13
陕西	2	4	—	1	—	—	7
海南	1	—	2	—	—	—	3
云南	—	—	—	—	13	1	14

续表

地区	公司债	企业债	金融债	绿色资产支持证券	绿色债务融资工具	其他绿色债券	总计
重庆	3	—	3	2	9	5	22
湖南	1	2	1	10	2	3	19
福建	6	—	—	2	11	11	30
山东	5	3	—	—	11	6	25
四川	6	6	—	3	10	12	37
江西	2	14	—	—	11	6	33
湖北	1	12	—	—	17	10	40
天津	6	—	2	16	16	26	66
上海	6	—	1	25	18	23	73
广东	10	6	1	3	42	28	90
浙江	14	10	—	31	13	17	85
江苏	20	14	4	26	37	19	120
北京	18	—	8	27	61	61	175
总计	110	73	28	159	292	252	914

从各省份绿色债券发行金额来看（见表 4-3），2021 年在所有发行绿色债券省份中，北京市在绿色公司债、绿色金融债、绿色资产支持证券、绿色债务融资工具、其他绿色债券金额中都居于首位。其中，发行绿色公司债 280.8 亿元、绿色金融债 826 亿元、绿色资产支持证券 211.63 亿元、绿色债务融资工具 1201.55 亿元、其他绿色债券 1137.09 亿元；其次是湖北省，在绿色企业债发行金额中排名第一，总发行规模 194 亿元。

表 4-3　2021 年中国各地区绿色债券种类分布情况（发行金额：亿元）

地区	公司债	企业债	金融债	绿色资产支持证券	绿色债务融资工具	其他绿色债券	总计
吉林	—	30	—	—	—	—	30
内蒙古	5	—	—	—	5	10	20
香港	—	—	—	—	20	20	40
山西	—	—	—	—	6.5	6.5	13
安徽	—	—	2	—	8.9	6.5	17.4
贵州	3	—	50	—	22	—	75
河南	7	—	—	—	8	—	15
广西	15	—	50	—	—	5	70
甘肃	—	—	—	3.69	—	—	3.69
新疆	20	—	0.55	5	—	15	40.55
河北	10.4	—	—	31.4	5	36.4	83.2
辽宁	—	—	—	—	49.4	44.4	93.8
陕西	2	50	—	17.3	—	—	69.3
海南	8	—	10	—	—	—	18
云南	—	—	—	—	117	5	122
重庆	18	—	50	20.88	74	46	208.88
湖南	3.7	4	50	3.09	3.2	23.31	87.3
福建	51.5	—	—	6.32	85.5	101	244.32
山东	42	50	—	—	80.6	34	206.6

续表

地区	公司债	企业债	金融债	绿色资产支持证券	绿色债务融资工具	其他绿色债券	总计
四川	36	27.2	—	18.95	62.56	70.51	215.22
江西	6	98	—	—	43.7	4.7	152.4
湖北	10	194	—	—	444	270	918
天津	40	—	50	43.84	116.79	163.65	414.28
上海	53.8	—	30	168.1	155.84	220.63	628.37
广东	90	62	10	7.46	391.97	289.64	851.07
浙江	92	70	—	12.28	73.8	57	305.08
江苏	77.62	162	80	39.47	141.95	65.2	566.24
北京	280.8	—	826	211.63	1201.55	1137.09	3657.07
总计	871.82	747.2	1208.55	589.41	3117.26	2631.53	9165.77

三、省域绿色债券发行场所

2021年绿色债券发行场所主要有银行间市场、上海证券交易所和深圳证券交易所三大类。从图4-9不难看出，从发行数量来看，银行间市场是绿色债券最主要的发行场所，2021年各省份在银行间市场共发行368只绿色债券，将这368只绿色债券划分为三个梯度，分别为第一梯度：1~10只，第二梯度：10~30只，第三梯度：30~100只。第一梯度包含14个省份，其中，发行量最多的省份是辽宁省，发行7只绿色债券；此外，有多省份发行量相同，内蒙古和吉林均发行1只绿色债券，贵州、河南、广西、陕西均发行3只绿色债券，各省份间差距不大。第二梯度包含10个省，湖北省居于首位，共发行23只绿色债券；上海位居第二，发行22只绿色债券。第三梯度中，北京市发行绿色债券数量排名第一，共计发行72只；江苏省排名第二，发行绿色债券48只；广东省紧随其后，在银行间市场发行绿色债券46只。

上海证券交易所是发行绿色债券的第二大场所，2021年在上海证券交易所共发行 265 只绿色债券，总发行规模较银行间市场有所减小，按照同样的标准将其划分为三个梯度，第一梯度内省份明显增多，共有 17 个省份，其中有一半以上的省份发行数量达到 5 只绿色债券以上。第二梯度省份数量明显下降，由银行间市场的 10 个省份下降至 3 个，平均发行绿色债券 21 只。位于第三梯度的省份也减少至三个，其中浙江省发行 49 只绿色债券排名第一，江苏省发行 48 只绿色债券排名第二，北京排名第三，发行 34 只，与以往第三梯度发行量特征相比，发行量差距明显减小。而选择在深圳证券交易所发行债券的省份较少，发行规模也较小，共有 10 个省份在深圳证券交易所发行债券，共计发行 33 只，其中只有江苏、北京、广东发行 5 只以上绿色债券。

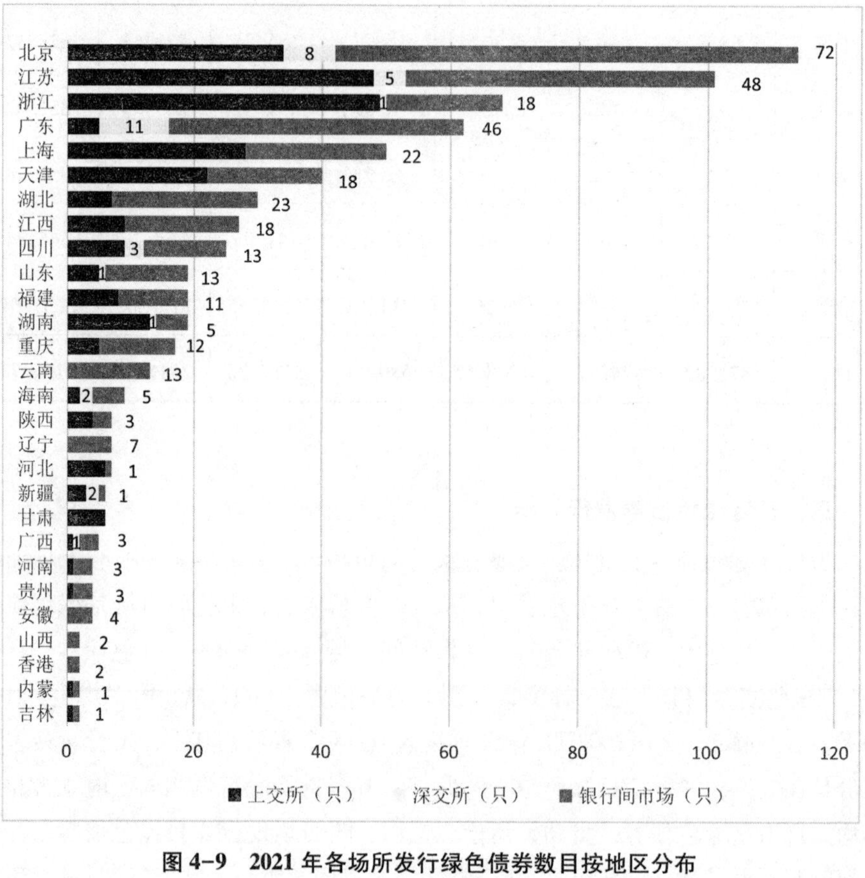

图 4-9　2021 年各场所发行绿色债券数目按地区分布

选取了 2021 年上海证券交易所、深证交易所、银行间市场发行绿色债券数量占比排名前五的省份（见图 4-10），在银行间市场发行债券最多的是北京市，其次是江苏，广东紧随其后，上海和浙江非常接近。在深圳证券交易所发行绿色债券数量排名第一的是广东省，占比达 31.43%；北京次之，江苏省排第三，占比达 14.29%；上海没有在深交所发行债券；而这五个省份在上海证券交易所发行债券的数量占比中，江苏和浙江很接近，相差不到 1%；北京和上海很接近，相差 2.24%；广东省在上交所发行债券不多，仅占 1.87%。

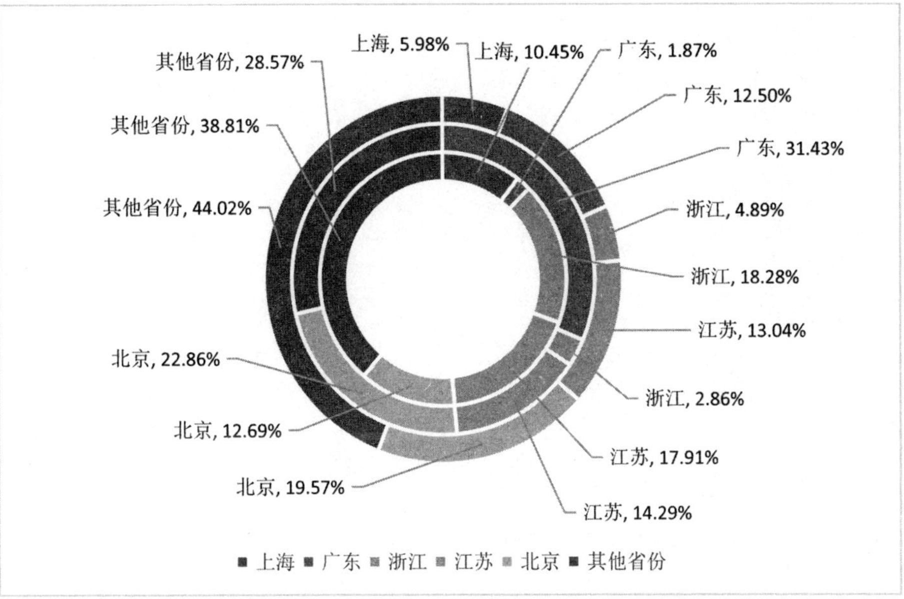

图 4-10 2021 年各场所发行绿色债券数目百分比按地区分布

从各场所发行金额来看（见图 4-11），银行间市场是各省份发行绿色债券的最主要场所。将各省份在银行间市场发行债券的金额划分为三个梯度：第一梯度（0~100 亿元）共包含 17 个省份，其中发行金额最小的是新疆，发行了 0.55 亿元，17 个省份平均发行 37.64 亿元；第二梯度（100 亿~500 亿元）共有 9 个省份，平均发行金额为 234 亿元；第三梯度（500 亿元以上）仅有北京达到标准，发行金额 2057.18 亿元，以绝对优势拉开差距。相较而言，各省份在上海证券交易所和深圳证券交易所发行金额数额较小。

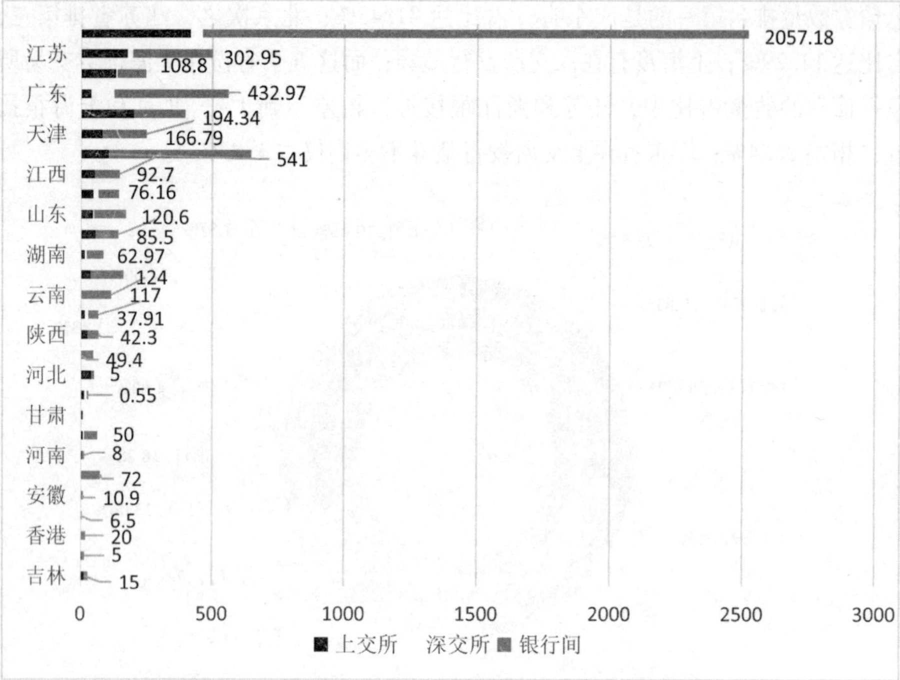

图 4-11　2021 年各场所发行绿色债券金额按地区分布（单位：亿元）

在上海证券交易所、深圳证券交易所、银行间市场发行金额占比靠前的五个省份中（见图 4-12），在银行间市场发行金额占比第一的是北京市，占比达 42.81%；其次是广东省，发行金额占比为 9.01%；江苏省紧随其后，发行金额占比为 6.30%，其余省份依次递减。与图 4-11 中的发行金额相对应，最外层圆环中北京市所占面积最大，其余相邻省份间差距不大，并呈现逐渐缩小的趋势；中间层圆环中橙色区域，即广东所占面积最大；最内层圆环中蓝色区域，即北京市所占面积最大，在上海证券交易所依旧是北京发行债权金额最大，占比达到 26.49%。

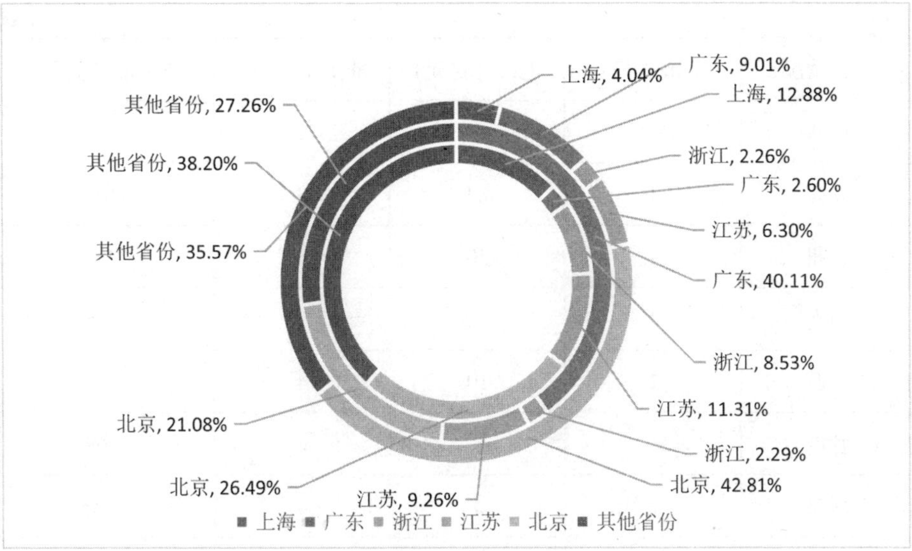

图 4-12 2021 年各场所发行绿色债券金额百分比按地区分布

四、省域绿色债券发行主体性质

2021 年非上市企业共发行 600 只绿色债券，共计 5816. 91 亿元，占发行总额的 87. 78%，而上市企业总计发行 62 只绿色债券，发行金额总计 770. 01 亿元。由此可见，非上市企业相比上市企业在绿色债券市场上更加活跃。非上市企业和上市企业数量差异及其发行绿色债券数量差异与其所处的地理位置也有关系。从表 4-4 不难看出，非上市企业涉及省份共有 28 个，而上市企业涉及省份共 18 个，有 10 省份的上市企业没有发行绿色债券。此外，北京、上海、广东、江苏、浙江这些经济比较发达的地区，其地区内非上市企业发行的绿色债券数量也明显多于上市企业发行的债券量，发行规模也远远超出上市企业。

表 4-4 2021 年绿色债券发行主体上市情况统计按地区分布

上市情况	上市（只）	上市（亿元）	非上市（只）	非上市（亿元）
吉林	—	—	2	30
内蒙古	—	—	1	5
香港	—	—	1	10

续表

上市情况	上市（只）	上市（亿元）	非上市（只）	非上市（亿元）
山西	—	—	2	6.5
安徽	1	0.9	3	10
贵州	1	50	3	25
河南	1	1.5	3	13.5
广西	1	10	4	55
甘肃	—	—	6	3.69
新疆	2	5	4	20.55
河北	2	15.4	5	31.4
辽宁	5	34.4	2	15
陕西	—	—	7	69.3
海南	—	—	3	68.52
云南	3	25	8	92
重庆	4	60	18	102.88
湖南	—	50	15	37.3
福建	3	6	16	137.32
山东	1	23	18	149.6
四川	1	9	24	135.71
江西	—	—	27	147.7
湖北	1	9	29	639
天津	—	—	40	250.63
上海	4	25.8	46	499.62
广东	5	60	57	501.43

续表

上市情况	上市（只）	上市（亿元）	非上市（只）	非上市（亿元）
浙江	1	5	67	243.08
北京	22	369.29	92	2150.69
江苏	4	60.72	97	440.32
总计	62	770.01	600	5816.91

五、省域绿色债券发行方式

2021 年绿色债券有两种发行方式，其中公募债券共发行 402 只，占总发行数的 60.73%，私募债券共发行 260 只，占总发行数的 39.27%。我国 27 个省份中，公募债券最多的地区是北京，公募 80 只绿色债券，占比 19.90%；江苏省公募 53 只绿色债券，占比 13.18%，位居第二名。此外，也有部分省份较少采用公募方式发行债券，新疆仅公募 1 只绿色债券，吉林、内蒙古、香港、山西、河北五地仅公募 2 只绿色债券，总占比不及 3%（见图 4-13）。

图 4-13 2021 年绿色债券发行方式情况统计按地区分布

采用私募方式发行债券的省份明显少于公募债券的省份，从图 4-14 可见，共有 18 个省份发行私募债券，其中，私募债券最多的省份是江苏省，共发行 48 只绿色债券，占比 18.46%；浙江省排名第二，私募债券 46 只，占比 17.69%，仅次于江苏；北京私募债券 34 只，远不及公募债券数量，占比也由公募的 19.90%下降至 13.08%。新疆、河北私募债券多于公募，而吉林、内蒙古、香港、山西四地没有发行私募债券。

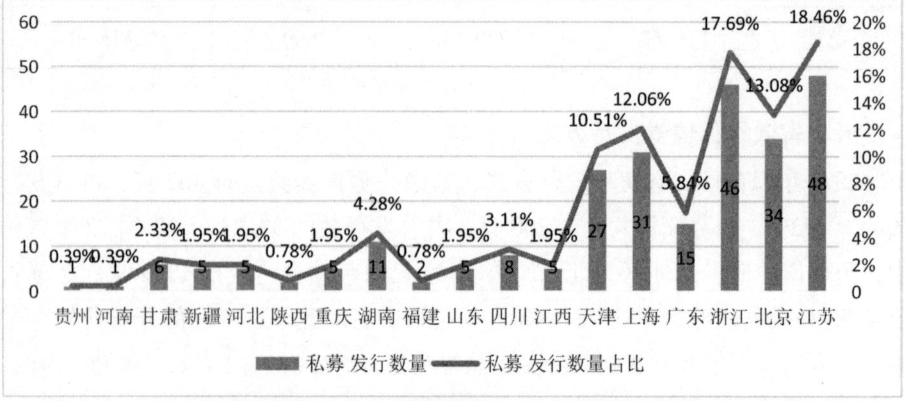

图 4-14　2021 年绿色债券发行方式情况统计按地区分布

通过对比可以看出，我国经济较发达的省份，北上广、江浙一带选择公募还是私募方式发行债券具有此消彼长的关系；而经济欠发达地区总体发行债券数量较低，也不具有这种关系。而从整体来看，我国绿色债券发行方式主要采取公募方式。

第二节　绿色债券标准

一、省域项目分类

2021 年 4 月，中国人民银行、发改委、证监会联合发布《绿色债券支持项目目录（2021 年版）》（以下简称《目录》），将绿色项目划分为节能环保产业、清洁生产产业、清洁能源产业、生态环境产业、基础设施绿色升级、绿色服务六大产业，并细分为 25 个二级、48 个三级和 203 个四级分类。按照《目录》的一级分类标准，将绿色债券的资金用途划分为节能环保、清洁生产、清洁能源、生态环境、基础设施绿色升级以及绿色服务六大类。从表 4-5 可见，

2021年共有662只绿色债券将募集资金投向多个领域，其中，投向清洁能源产业领域最多，总计234只债券，投向节能环保产业和清洁生产产业领域的债券数量相对持平，基础设施绿色升级、生态环境产业领域紧随其后，投向绿色服务领域的绿色债券最少，总计41只。从省域角度分析，不难看出各省份募集资金投向的着重点不同，北京、浙江、上海、天津、湖北、福建都着重于将募集资金投向清洁能源领域，江苏着重于投向节能环保和清洁能源两个产业领域，广东在节能环保、清洁生产、清洁能源三个产业领域中投入占比均在25%左右。而吉林、内蒙古、香港、山西四地都只将募集资金投向一个产业领域，吉林和内蒙古都投向了基础设施升级领域，香港和山西都投向了清洁能源领域。

表4-5 2021年绿色债券项目分类情况统计按地区分布（单位：只）

地区	节能环保	清洁生产	清洁能源	生态环境	基础设施绿色升级	绿色服务	总计
吉林	—	—	—	—	2	—	2
内蒙古	—	—	—	—	1	—	1
香港	—	—	1	—	—	—	1
山西	—	—	2	—	—	—	2
安徽	1	2	2	—	—	1	6
贵州	—	1	1	1	1	2	6
河南	3	1	—	1	—	—	5
广西	3	2	4	3	2	3	17
新疆	—	1	1	2	2	—	6
河北	1	—	2	—	—	—	3
辽宁	—	—	5	—	2	—	7
陕西	—	—	2	1	4	—	7
海南	—	7	1	8	—	—	16
云南	—	1	5	—	4	—	10

续表

地区	节能环保	清洁生产	清洁能源	生态环境	基础设施绿色升级	绿色服务	总计
重庆	—	5	4	1	9	2	21
湖南	1	3	1	4	1	4	14
福建	1	3	13	—	1	—	18
山东	4	4	5	2	2	—	17
四川	3	7	7	3	3	4	27
江西	3	9	4	5	7	—	28
湖北	6	5	16	—	6	—	33
天津	7	6	14	4	4	3	38
上海	6	2	13	8	2	1	32
广东	12	14	16	2	9	3	56
浙江	15	16	21	13	9	2	76
江苏	24	7	21	11	12	6	81
北京	19	12	73	11	7	10	132
总计	109	108	234	80	90	41	662

从图 4-15 中可以看出募集资金投向六大产业的占比在各省份的分布情况，其中，北京市募集资金投向节能环保产业的比重最多，占 22.02%；清洁生产产业占比最多的地区是浙江，占 14.81%；江苏募集资金投向清洁能源产业的比重最多，占 30.80%；生态环境产业占比最多的地区是浙江，占 16.25%；基础设施绿色升级产业占比最多的地区是北京，占 13.33%；绿色服务产业占比最多的地区是江苏，占 24.39%。

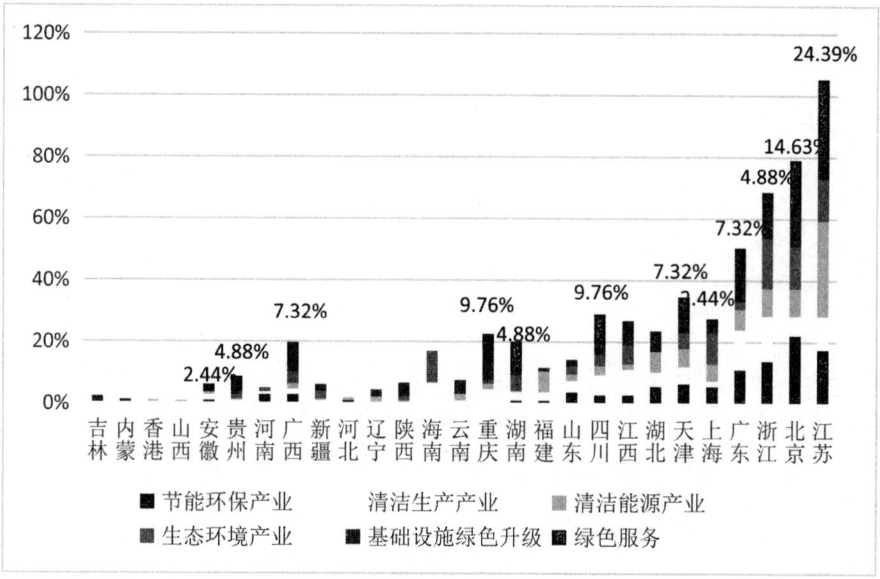

图 4-15　2021 年绿色债券项目分类占比按地区分布

二、省域募集资金管理

2021 年 28 个省份所发行的绿色债券中，489 只有专门的资金账户，173 只没有专门的资金账户。从图 4-16 不难看出各省份有无专门的资金账户的债券分布是不一样的，北京有专门资金账户和无专门资金账户的债券数量均排名第一，有专门账户的债券数量共计 75 只，无专门资金账户的债券数量共计 39 只；江苏有专门资金账户的债券数量排名第二，广东排名第三。部分省份发行债券都有专门的资金账户。

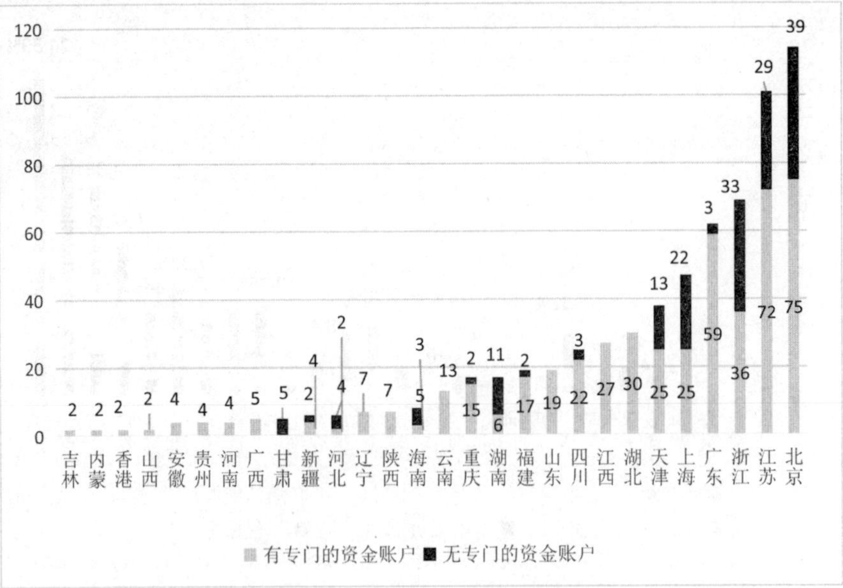

图 4-16　2021 年绿色债券募集资金管理情况按地区分布（单位：只）

选取了 2021 年募集资金有无专门资金账户占比靠前的十个省份，从饼状图 4-17 来看，由内到外依次是有专门的资金账户和无专门的资金账户。结合图 4-16 中的债券数量，北京有无专门的资金账户占比均排名第一，有专门的资金账户占 15. 34%，无专门的资金账户占 21. 43%。

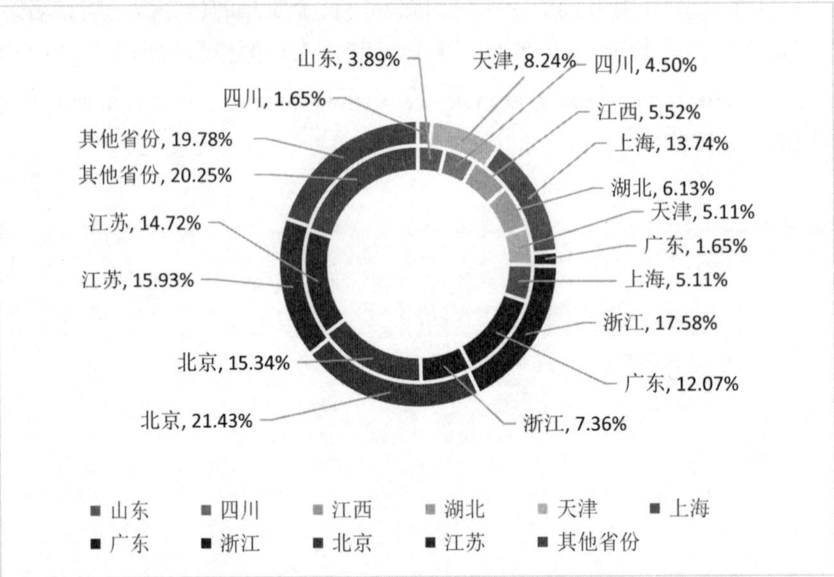

图 4-17　2021 年绿色债券募集资金有无专门资金账户占比情况按地区分布

三、省域信息披露

（一）发行前信息披露

根据《公司债券发行与交易管理办法》第四十七条规定：公开发行公司债券发行人及其他信息披露义务人应当将披露的信息刊登在其债券交易场所的互联网网站，即上海证券交易所和深圳证券交易所。根据万德数据库以及上海证券交易所和深圳证券交易所的数据可以看出2021年绿色债券一共发行了662只，其中披露信息的有501只，整体披露率为75.68%（见图4-18）。

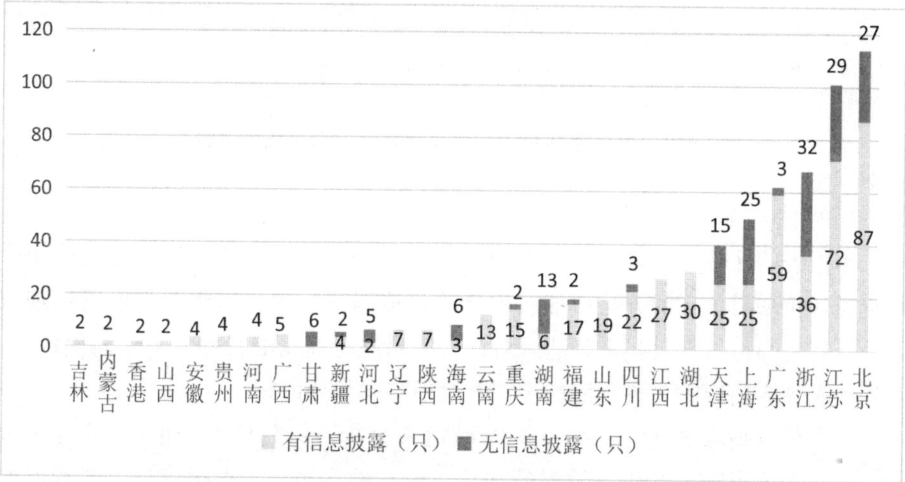

图4-18　2021年绿色债券募集信息披露情况按地区分布

各省份发行绿色债券的信息披露占比情况从饼状图4-19来看，由内而外依次是有信息披露占比和无信息披露占比。其中，北京市有信息披露的债券比重最大，占17.37%；江苏省排名第二，占14.37%；广东省位列第三，占11.78%。浙江无信息披露的债券比重最大，占18.82%。可见，浙江省发行绿色债券信息披露率有待提高。

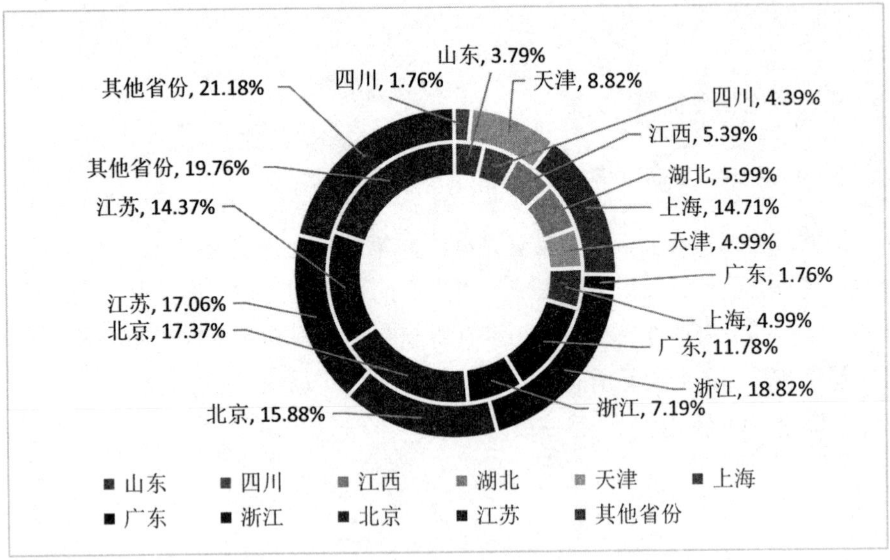

图 4-19　2021 年绿色债券信息披露情况占比按地区分布

1. 评估方法

本报告的评估方法采用的是评分评估法中的加权评分法。评分评估法指采用定量评价项目优劣的方法；加权评分法是根据评价项目的重要程度确定加权系数，然后与评价分数相乘，达到对评价结果进行修正的目的。为了简便计算，直接根据披露内容的重要程度的不同，赋予不同的分值。

根据信息披露的内容，对其进行赋值来分析。每只债券分值以 10 分为上限，共有 7 项内容，有信息披露的加分，没有的不扣分。根据信息重要程度的不同分为：有信息披露的加 1 分，没有的直接是 0 分；然后在有无信息披露的基础上，如果有绿色效益的加 3 分，没有绿色效益的不加分；有绿色投向披露的加 2 分，没有的不加分；有绿色标准的加 1 分，没有的不加分；有绿色管理内容的加 1 分，没有的不加分；有绿色制度的加 1 分，没有的不加分；有绿色发行人认定的加 1 分，没有的不加分。在图 4-18 统计各省份发行绿色债券信息披露情况的基础上，计算出各省份的信息披露得分。

2. 信息披露得分

由表 4-6 可以看出各省份发行的绿色债券信息披露最终得分。其中，有 12 个省份发行的部分绿色债券达到了其募集资金说明书里面详尽披露绿色债券要求披露的所有内容的要求，并且都属于绿色发行人。剩下的 16 个省份债券得分从 0 分到 165 分不等，在其募集资金说明书里面都有披露不到位的内容，这些内容基本上都包含了绿色管理、绿色标准、绿色制度与绿色发行人认定的披露。

没有信息披露和信息披露内容不符合绿色债券信息披露内容的只有甘肃省，得分为0分。

表4-6 2021年绿色债券信息披露得分统计按地区分布（单位：分）

地区	有信息披露	有绿色效益	有绿色投向	有绿色标准	有绿色管理	有绿色制度	有绿色发行人认定	总分
吉林	2	6	4	1	1	0	0	14
内蒙古	2	3	4	0	1	1	0	11
香港	2	6	4	0	1	0	0	13
山西	2	6	4	1	1	1	0	15
安徽	4	12	8	0	1	0	0	25
贵州	4	12	6	1	2	0	1	26
河南	4	9	4	2	1	0	0	20
广西	5	12	6	2	2	2	2	31
甘肃	0	0	0	0	0	0	0	0
新疆	4	9	6	1	1	0	0	21
河北	2	6	4	1	1	0	0	14
辽宁	7	18	2	2	0	0	1	30
陕西	7	21	2	30	1	0	0	61
海南	3	9	6	0	1	0	0	19
云南	13	36	24	90	1	0	1	165
重庆	15	45	20	6	3	1	1	91
湖南	6	15	10	0	6	2	0	39
福建	17	45	30	10	10	12	0	124
山东	19	57	38	11	5	11	1	142

续表

地区	有信息披露	有绿色效益	有绿色投向	有绿色标准	有绿色管理	有绿色制度	有绿色发行人认定	总分
四川	22	63	40	15	2	6	1	149
江西	27	81	40	11	2	8	1	170
湖北	30	75	30	12	3	7	2	159
天津	25	66	50	16	24	11	3	195
上海	25	75	30	12	12	13	2	169
广东	59	168	22	24	31	23	4	331
浙江	36	99	34	26	22	24	5	246
北京	87	216	80	65	36	33	8	525
江苏	72	261	110	64	55	42	10	614
总分	501	1431	618	403	226	197	43	3419

（二）存续期信息披露

对存续期的绿色债券的信息披露分析，也是先对其进行赋值。由于存续期对绿色债券信息披露的要求较少，所以选取其中的四项进行赋值，其加总分数为 10 分。有绿色债券信息披露的加 1 分，没有的直接是 0 分；有募集资金投向的加 3 分，没有的不加分；有绿色项目进展的加 3 分，没有的不加分；有环境效益的加 3 分，没有的不加分。

根据表 4-7 可以看出 2021 年各省份发行绿色债券存续期间信息披露的得分情况。其中，甘肃省的 6 只绿色债券都没有存续期信息披露且信息披露内容不符合绿色债券信息披露的内容，得 0 分；香港发行的绿色债券中没有披露绿色项目进展，其余 26 省份发行的债券中满足信息披露及信息披露内容的情况不尽相同，故得分情况也不同。得分最高的是北京市，其发行债券的信息披露内容相对来说最全面，其他省份在绿色项目进展和环境效益方面的披露还有待提升。

表 4-7 2021 年绿色债券信息披露得分统计按地区分布（单位：分）

地区	有信息披露	有募集资金投向	有绿色项目进展	有环境效益	总分
吉林	2	6	6	3	17
内蒙古	2	6	3	3	14
香港	1	3	0	3	7
山西	1	3	3	3	10
安徽	2	6	6	3	17
贵州	4	12	9	6	31
河南	2	6	3	6	17
广西	1	3	3	3	10
甘肃	0	0	0	0	0
新疆	3	9	3	9	24
河北	4	12	6	9	31
辽宁	7	21	15	18	61
陕西	7	21	12	15	55
海南	5	15	9	12	41
云南	11	30	18	30	89
重庆	15	45	33	33	126
湖南	6	17	12	12	47
福建	17	51	45	51	164

续表

地区	有信息披露	有募集资金投向	有绿色项目进展	有环境效益	总分
山东	15	40	30	36	121
四川	22	57	54	66	199
江西	26	69	66	60	221
湖北	30	48	78	51	207
天津	25	75	66	57	223
上海	25	73	66	63	227
广东	59	165	150	165	539
浙江	33	99	90	90	312
北京	85	252	243	210	790
江苏	80	240	231	195	746
总分	490	1384	1260	1212	4346

四、省域环境效益

2021 年 28 个省份所发行的绿色债券中，493 只有环境效益，169 只没有环境效益（见图 4-20），各省份有无环境效益的债券分布是不一样的。北京有环境效益和无环境效益的债券数量均排名第一，有环境效益的债券数量共计 81 只，无环境效益的债券数量共计 33 只；江苏有环境效益的债券数量排名第二，广东排名第三，部分省份发行债券都有环境效益。

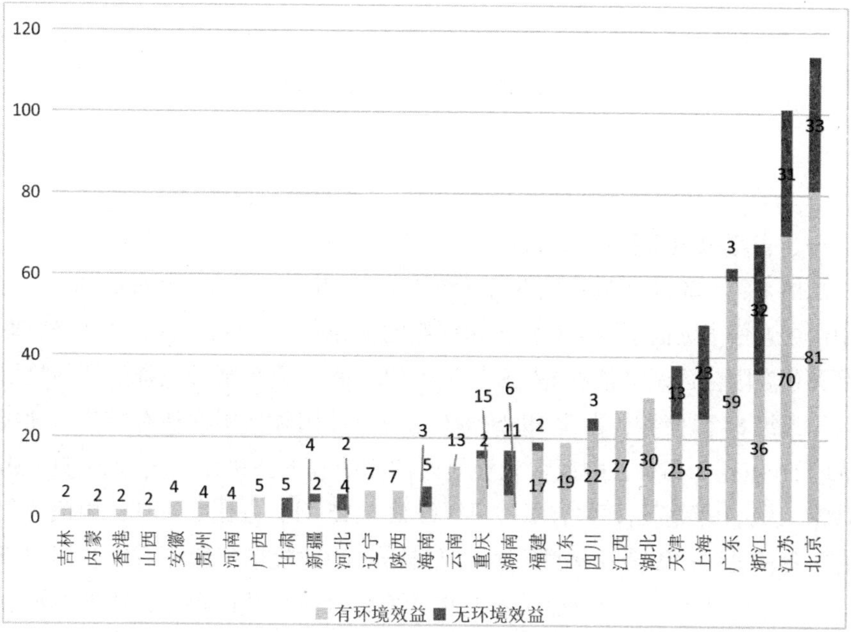

图 4-20　2021 年绿色债券环境效益披露情况按地区分布（单位：只）

选取了 2021 年募集资金有无环境效益占比靠前的十个省份，饼状图 4-21 由内到外依次是有环境效益和无环境效益。承接上图中的债券数量，北京有无环境效益的占比均排名第一，有环境效益的债券占 16.43%，无环境效益的债券占 18.54%。

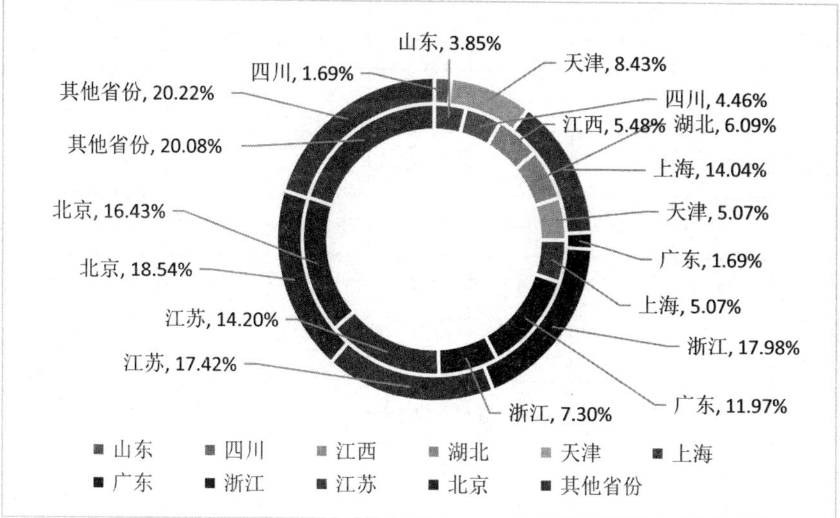

图 4-21　2021 年绿色债券环境效益披露情况占比按地区分布

第三节　评估与托管

一、省域绿色债券评级机构

总体来看，2021 年绿色债券有评级机构的 436 只，没有评级机构的 224 只，其中由中诚信国际信用评级有限公司评级的债券有 174 只，占比 39.91%；联合资信评估有限公司评级债券 87 只，占比 19.95%；上海新世纪资信评估投资有限公司评级 85 只债券，占比 19.50%；东方金诚国际信用评估有限公司评级债券 33 只，占比 7.57%；中证鹏元资信评估股份有限公司评级债券 31 只，占比 7.11%；大公国际资信评估有限公司评级债券 15 只，占比 3.44%；中债资信评估有限责任公司评级债券 9 只，占比 2.06%；中建投信托股份有限公司评级债券 2 只，占比 0.46%。有部分债券是由两家评级机构共同评级，此处所汇总数据是按评级机构所出现次数综合得出（见表 4-8）。

表 4-8　2021 年绿色债券评级机构按地区分布（单位：只）

地区	中诚信	联合资信	上海新世纪	东方金诚	中证鹏元	大公国际	中债资信	中建投信
吉林	2	—	—	—	—	—	—	—
内蒙古	—	1	—	—	—	—	—	—
香港	—	1	—	—	—	—	—	—
山西	—	2	—	—	—	—	—	—
安徽	—	2	—	—	—	—	—	—
贵州	2	—	1	—	—	1	—	—
河南	—	1	—	—	—	—	—	—
广西	2	11	—	1	—	—	—	—
甘肃	—	—	6	—	—	—	—	—
新疆	2	1	—	—	—	—	—	—

续表

地区	中诚信	联合资信	上海新世纪	东方金诚	中证鹏元	大公国际	中债资信	中建投信
河北	7	—	—	—	—	—	—	—
辽宁	—	2	—	3	—	—	—	—
陕西	4	—	—	—	—	—	1	—
海南	—	—	—	3	—	—	—	—
云南	—	1	2	—	—	—	—	—
重庆	3	2	2	3	—	—	—	—
湖南	10	1	—	—	2	—	—	—
福建	1	—	2	3	—	6	—	—
山东	3	3	—	2	—	1	—	—
四川	12	3	2	1	2	—	—	—
江西	1	—	—	2	13	—	—	—
湖北	12	—	—	—	2	2	—	—
天津	22	—	—	2	1	—	—	—
上海	15	5	14	—	—	—	3	—
广东	20	—	5	—	—	2	—	2
浙江	13	3	27	—	9	—	—	—
北京	17	39	2	8	—	3	5	—
江苏	26	9	22	5	2	—	—	—
总计	174	87	85	33	31	15	9	2

从省域角度来看，由中诚信国际信用评级有限公司评级债券最多的地区是江苏省，评级 26 只绿色债券，占比 14.94%，天津和广东省次之；北京有

44.83%的债券都由联合资信评估有限公司评级，其他债券分别由上海新世纪、东方金诚、大公国际评级；大部分省份都选择由中诚信国际信用评级有限公司评级债券，由中债资信评估有限责任公司进行债券评级的省份最少，只有广东省由中建投信评级 2 只债券（见表 4-9）。

表 4-9　2021 年绿色债券评级机构占比按地区分布

地区	中诚信	联合资信	上海新世纪	东方金诚	中证鹏元	大公国际	中债资信	中建投信
吉林	1.15%	—	—	—	—	—	—	—
内蒙古	—	1.15%	—	—	—	—	—	—
香港	—	1.15%	—	—	—	—	—	—
山西	—	2.30%	—	—	—	—	—	—
安徽	—	2.30%	—	—	—	—	—	—
贵州	1.15%	—	1.18%	—	—	6.67%	—	—
河南	—	1.15%	—	—	—	—	—	—
广西	1.15%	12.64%	—	3.03%	—	—	—	—
甘肃	—	—	7.06%	—	—	—	—	—
新疆	1.15%	1.15%	—	—	—	—	—	—
河北	4.02%	—	—	—	—	—	—	—
辽宁	—	2.30%	—	9.09%	—	—	—	—
陕西	2.30%	—	—	—	—	—	11.11%	—
海南	—	—	—	9.09%	—	—	—	—
云南	—	1.15%	2.35%	—	—	—	—	—
重庆	1.72%	2.30%	2.35%	9.09%	—	—	—	—
湖南	5.75%	1.15%	—	—	6.45%	—	—	—
福建	0.57%	—	2.35%	9.09%	—	40.00%	—	—

续表

地区	中诚信	联合资信	上海新世纪	东方金诚	中证鹏元	大公国际	中债资信	中建投信
山东	1.72%	3.45%	—	6.06%	—	6.67%	—	—
四川	6.90%	3.45%	2.35%	3.03%	6.45%	—	—	—
江西	0.57%	—	—	6.06%	41.94%	—	—	—
湖北	6.90%	—	—	—	6.45%	13.33%	—	—
天津	12.64%	—	—	6.06%	3.23%	—	—	—
上海	8.62%	5.75%	16.47%	—	—	—	33.33%	—
广东	11.49%	—	5.88%	—	—	13.33%	—	100%
浙江%	7.47%	3.45%	31.76%	—	29.03%	—	—	—
北京	9.77%	44.83%	2.35%	24.24%	—	20.00%	55.56%	—
江苏	14.94%	10.34%	25.88%	15.15%	6.45%	—	—	

二、省域托管机构

绿色债券托管机构在银行间市场清算所股份有限公司、中国证券登记结算有限责任公司和中央国债登记结算有限责任公司之间选择。2021 年有近半数的绿色债券在银行间市场清算所股份有限公司托管。在银行间市场清算所股份有限公司托管债券最多的地区是北京，托管债券 63 只；江苏省排名第二，托管债券 37 只。在中国证券登记结算有限责任公司托管债券最多的地区是江苏省，托管债券 46 只，浙江和北京紧邻其后。较少省份在中央国债登记结算有限责任公司托管债券，其中托管债券最多的省份即江苏，也仅托管 18 只绿色债券（见图 4-22）。

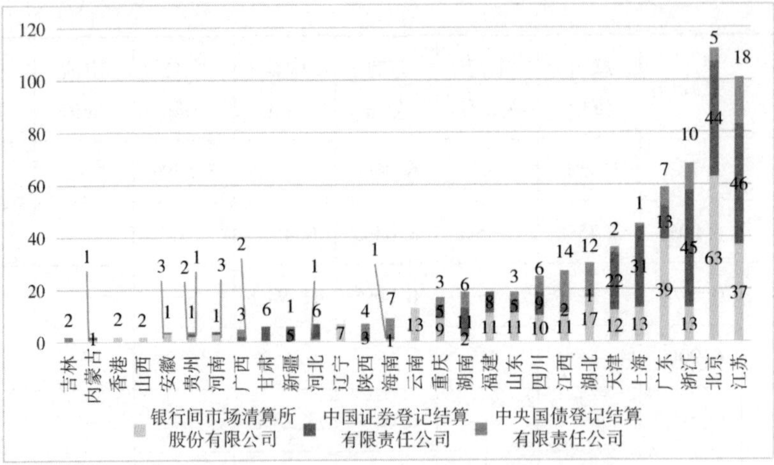

图 4-22　2021 年绿色债券托管机构统计按地区分布

如图 4-23，选取了在各托管机构托管债券数占比靠前的 5 个省份。由内到外依次是银行间市场清算所股份有限公司、中国证券登记结算有限责任公司、中央国债登记结算有限责任公司托管债券占比。从图中不难看出，北京在银行间市场清算所股份有限公司托管债券的占比为 22. 26%，江苏在中国证券登记结算有限责任公司托管债券的占比是 17. 16%，浙江在中国证券登记结算有限责任公司托管债券的占比是 16. 79%，北京更倾向于银行间市场清算所股份有限公司，浙江和江苏更倾向于中国证券登记结算有限责任公司。

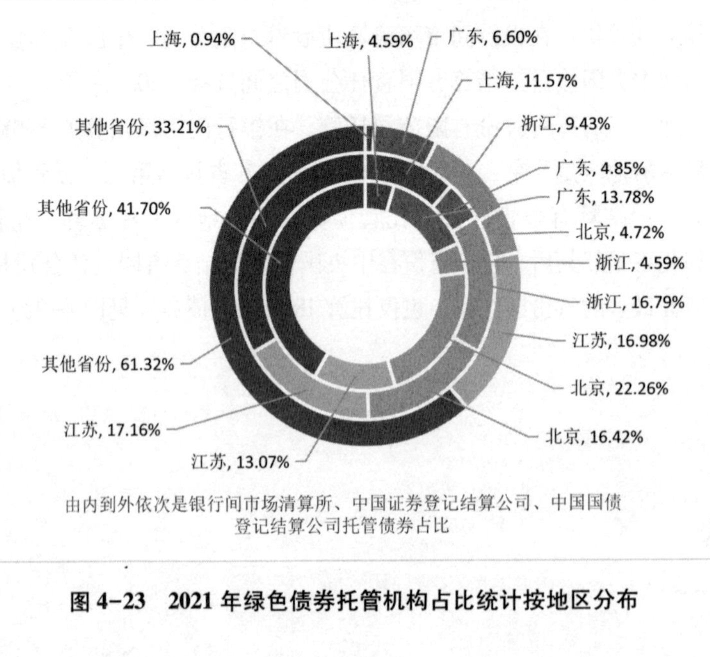

由内到外依次是银行间市场清算所、中国证券登记结算公司、中国国债登记结算公司托管债券占比

图 4-23　2021 年绿色债券托管机构占比统计按地区分布

第五章

绿色债券经济区域运行状况

根据2021年的《"十四五"新型城镇化实施方案》,"十四五"期间将分类推动城市群发展,"两横三纵"城镇化战略格局全面形成,城市群承载人口和经济的能力明显增强。其中,京津冀协同发展经济区、长三角一体化经济区、粤港澳大湾区、成渝双城经济圈、长江中游城市群在内的五大国家级区域增长极,将担负起我国东西南北中五大经济发展核心引擎,共同引领我国的经济社会发展。

从经济总量来看,京津冀、长三角、粤港澳大湾区(内地9市)、成渝双城、长江中游城市群的经济总量(2021年年末)依次为9.6万亿元、27.6万亿元、10.1万亿元、7.6万亿元、9.7万亿元。整体而言,五个城市群GDP总和达到64.78万亿元,占全国的比重为57%左右。一系列经济成果都足以证明,随着区域发展战略的实施,我国各区域经济总量不断攀升,区域发展协调性不断增强,重大战略引领作用持续显现。

鉴于区域发展战略的显著影响,本章将在上一章对中国2021年绿色债券发行情况进行省域分析的基础上,对我国五大经济区域绿色债券运行情况进一步分析。

第一节　绿色债券经济区域发行概览

一、经济区域绿色债券发行规模与数量

从发行数量来看(见图5-1),2021年绿色债券发行量排名第一的区域是长三角一体化经济区,共发行了223只绿色债券;京津冀协同发展经济区位居第二,共发行了161只绿色债券;长江中游城市群排名第三,共发行70只绿色债

券；粤港澳大湾区与长江中游城市群差距不大，共发行64只绿色债券；成渝双城经济圈发行量最少，共发行了42只绿色债券。

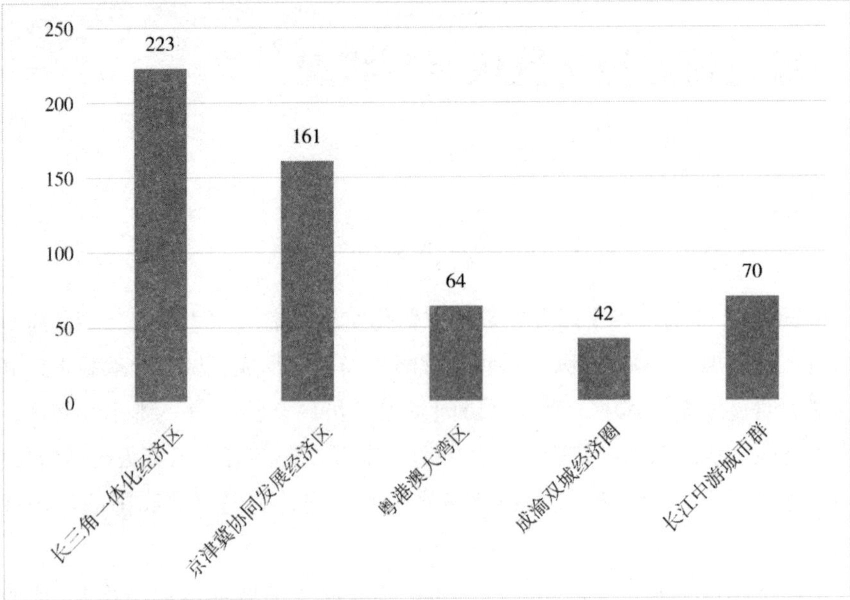

图5-1　2021年绿色债券发行数量按区域分布（含中央国有企业分布）

图5-2是五大经济区发行绿色债券数量占比。长三角一体化经济区发行绿色债券数量比重最大，占39.82%；京津冀协同发展经济区发行绿色债券数量占比为28.75%，位列第二；粤港澳大湾区、成渝双城经济圈、长江中游城市群发行量占比均未达到20%。

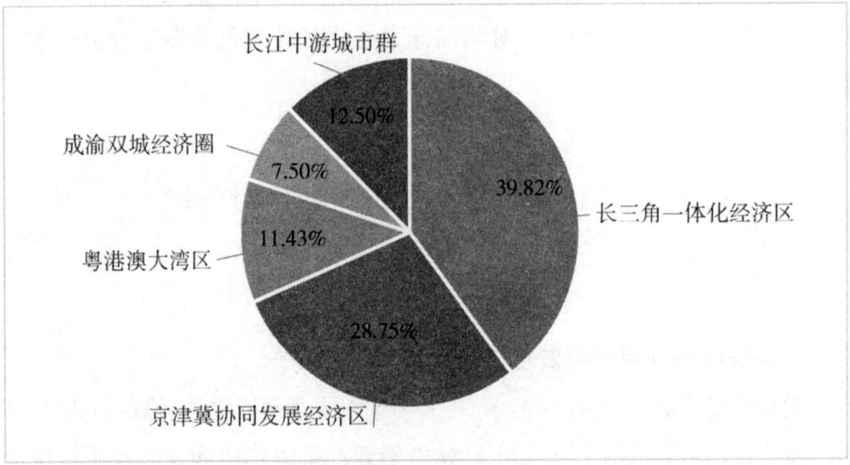

图5-2　2021年绿色债券发行数量占比按地区分布（含中央国有企业分布）

从发行金额来看，2021 年京津冀协同发展经济区以 2817. 41 亿元的发行金额位列全国第一，无论在发行数量上还是发行金额上都居于前列。相较而言，其他经济区都不及京津冀发行金额的一半。长三角一体化经济区排名第二，共发行 1167. 76 亿元，粤港澳大湾区、长江中游城市群、成渝双城经济圈发行金额均不足 1000 亿元，成渝双城经济圈发行金额最低，总计发行 307. 59 亿元（见图 5-3）。

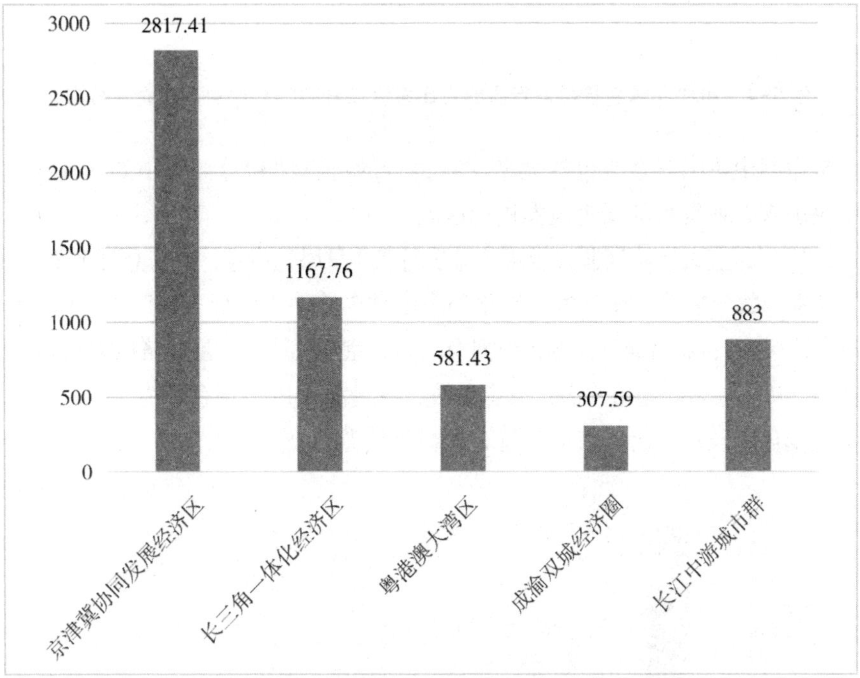

图 5-3　2021 年绿色债券发行金额按区域分布（含中央国有企业分布）

图 5-4 是五大经济区发行金额占比。发行金额占比第一的是京津冀协同发展经济区，占 48. 94%，扇形面积占将近一半；其次是长三角一体化经济区，发行金额占比为 20. 28%；长江中游城市群排名第三，发行金额占比为 15. 34%；成渝双城经济圈、粤港澳大湾区占比均不到 15%。与上图中的发行金额相对应，2021 年京津冀协同发展经济区发行金额与其他区域拉开绝对差距，其他区域间差距不大，并呈现逐渐缩小的趋势。

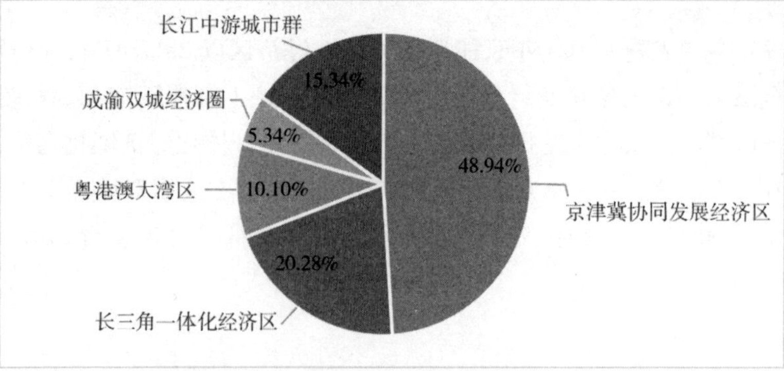

图 5-4 2021 年绿色债券发行金额占比按区域分布（含中央国有企业分布）

考虑到中央国有企业包括大型国有银行的特殊性和总部集中效应，在此对非中央国有企业发行的绿色债券进行区域分析。

2021 年，五大经济区非央企主体共发行 279 只绿色债券，规模总计 1484.03 亿元。从发行数量来看，长三角一体化经济区排名第一，发行 186 只绿色债券；粤港澳大湾区发行 46 只绿色债券，位列第二名；京津冀协同发展经济区发行 27 只绿色债券，从第二名降至第三名；成渝双城经济圈发行 18 只绿色债券，排名没有发生明显变化；长江中游城市群发行 2 只绿色债券，排名最末位（见图 5-5）。

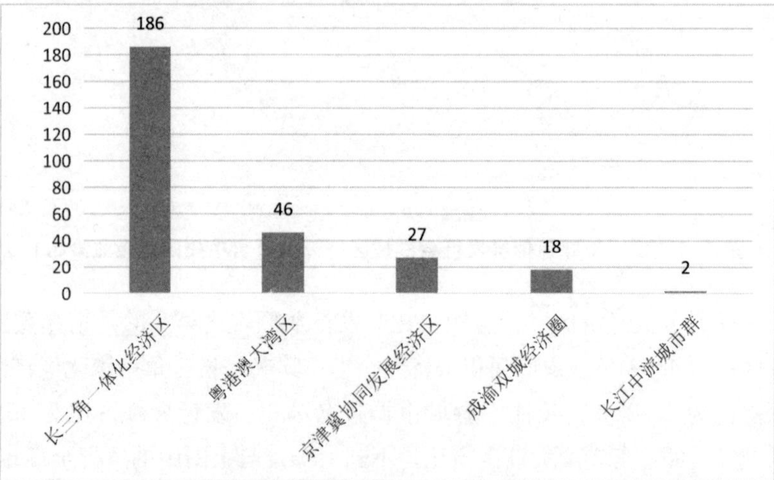

图 5-5 2021 年绿色债券发行数量按地区分布（不含中央国有企业）

从图 5-6 可以更清楚直观地看出各经济区发行绿色债券数量在总体绿色债券数量中的占比。长三角一体化经济区在饼状图中所占面积最大，占比为 66.67%；排名第二的是粤港澳大湾区，占比为 16.49%；其他三个经济区的占比都没有达到

10%，长江中游城市群占比最少，仅占0.72%。

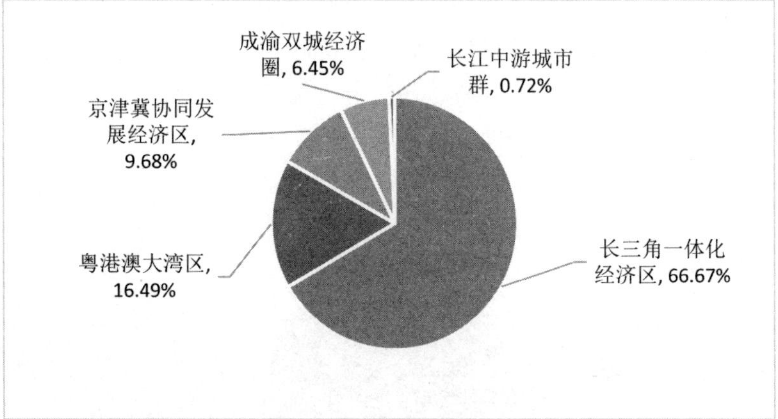

图5-6　2021年绿色债券发行数量占比按地区分布（不含中央国有企业）

从发行金额来看，相比之前含央企在内的发行金额，发行规模大大下降。首先，发行金额在300亿元以上的经济区有两个，长三角一体化经济区发行786.75亿元，居于首位；粤港澳大湾区发行金额430.8亿元，排名第二；京津冀协同发展经济区的发行金额由剔除央企前的2817.41亿元降至147.62亿元，位列第三，可见剔除央企的发行主体后，京津冀无论在发行绿色债券数量上还是金额上排名均有所下降，说明在进行绿色债券区域性研究时仍然有必要考虑中央国有企业的集中效应并针对非中央国有企业发行的绿色债券进行分析；剔除央企后的成渝双城经济圈发行金额为发行103.86亿元；长江中游城市群发行15.00亿元，排名至末位（见图5-7）。

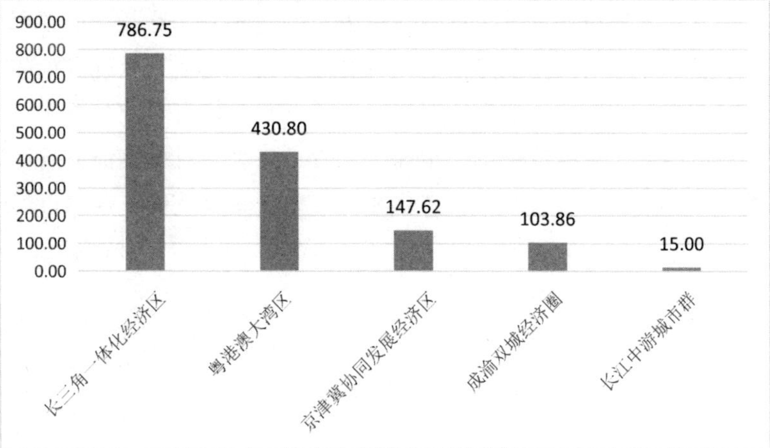

图5-7　2021年绿色债券发行金额按区域分布（不含中央国有企业）

图 5-8 中的占比对应上图中各经济区发行金额。从图中不仅能看出长三角一体化经济区发行金额多，还可以看到该经济区发行绿债金额的市场占比由剔除央企前的 20.28%上升到 53.01%，超过五大经济区发行金额一半的比例，跃居第一；粤港澳大湾区发行金额占比为 29.03%；其他经济区发行金额占比均未达到 10%。

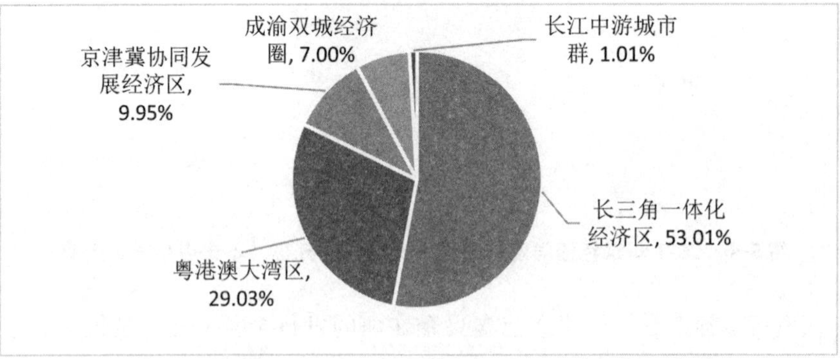

图 5-8　2021 年绿色债券发行金额占比按区域分布（不含中央国有企业）

综上可见，剔除中央国有企业后，粤港澳大湾区排名上升，京津冀协同发展经济区在发行数量和发行金额排名上都发生了跌落，发行金额在剔除央企前后差距最大，受影响最大。

各区域的发行主体中剔除中央国有企业以后，地方国有企业在各区域的发行主体中占有主要地位。地方国有企业共计发行 279 只绿色债券，长三角一体化经济区的地方国有企业发行超过 186 只绿色债券，对绿色债券发行重视程度较高，而其他四大经济区的地方国有企业发行数量不足 100 只，成渝双城经济圈和长江中游城市群的发行主体没有民营企业和公众企业，只有粤港澳大湾区的发行主体包含公众企业，成渝双城经济圈的发行主体有外商独资企业，都只发行 1 只绿色债券。以上数据进一步证实是否剔除央企对绿色债券规模大小起着至关重要的作用，由于长三角一体化经济区中央企以外的主体也占据关键比例，故其在剔除央企前后在债券数量和金额上的波动并不大（见图 5-9）。

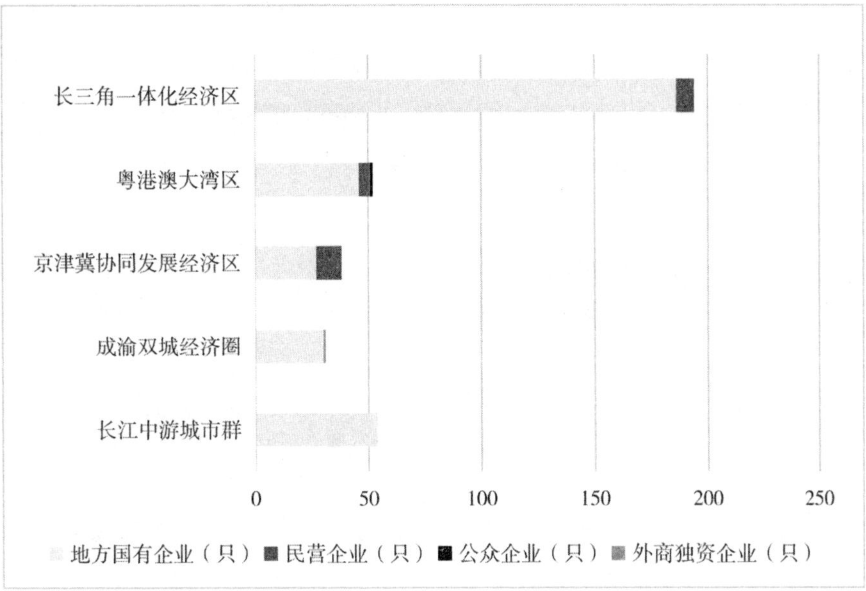

图 5-9 2021 年中国各地区发行主体分布情况（不含中央国有企业）

二、经济区域绿色债券类型

从发行数量来看（见图 5-10），2021 年五大经济区共发行 88 只绿色公司债、64 只绿色企业债、21 只绿色金融债、148 只绿色资产支持证券、242 只绿色债务融资工具、219 只其他绿色债券，部分债券类型有重叠。四个经济区发行绿色公司债数量达 5 只以上，其中，长三角一体化经济区排名第一，发行 40 只绿色公司债；四个经济区参与绿色企业债发行，发行数量均达到 5 只以上，其中长江中游城市群拔得头筹，共计发行 28 只绿色企业债，京津冀协同发展经济区没有发行绿色企业债；绿色金融债虽然五大经济区域都有发行，但发行数量相对较少，粤港澳大湾区和长江中游城市群都只发行 1 只金融债，京津冀协同发展经济区发行 10 只，位居第一；绿色资产支持证券，五大经济区都有发行，发行数量最多的是长三角一体化经济区，共计发行 82 只；绿色债务融资工具和其他绿色债券，两种债券的发行规模位居前二，且五大经济区都有发行，京津冀协同发展经济区都居于首位，共计发行 78 只绿色债务融资工具和 93 只其他绿色债券。

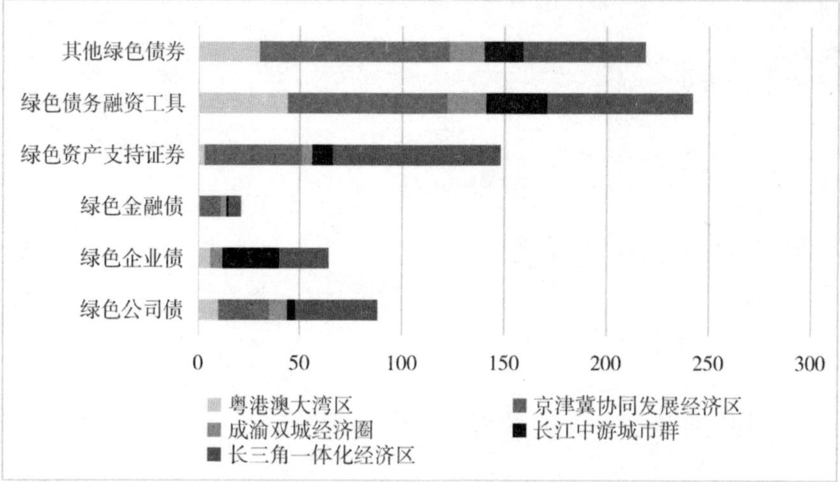

图 5-10　2021 年中国五大经济区域绿色债券种类分布情况（发行数量）

图 5-11 是各区域发行各种绿色债券具体金额。从发行金额来看，京津冀协同发展经济区在绿色公司债、绿色金融债、绿色资产支持证券、绿色债务融资工具、其他绿色债券发行金额中都居于首位。其中，发行绿色公司债 331.2 亿元、绿色金融债 876 亿元、绿色资产支持证券 286.87 亿元、绿色债务融资工具 1323.34 亿元、其他绿色债券 1337.14 亿元；其次是长江中游城市群，在绿色债务融资工具发行金额中排名第一，总发行规模 490.9 亿元，其在绿色资产支持证券中却仅仅发行 3.09 亿元。

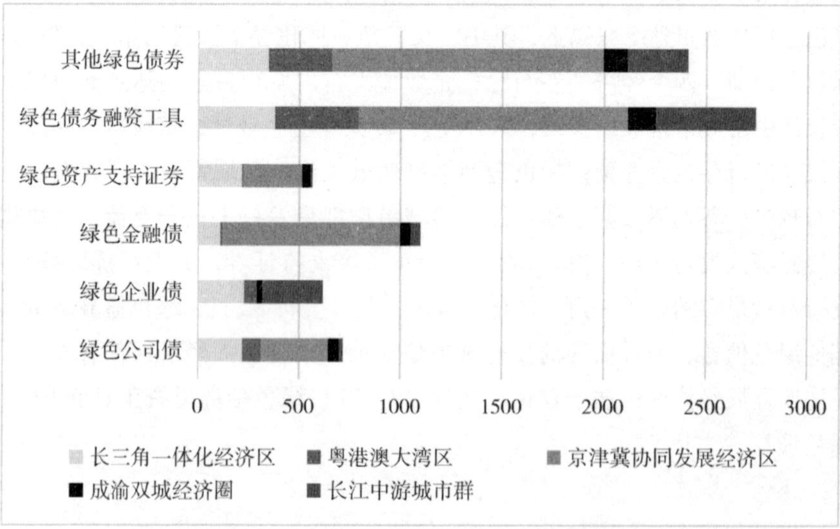

图 5-11　2021 年中国五大经济区域绿色债券种类分布情况（发行金额）

三、经济区域绿色债券发行场所

从发行数量来看（见图 5-12），银行间市场是绿色债券最主要的发行场所，2021 年五大经济区在银行间市场共发行 302 只绿色债券，其中长三角一体化经济区在银行间市场发行 92 只绿色债券，排名第一，京津冀协同发展经济区次之，成渝双城经济圈发行最少，总计在银行间市场发行 25 只绿色债券。

上海证券交易所是发行绿色债券的第二大场所，2021 年在上海证券交易所共发行 235 只绿色债券，总发行规模较银行间市场有所减小。在上交所发行绿色债券数量最多的是长三角一体化经济区，总计发行 125 只绿色债券，京津冀协同发展经济区次之，其他区域发行量较少，粤港澳大湾区在上海证券交易所仅发行 5 只绿色债券。

各大经济区在深圳证券交易所发行债券的规模普遍较小，共计发行 29 只绿色债券，其中粤港澳大湾区发行量最多，也仅发行 11 只绿色债券。

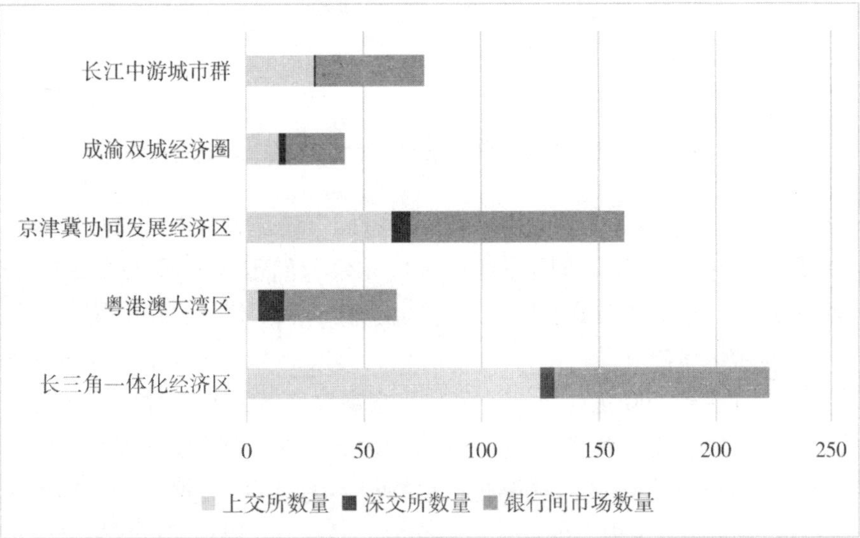

图 5-12 2021 年各场所发行绿色债券数目按地区分布

图 5-13 是 2021 年五大经济区在上海证券交易所、深证交易所、银行间市场发行绿色债券的数量占比，由内至外依次是上交所、深交所、银行间市场发行债券的占比。在银行间市场发行债券最多的是长三角一体化经济区，其次是京津冀协同发展经济区，粤港澳大湾区紧随其后，成渝双城经济圈和长江中游城市群相对滞后。在深圳证券交易所发行绿色债券数量排名第一的是粤港澳大

湾区，占比达 37.93%；京津冀协同发展经济区次之，长三角一体化经济区排第三，占比达 20.69%；长江中游城市群在深交所发行债券最少，仅占 3.45%；这五大经济区在上海证券交易所发行债券的数量占比中，长三角一体化经济区占一半以上；粤港澳大湾区占比最少，仅占 2.13%。

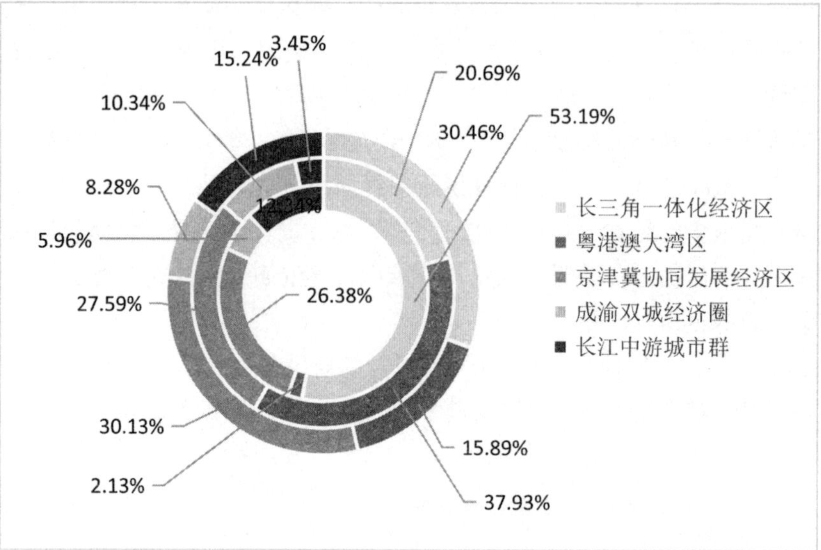

图 5-13　2021 年各场所发行绿色债券数目百分比按地区分布

从图 5-14 的各场所发行金额来看，银行间市场是各省发行绿色债券的最主要场所。其中，京津冀协同发展经济区在银行间市场发行 2228.97 亿元，位居第一；长江中游城市群在银行间市场发行 696.67 亿元，位居第二；长三角一体化经济区紧随其后，发行 616.99 亿元；这三大经济区在银行间市场发行债券金额均达到 400 亿元以上，尤其是京津冀区域，以绝对化优势与其他经济区拉开差距。成渝双城经济圈发行金额相对较低，刚刚达到 200 亿元。

图 5-15 是五大经济区在上海证券交易所、深圳证券交易所、银行间市场发行金额的占比情况，由内至外依次是上交所、深交所、银行间市场发行金额占比。在银行间市场发行金额占比第一的是京津冀协同发展经济区，占比达 53.12%；其次是长江中游城市群，发行金额占比为 16.60%；长三角一体化经济区紧随其后，发行金额占比为 14.71%。与上图中的发行金额相对应，最外层圆环中京津冀协同发展经济区所占面积最大，其他经济区域之间差距不大，并呈现逐渐缩小的趋势；从中间层圆环可以看出在深交所发行金额最大的是粤港澳大湾区；从最内层圆环可以看出在上交所依旧是京津冀协同发展经济区发行债券金额最大，占比达到 39.74%。

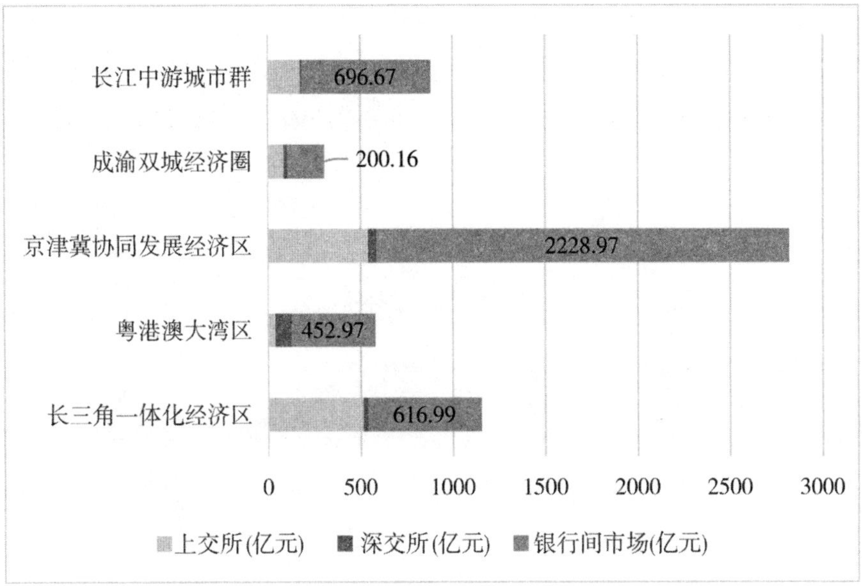

图 5-14　2021 年各场所发行绿色债券金额按地区分布

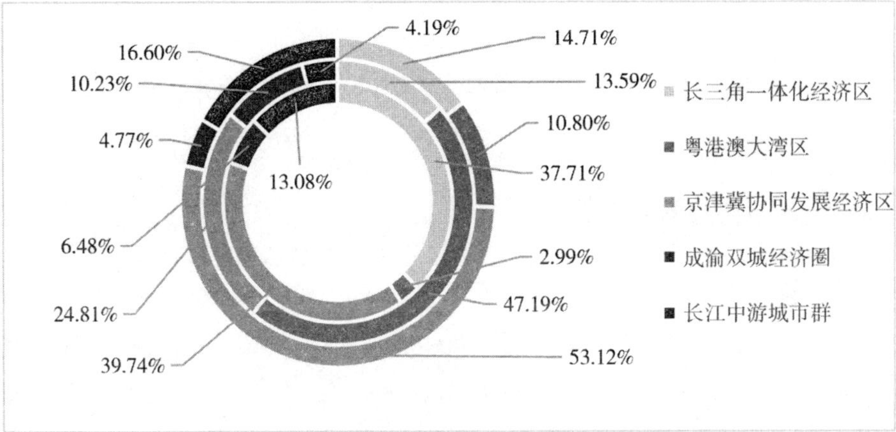

图 5-15　2021 年各场所发行绿色债券金额百分比按地区分布

四、经济区域绿色债券发行主体性质

如图 5-16 所示，五大经济区非上市企业发行债券数量远高于上市企业发行债券数量，相应地，非上市企业发行债券金额也远高于上市企业发行的债券金额。其中，长三角一体化经济区的非上市企业发行数量位居第一，发行 213 只绿色债券；而京津冀协同发展经济区非上市企业发行债券金额排名第一，共计发行 2432.72 亿元；粤港澳大湾区、成渝双城经济圈、长江中游城市群三大区域在非上市企业债券数量上差距不大，均未达到 100 只绿色债券，成渝经济圈发行金额最低，共计 238.59 亿元。五大经济区在上市企业债券数量和金额上都不高，总体发行数量不超过 30 只绿色债券，发行金额不超过 300 亿元。

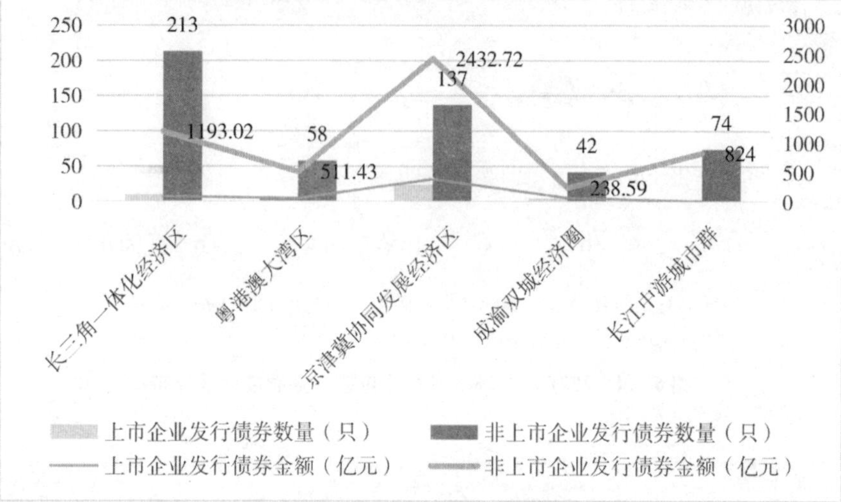

图 5-16　2021 年绿色债券发行主体上市情况统计按区域分布

五、经济区域绿色债券发行方式

如图 5-17 所示，我国五大经济区中，公募债券最多的地区是长三角一体化经济区，公募 97 只绿色债券，占比 29.39%；京津冀协同发展经济区公募 95 只绿色债券，占比 28.79%，仅次于长三角经济区。相比之下，粤港澳、成渝、长江中游三大经济区采用公募方式发行债券数量不多，成渝双城经济圈公募 29 只绿色债券，总占比不及 10%。

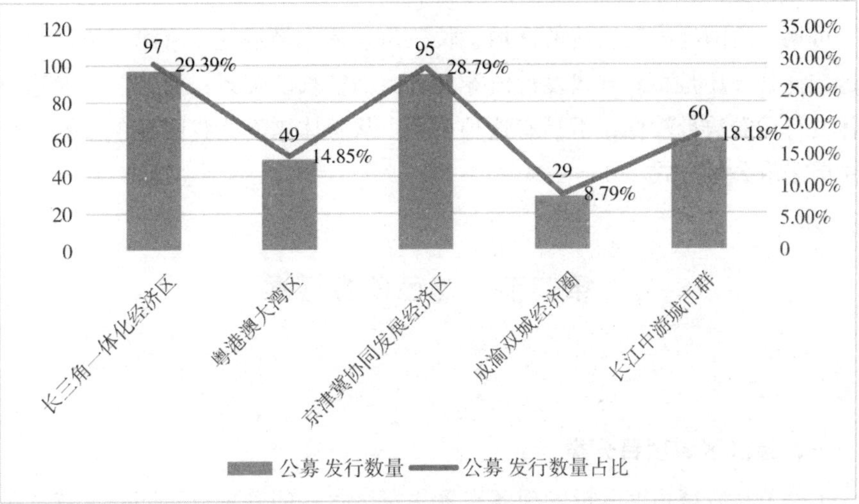

图 5-17 2021 年绿色债券发行方式情况统计按地区分布

各经济区采用私募方式发行债券的数量总体上少于公募发行债券的数量，如图 5-18 所示，除长三角一体化经济区私募债券数量相对公募债券数量有所上升以外，其他经济区私募债券数量都不及公募发行债券数量，尤其是粤港澳大湾区，私募发行债券仅 15 只，占比 6.38%，与公募发行债券数量相比下降 34 只，京津冀协同发展经济区下降 29 只，占比 28.09%。成渝双城经济圈不论私募还是公募，发行债券数量都最少，共计私募 13 只绿色债券，占比不足 10%。

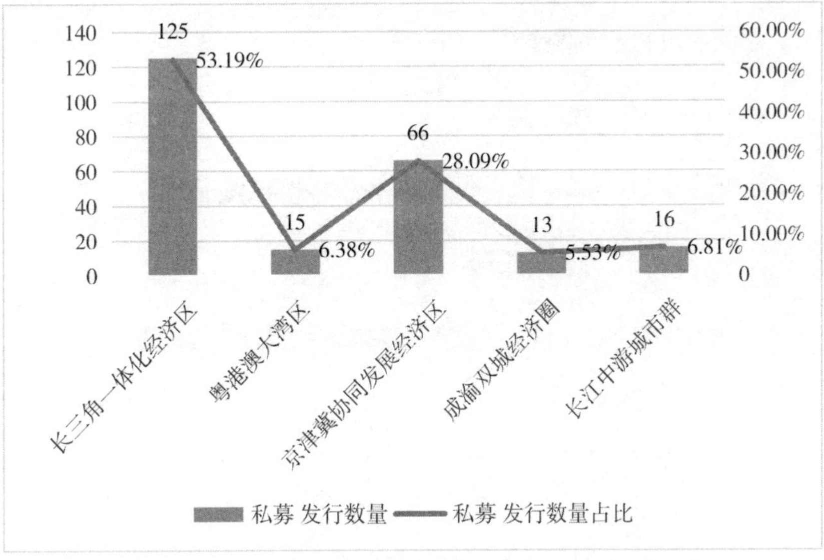

图 5-18 2021 年绿色债券发行方式情况统计按地区分布

可见，我国经济较发达的区域，长三角一体化经济区、京津冀协同发展经济区选择公募还是私募方式发行债券具有此消彼长的关系；而经济欠发达地区总体发行债券数量较低，不具有这种关系。从整体来看，我国绿色债券发行方式主要采取公募方式。

第二节　绿色债券标准

一、经济区域项目分类

上一节从省域角度分析发现各省募集资金投向的着重点不同，本节从区域角度分析五大经济区的募集资金投向。从图 5-19 不难看出，京津冀协同发展经济区、长三角一体化经济区主要将募集资金投向清洁能源产业领域和节能环保产业领域，两大经济区在这两个领域共计发行 219 只绿色债券；粤港澳大湾区着重于投向清洁生产和清洁能源两个产业领域，成渝双城经济圈在清洁生产、清洁能源两个产业领域共发行 23 只绿色债券。长江中游城市群在各个产业领域发行的债券都不多，其中主要将募集资金投向了节能环保产业和基础设施绿色升级产业，共计发行 19 只绿色债券。

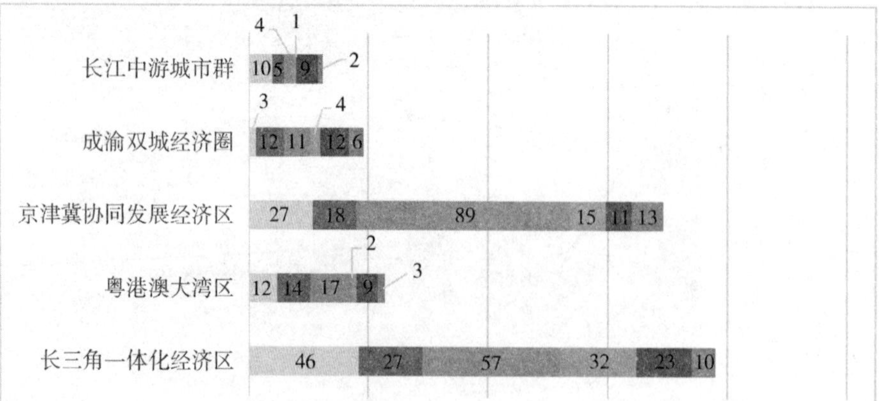

图 5-19　2021 年绿色债券项目分类情况统计按区域分布（单位：只）

从图 5-20 中可以看出募集资金投向六大产业的占比在各经济区的分布情况，其中，京津冀协同发展经济区将募集资金投向清洁能源产业领域的比重为 51. 45%；清洁生产产业占比最多的区域是成渝双城经济圈，占 25%；粤港澳大湾区投向生态环境产业领域的占比最少，占 3. 51%。

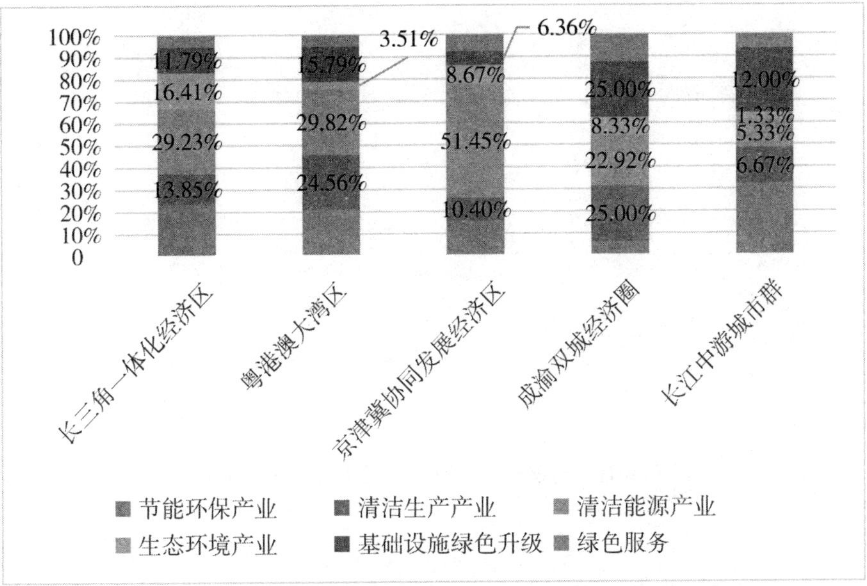

图 5-20　2021 年绿色债券项目分类占比按区域分布

二、经济区域募集资金管理

从图 5-21 可见，各经济区有无专门的资金账户的债券分布是不一样的，长三角一体化经济区有专门资金账户和无专门资金账户的债券数量均排名第一，有专门账户的债券数量共计 137 只，在全国有专门账户的债券总量中占比为 34. 25%，无专门资金账户的债券数量共计 86 只，在全国无专门账户的债券总量中占比为 51. 81%；京津冀协同发展经济区有专门资金账户和无专门资金账户的债券数量均排名第二。粤港澳大湾区发行的 64 只债券中，有 61 只有专门的资金账户，在全国有专门账户的债券总量中占比 15. 25%，3 只不具有专门的资金账户，在全国无专门账户的债券总量中占比 1. 81%；成渝双城经济圈发行的 42 只绿色债券中，有 37 只有专门的资金账户，在全国有专门账户的债券总量中占比 9. 25%，5 只没有专门的资金账户，在全国无专门账户的债券总量中占比 3. 01%；长江中游城市群的 76 只绿色债券中，有 63 只有专门的资金账户，在全国有专门账户的债券总量中占比 15. 75%，13 只没有专门的资金账户，在全国无专门账户的债券总量中占比 7.83%。

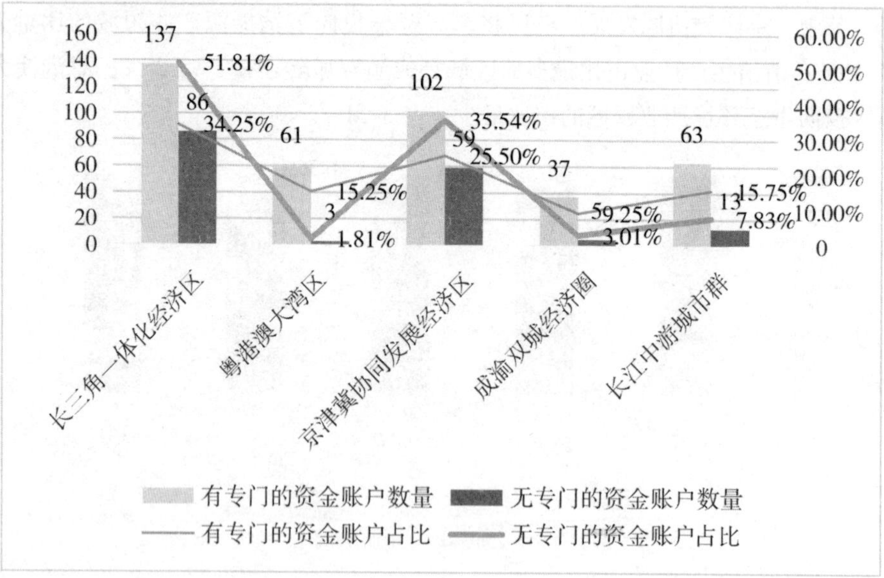

图 5-21　2021 年绿色债券募集资金有无专门资金账户占比情况按区域分布

三、经济区域信息披露

（一）发行前信息披露

如图 5-22 所示五大经济区发行绿色债券的信息披露情况及信息披露占比情况。其中，长三角一体化经济区拥有最多的有信息披露的债券，共计 137 只，比重最大，占 27.67%；京津冀协同发展经济区紧随其后，发行的绿色债券中有 114 只都有信息披露，占 33.43%；长江中游城市群和粤港澳大湾区有信息披露的债券数量最接近，占比均在 15%左右；成渝双城经济圈发行的绿色债券数量最少，披露率在 10%左右。长三角一体化经济区虽然有信息披露的绿色债券数量最多，但没有信息披露的债券也不少，故其披露率并不高。

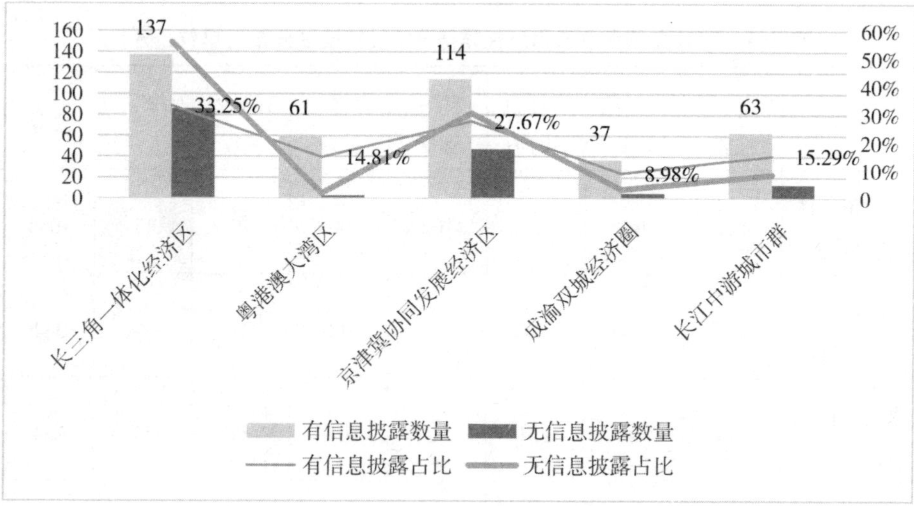

图 5-22　2021 年绿色债券募集信息披露情况按区域分布

1. 评估方法

根据信息披露的内容，仍采用加权评分法对其进行赋值分析。每只债券分值以 10 分为上限，共有 7 项内容，有信息披露的加分，没有的不扣分。根据信息重要程度的不同分为：有信息披露的加 1 分，没有的直接是 0 分；然后在有无信息披露的基础上，如果有绿色效益的加 3 分，没有绿色效益的不加分；有绿色投向披露的加 2 分，没有的不加分；有绿色标准的加 1 分，没有的不加分；有绿色管理内容的加 1 分，没有的不加分；有绿色制度的加 1 分，没有的不加分；有绿色发行人认定的加 1 分，没有的不加分。在图 5-22 统计各经济区发行绿色债券信息披露情况的基础上，计算出各经济区的信息披露得分。

2. 信息披露得分

由表 5-1 可以看出五大经济区发行的绿色债券信息披露最终得分。长三角、粤港澳、京津冀、成渝双城、长江中游五大经济区发行的部分绿色债券达到了其募集资金说明书里面详尽披露绿色债券要求披露的所有内容的要求，并且它们都属于绿色发行人。其中，长三角一体化经济区得分 1054 分，得分最高；京津冀协同发展经济区次之；粤港澳、成渝双城、长江中游的得分均未达到 500 分；成渝双城经济圈发行的较大一部分绿色债券没有对绿色管理、绿色制度、绿色发行人认定进行披露，得分最低。各经济区的各项得分最高的指标是绿色效益指标，故大部分发行的绿色债券都能满足绿色效益。

表 5-1 2021 年绿色债券信息披露得分统计按地区分布（单位：分）

地区	有信息披露	有绿色效益	有绿色投向	有绿色标准	有绿色管理	有绿色制度	有绿色发行人认定	总分
长三角一体化经济区	137	447	182	102	90	79	17	1054
粤港澳大湾区	61	174	26	24	32	23	4	344
京津冀协同发展经济区	114	288	134	82	61	44	11	734
成渝双城经济圈	37	108	60	21	5	7	2	240
长江中游城市群	63	171	80	23	11	17	3	368

（二）存续期信息披露

对存续期的绿色债券的信息披露分析，同样采用加权评分法。由于存续期对绿色债券信息披露的要求较少，所以选取其中的四项进行赋值，其加总分数为 10 分。有绿色债券信息披露的加 1 分，没有的直接是 0 分；有募集资金投向的加 3 分，没有的不加分；有绿色项目进展的加 3 分，没有的不加分；有环境效益的加 3 分，没有的不加分。

根据表 5-2 可以看出 2021 年各经济区发行绿色债券存续期间信息披露的得分情况。2021 年五大经济区的部分绿色债券都做到了存续期信息披露且达到了信息披露内容的要求，其中，长三角一体化经济区得分最高，京津冀协同发展经济区次之，粤港澳大湾区得分达到了 500 分以上，成渝双城经济圈和长江中游城市群相对来说得分较低，成渝双城经济圈在存续期得分依旧最低。由于各经济区发行的债券中满足存续期信息披露及信息披露内容的情况不尽相同，故得分情况也不同。就四项评分标准来说，虽然长三角一体化经济区各项标准得分都最高，但和与其发行数量相差甚远的京津冀协同发展经济区的各项标准得分相比差距并不是很大，说明长三角一体化经济区最终得分受到绝对数量的一定影响，其各项标准的披露率仍旧有待提高。

表 5-2 2021 年绿色债券信息披露得分统计按地区分布（单位：分）

地区	有信息披露	有募集资金投向	有绿色项目进展	有环境效益	总分
长三角一体化经济区	140	418	393	351	1302
粤港澳大湾区	60	168	150	168	546
京津冀协同发展经济区	114	339	315	276	1044
成渝双城经济圈	37	102	87	99	325
长江中游城市群	62	134	156	123	475

四、经济区域环境效益

从图 5-23 可知，各经济区有无环境效益的债券分布是不一样的，长三角一体化经济区有环境效益和无环境效益的债券数量均排名第一，有环境效益的债券数量共计 135 只，无环境效益的债券数量共计 88 只；京津冀协同发展经济区有环境效益的债券数量排名第二，长江中游城市群排名第三。粤港澳大湾区、成渝双城经济圈、长江中游城市群发行的绿色债券中，只有少数债券不具有环境效益，大部分债券都具有环境效益。

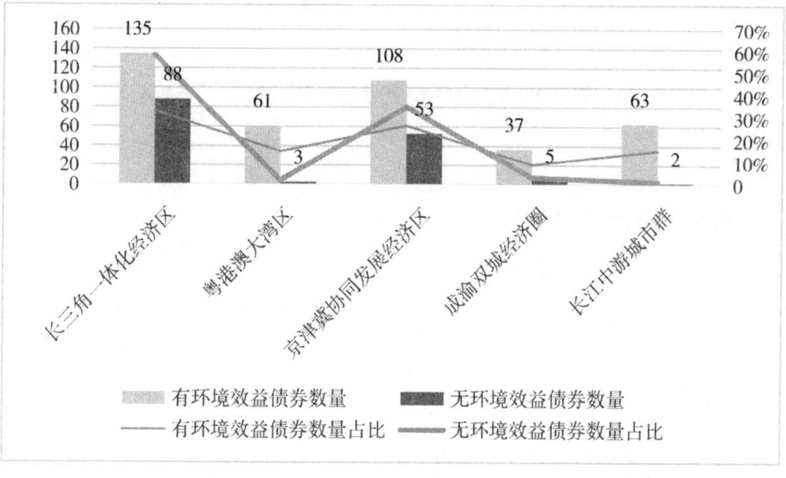

图 5-23 2021 年绿色债券环境效益披露情况按区域分布（单位：只）

第三节 评估与托管

一、经济区域评级机构

从图 5-24 可见，各大经济区基本选择由中诚信国际信用评级有限公司评级债券，长三角一体化经济区选择用中诚信国际信用评级有限公司评级债券最多，共计 54 只绿色债券，占比 34.18%，京津冀协同发展经济区次之；此外，联合资信和上海新世纪在各大经济区的使用频率也相对较高，长三角一体化经济区有 85.14%的债券都由上海新世纪资信评估投资服务有限公司评级；由中建投信托股份有限公司进行债券评级的区域最少，只有粤港澳大湾区由中建投评级 2 只债券。

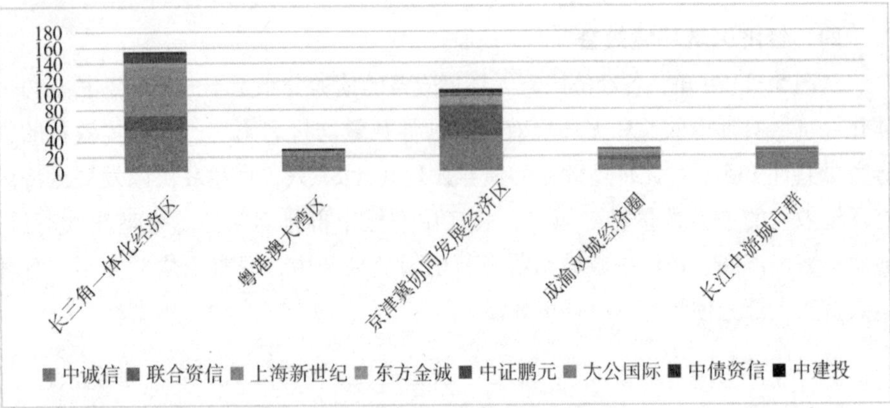

图 5-24 2021 年绿色债券评级机构按区域分布（单位：只）

二、经济区域托管机构

绿色债券托管机构在银行间市场清算所、中国证券登记结算公司和中央国债登记结算公司之间选择。2021 年，有近半数的绿色债券在中国证券登记结算公司托管。在银行间市场清算所托管债券最多的区域是京津冀协同发展经济区，托管债券 76 只；长三角一体化经济区排名第二，托管债券 66 只。在中国证券登记结算公司托管债券最多的区域是长三角一体化经济区，托管债券 122 只。五大经济区在中央国债登记结算公司托管的债券都不多，其中长江中游城市群在中央国债登记结算公司托管最多，托管 32 只绿色债券（见图 5-25）。

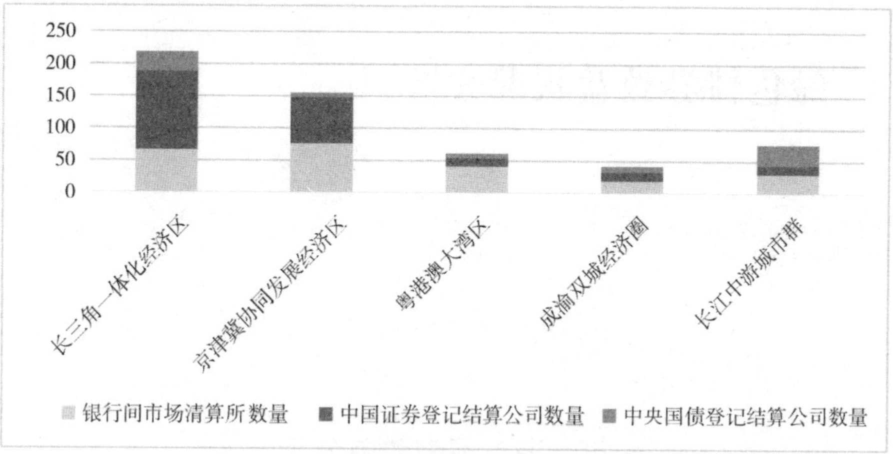

图 5-25 2021 年绿色债券托管机构统计按区域分布

第六章

绿色债券效益状况分析

第一节　经济效益分析

一、高质量项目为绿色债券效益提供了保障

中债登记公司加强了对绿色债券指标的发布要求，通过信息披露，将数据细化到发行人、债券类型、是否为官方贴标、发行规模、用于绿色项目的金额、投入绿色项目数量、第三方认证机构、项目类别、项目总投资、本期债券用于该项目的金额、分领域披露指标量化内容、单位资金环境效益和债券环境效益等。①

数据显示，2021 年我国绿色债券项目迅速增加，绿色债券项目展现出高实业率、高评级率、高债级率特征，这“三高”意味着绿色债券将进一步强化对实体经济的支撑作用。

（一）绿色债券参加评级的项目占比较高

2021 年 8 月《中国人民银行公告〔2021〕第 11 号》，决定试点取消债务融资工具发行信用评级要求。随后，交易商协会发布《关于取消非金融企业债务融资工具信用评级要求有关事项的通知》，在试点期间，取消强制评级要求，进一步降低评级依赖，将企业评级选择权完全交予市场决定。

在绿色债券领域，取消强制评级的政策影响尚未显现。本报告统计数据显

① 王营，冯佳浩．绿色债券促进企业绿色创新研究［J］．金融研究，2022（06）：171-188.

示，2021 年绿色债券发行时有第三方评级的债券数量有 533 只，没有披露评级信息的有 139 只，占全部绿色债券项目的 21%。取消强制评级的政策效果对 2021 年绿色债券发行评级影响较小，政策的影响有待继续观察。

（二）债券评级高，销售顺利

信用评级作为债券市场重要基础设施，发挥着风险揭示与定价、降低信息不对称性及提升资本市场效率的功能，而以违约率检验、级别迁移矩阵和利差检验为主要方法的评级质量检验在评价外部评级结果的有效性、合理性方面发挥着关键作用。①

2021 年绿色债券评级为 3A 的有 340 只，约占公布评级债券数量的 64%；2A 的有 185 只，约占公布评级债券数量的 35%；两者合计达 99%。

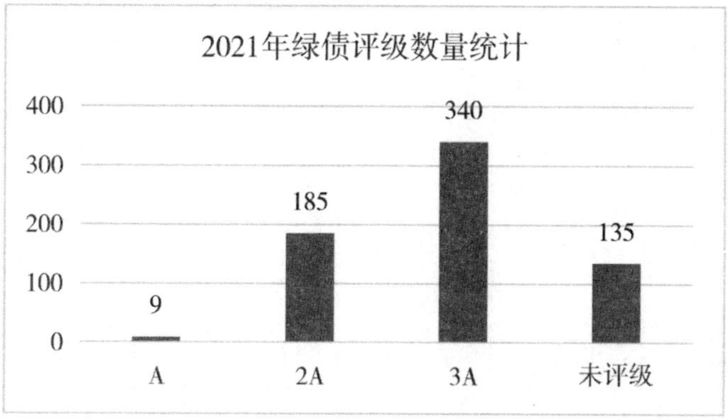

图 6-1 2021 年绿色债券评级情况

全部绿色债券销售顺利完成，高质量绿色债券发行有利于提高项目效益。

---

① 张雪莹，张泽华．中国绿色债券研究述评［J］．金融市场研究，2022（06）：23-29.

表 6-1　2021 年绿色债券与非绿色债券发行利率及发行量统计表

债券类型	时限	全国			AAA 级			AA、AA+级			未评级		
	年	利率	债券数	总规模	利率	债券数	总规模	利率	债券数	总规模	利率	债券数	总规模
		%	只	亿元	%	只	亿元	%	只	亿元	%	只	亿元
绿债	X≤1	2.88	146	1605.3	2.59	83	1290.55	3.49	30	97.14	3.06	33	217.61
	1<X≤2	3.58	52	572.95	3.5	27	421.25	4.96	9	38.17	3.09	17	77.53
	2<X≤3	3.57	239	2388.49	3.44	146	433.55	4.26	57	266.46	2.96	28	103.11
	3<X≤5	4.08	109	685.04	3.41	51	409.89	5.11	37	203.01	3.84	21	22.14
	5<X≤10	4.63	99	531.43	3.36	25	218.3	5.47	52	282.29	3.91	22	30.84
	X>10	2.89	27	173.68	3.42	8	5.28	3.85	1	20	2.6	18	148.4
	合计	/	672	5956.89	/	340	2778.82	/	186	907.07	/	139	599.63
非绿债	X≤1	3.17	28297	328113.44	2.93	13938	217161.98	3.66	1023	34640.36	3.68	1567	31432.93
	1<X≤2	4.2	2625	24934.31	3.87	744	7358.09	5.17	693	2393.91	4.2	851	11559.81
	2<X≤3	4.35	6195	67711.5	3.79	1906	32191.09	4.88	28801	14517.31	4.08	558	13598.2
	3<X≤5	4.53	3777	63630.24	3.88	1013	22163.01	5.02	2185	15671.54	3.71	398	18303.11
	5<X≤10	3.74	1934	86330.54	3.75	380	18789.37	4.65	478	3909.2	3.31	845	49699.24
	X>10	3.73	1064	32258.86	3.89	42	1734.07	4.69	20	136.08	3.71	997	30178.71
	合计	/	43892	602978.89	/	18023	299397.61	/	33200	71268.4	/	5216	154772

资料来源：东方财富 Choice 数据

二、绿色债券与非绿色债券发行成本比较

债券发行的成本一般包括发行利率、中介费（保荐费、承销费、托管费等）、其他费用（登记托管费、宣传推介费）等，对于发行人来说，最大支出部分是债券的发行利率，① 所以，下文的“成本”主要考虑利率因素。

在国内，绿色债券一直被称为有成本优势的债券，2021 年绿色债券发行成本分析如下：

（一）绿色债券发行总体上节约了成本

2021 年我国发行的 672 只绿色债券的总规模为 5956.89 亿元，具有发行成本优势的绿色债券占比为 77%，发行价总体利差 2.09%，按同类同级债券发行费用节约成本 26.65 亿元，按 672 只绿色债券估算，每年可为单个发行人节省财务成本近 400 万元。

以下图中的统计单位：债券期限（年）；利差（%）；节约成本（亿元）。

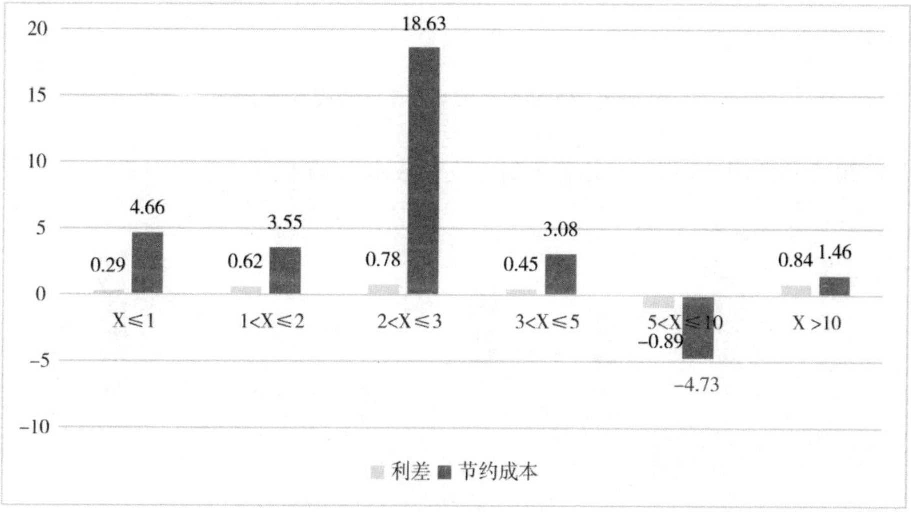

图 6-2 不同期限绿色债券利差和节约成本情况（全国综合）

2021 年全国所有绿色债券发行节约成本约 26.65 亿元。

① 王昊 . 绿色债券、绿色股票与其他主要资产联动性研究［J］. 北方经贸，2022（03）：103-106.

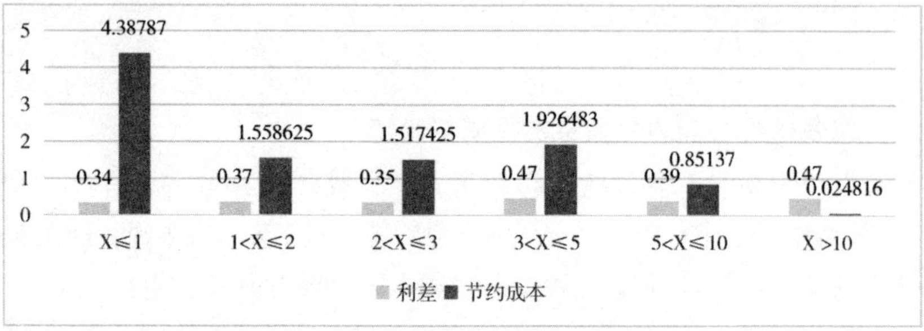

图 6-3　3A 级绿色债券利差节约成本情况

2021 年全国 3A 绿色债券发行节约成本约 10.27 亿元。

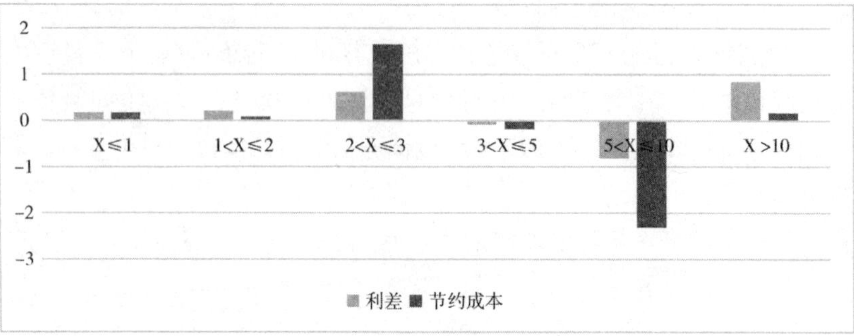

图 6-4　2A 级绿色债券利差节约成本情况

2021 年全国 2A 级绿色债券发行多支付成本 0.43 亿元。

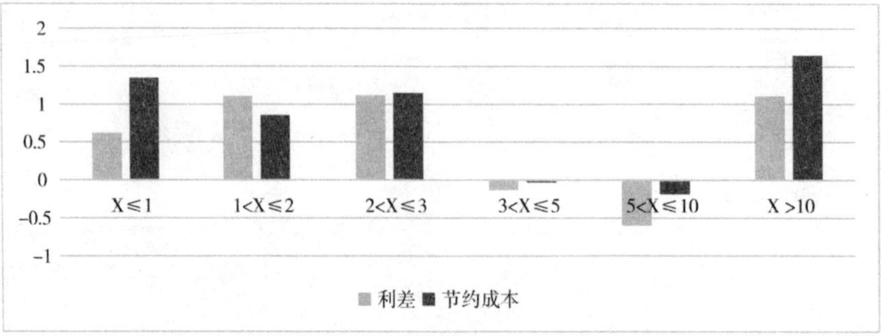

图 6-5　未评级绿色债券利差节约成本情况

2021 年未评级绿色债券发行节约成本约 4.8 亿元。

（二）多品种的绿色债券利率低于非绿色债券利率

1. 低成本的绿色债券情况。在全国范围内，从发行成本来看，1 年期以下绿色债券比非绿色债券利率平均低 0.29%，按非绿色债券利率计，可以节约成本 4.66 亿元；1—2 年期绿色债券比非绿色债券利率平均低 0.62%，按非绿色债券利率计，可以节约成本 3.55 亿元；2—3 年期绿色债券比非绿色债券利率平均低 0.78%，按非绿色债券利率计，可以节约成本 18.63 亿元；3—5 年期绿色债券比非绿色债券利率平均低 0.45%，按非绿色债券利率计，可以节约成本 3.08 亿元；10 年以上期绿色债券比非绿色债券利率平均低 0.84%，按非绿色债券利率计，可以节约成本 1.46 亿元。

2. 高成本绿色债券情况。相比非绿色债券，5 年以上绿色债券的利率反而更高，具体来看 5—10 年期绿色债券比非绿色债券利率平均高 0.89%，按非绿色债券利率计，需要多支付成本 4.73 亿元。

（三）3A 级绿色债券是节约成本的主要品种

以 3A 级债券为标的比较，情况如下（按同级别债券发行规模计算）。

1 年期以下的 3A 级绿色债券比同级非绿色债券利率低 0.34%，节约费用 4.39 亿元；1—2 年期 3A 级绿色债券比同级非绿色债券利率低 0.37%，节约费用 1.56 亿元；2—3 年期 3A 级绿色债券比同级非绿色债券利率低 0.35%，节约费用 1.52 亿元；3—5 年期的 3A 级绿色债券比同级非绿色债券利率低 0.47%，节约费用 1.93 亿元；5—10 年期 3A 级绿色债券比同级非绿色债券利率低 0.39%，节约费用 0.85 亿元；10 年期以上 3A 级绿色债券比同级非绿色债券利率低 0.47%，节约费用 0.02 亿元。

总体来看，政策扶持叠加市场青睐，绿色债券具有一定的融资成本优势。绿色金融债、绿色公司债、绿色企业债和绿色中期票据的加权平均发行利率分别为 2.88%、4.08%、4.41%和 3.44%，较 2020 年分别下降 3bp、77bp、36bp 和 22bp。2021 年 AAA 级别和 AA 级别绿色信用债发行利差中位数分别为 65bp 和 232bp，对应券种的一般信用债发行利差中位数分别为 74bp 和 286bp，AAA 级别绿色债券仍具有一定发行成本优势，但有所缩窄，AA 级别绿色债券发行成本优势较大。

（四）2A 级绿色债券发行并无成本优势

根据统计数据，2A 级绿色债券并没有显示出节约发行成本的优势，总体来看比同类非绿色债券多支付了 0.43 亿元。

三、各区域绿色债券发生成本比较

数据显示，在国内五个经济区中，1 年期以下 3A 级绿色债券在发行时，京津冀协同发展经济区、长三角一体化经济区利率最低，平均利率为 3.11%。成渝双城经济圈的平均利率达 4.75%。

2—3 年期 3A 级绿色债券发行，粤港澳大湾区平均利率最低，为 3.3%；长三角一体化经济区、长江中游城市群的平均利率更高，达 3.64%。

表 6-2　五个经济区绿色债券发行成本比较

平均利率（%）		京津冀协同发展经济区	长三角一体化经济区	粤港澳大湾区	成渝双城经济圈	长江中游城市群
1 年以下	3A	3.11	3.11	3.49	4.75	3.42
	2A	4.3	/	/	/	4.89
2—3 年	3A	3.39	3.64	3.3	3.54	3.64
	2A	3.73	4.4	3.49	4.2	/
3 年以上	3A	/	4.01	/	/	5.03
	2A	/	4.89	/	/	5.71

四、不同行业绿色债券成本比较

表 6-3　不同行业绿色债券成本比较

行业	1 年以下				3—5 年				5 年以上			
	3A		2A		3A		2A		3A		2A	
	利率（%）	数量（只）	利率（%）	数量（只）	利率（%）	数量（只）	利率（%）	数量（只）	利率（%）	数量（只）	利率（%）	数量（只）
运输	2.58	8	4.7	1	3.58	24	4.49	11	3.92	4	5.12	6
能源	2.49	6			3.2	9	5.3	1				
房地产类	2.6	1			3.67	16	4.54	13	4.05	4	5.41	9
服务业	2.57	39	4.2	8	3.46	73	3.75	12	3.85	8	5.73	8
金融	2.79	23	3	20	3.46	45	4.69	33	3.9	4	5.69	20
合计		77		29		167		70		20		43

注：（1）此处服务业包含公共事业、消费服务、媒体娱乐、商业专业服务、医疗卫生；（2）金融包含银行、综合金融、资本品；（3）2—3 年样本只有 31 只，统计忽略。

表中数据显示，五类行业的绿色债券利率基本持平，多在2.6%左右，金融类的绿色债券利率较高，约2.8%。

第二节 环境效益分析

2021年4月，中央结算公司基于人民银行、国家发展改革委、证监会联合发布的《绿色债券支持项目目录（2021年版）》，将行业细分为“203+2”个，针对行业特性设计了30个通用指标和13个特殊指标（见表6-4和表6-5），建立定量分析指标体系。

表6-4 绿色债券环境效益信息披露指标体系（普通指标）

编码	指标	编码	指标	编码	指标
P01	替代化石能源量	P11	氨氮削减量	P21	释放氧气量
P02	节能量	P12	总氮削减量	P22	脱硫率
P03	碳减排量	P13	总磷削减量	P23	年径流污染去除率
P04	氮氧化物削减量	P14	颗粒物减排量	P24	年径流总量控制率
P05	二氧化硫削减量	P15	处理量	P25	达标治理面积
P06	一氧化碳减排量	P16	利用量	P26	林地/草地面积
P07	挥发性有机物削减量	P17	清淤量	P27	绿化面积
P08	碳氢化合物削减量	P18	节水量	P28	保护生物多样性情况
P09	生化需氧量削减量	P19	固碳量	P29	产品/设施的绿色属性
P10	化学需氧量削减量	P20	减少/替代化学农药施用量	P30	服务应用场景

表6-5 绿色债券环境效益信息披露指标体系（特殊指标）

编码	指标	编码	指标	编码	指标
T01	描述治理措施与效果	T06	绿色建筑等级、面积	T10	客运周转量

续表

编码	指标	编码	指标	编码	指标
T02	无毒无害原料生产与替代使用量	T07	海绵城市建设情况	T11	日均客运量
T03	产品或设施的节能减排、资源节约情况	T08	单位时间内车辆停泊数量	T12	建设长度/里程
T04	生态系统保护情况	T09	货运周转量	T13	土地节约情况
T05	防洪等级提升情况				

资料来源：《中债-绿色债券环境效益指标体系描述规范》

指标在设置上突出绿色项目对环境产生的改善作用，包括碳减排量、氮氧化物削减量、二氧化硫削减量、一氧化碳减排量等效益量化指标。

一、环境效益的计算方法

通用环境效益计算公式为：债券投向绿色项目所产生的环境效益=本期债券用于绿色项目的金额×（环境效益信息披露的环境效益/项目总投资金额）。

按在不同行业中绿色债券的发行量，以“亿元”为单位，按单位投入可降低能耗、减少碳排放的估计值计算。以综合金融类绿色债券项目为例，绿色债券融资投资于各类环保项目，其单位资金（每亿元）环境效益综合为四个指标系数：

1. 节能量系数：100.35（吨/年/亿元）；
2. 碳减排量系数：201.30（吨/年/亿元）；
3. 氮氧化物削减量系数：0.35（吨/年/亿元）；
4. 颗粒物减排量系数：0.0065（吨/年/亿元）。

以上换算值来自“中债-绿色环境效益数据库”绿色金融债环境效益信息披露数据。

二、2021 年各地债券碳减排量统计

根据“中债-绿色债券环境效益信息数据库”相关数据，2021 年全国各省份通过发行绿债而达到减碳情况统计数据如下图。北京市绿债碳减排量折算约 4614. 3 万吨，高居首位；其次是湖北省碳减排量折算约 3994. 6 万吨；第三位是浙江省，其碳减排量折算约 2890. 2 万吨。

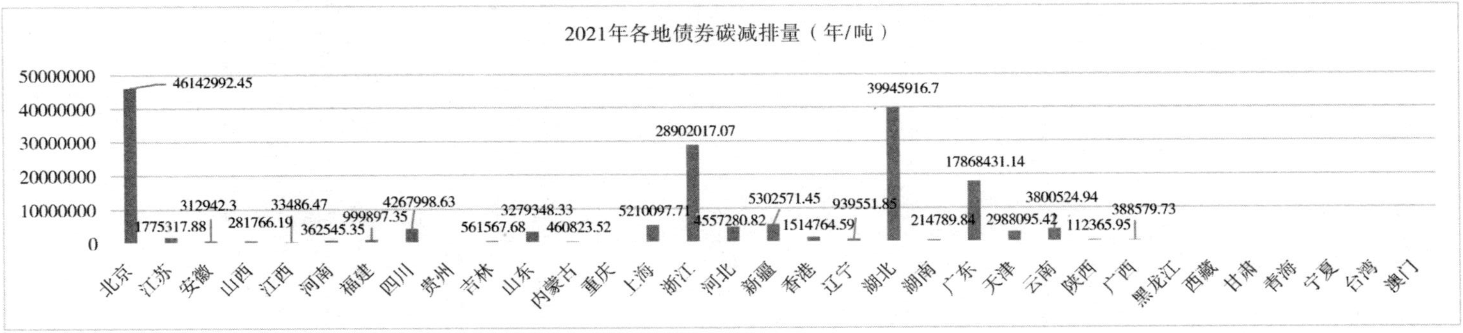

图 6-6　2021 年各地债券碳减排量统计

三、不同行业绿色债券项目的环境效益估算

（一）交通运输类

2021 年发债规模为 492 亿元，按投入规模与环境效益指标系数估算出本类项目相关数据：

1. 节能量约 49372.2 吨/年；
2. 碳减排量约 99039.6 吨/年；
3. 氮氧化物削减量约 172.2 吨/年；
4. 颗粒物减排量约 3.198 吨/年。

（二）建筑住房类

2021 年发债规模为 456.56 亿元，按投入规模与环境效益指标系数估算出本类项目相关数据：

1. 节能量约 45815.8 吨/年；
2. 碳减排量约 91905.5 吨/年；
3. 氮氧化物削减量约 159.8 吨/年；
4. 颗粒物减排量约 2.97 吨/年。

（三）能源类

节能是工业节能项目的主要目标，节能效益可通过节能量定量判别，国家已在相关行业发布计算指南，明确了节能量计算方法，如《节能量测量和验证技术通则》（GB/T28750）、《企业节能量计算方法》（GB/T13234）、《用能单位能源计量器具配备和管理通则》（GB17167）、《节能监测技术通则》（GB/T15316）、《节能项目节能量审核指南》（发改环资〔2008〕704 号）等。

此外，对于重点用能行业，已全面实施节能量审核工作，对于该类领域的工业节能项目，节能量也可依据相关节能量审核及评估报告获取。

2021 年发债规模为 580 亿元，按投入规模与环境效益指标系数估算出本类项目相关数据：

1. 节能量约 58203 吨/年；
2. 碳减排量约 116754 吨/年；
3. 氮氧化物削减量约 203 吨/年；
4. 颗粒物减排量约 3.77 吨/年。

（四）原材料类

2021 年发债规模为 80.55 亿元，按投入规模与环境效益指标系数估算出本类项目相关数据：

1. 节能量约 8083.2 吨/年；
2. 碳减排量约 16214.7 吨/年；
3. 氮氧化物削减量约 28.2 吨/年；
4. 颗粒物减排量约 0.52 吨/年。

（五）服务业（除金融业外）

2021 年发债规模为 2340 亿元，按投入规模与环境效益指标系数估算出本类项目相关数据：

1. 节能量约 234819 吨/年；
2. 碳减排量约 471042 吨/年；
3. 氮氧化物削减量约 819 吨/年；
4. 颗粒物减排量约 15.21 吨/年。

（六）综合金融类

2021 年发债规模为 1982 亿元，按投入规模与环境效益指标系数估算出本类项目相关数据：

1. 节能量约 198893.7 吨/年；
2. 碳减排量约 398976.6 吨/年；
3. 氮氧化物削减量约 693.7 吨/年；
4. 颗粒物减排量约 12.883 吨/年。

综合以上，可以估算 2021 年有数据统计的绿色债券环境效益总数据如下：

1. 节能量约 595186.89 吨/年；
2. 碳减排量约 1193932.44 吨/年；
3. 氮氧化物削减量约 2075.89 吨/年；
4. 颗粒物减排量约 38.55 吨/年。

第七章

绿色债券运行存在的问题及建议

第一节　绿色债券运行存在的问题及原因分析

2021 年，得益于碳达峰、碳中和目标及相关政策利好，我国绿色债券市场迎来跨越式发展。从全国来看，建筑、交通、能源仍然是能源消耗和碳排放重点领域，所在行业的绿色债券是我国实现碳达峰、碳中和目标的关键。①

本年度的绿色债券对实体经济的支持作用明显提高，表现在三个方面：一是工业部门的绿色债券发行量占比持续提升，债券募集资金更多地投入实体企业和项目建设，比如，中国华能、大唐国际、长江电力、国电电力、陕煤集团、柳钢集团、红狮集团首批可持续发展挂钩债券于 2021 年 5 月发行，均为 2 年及以上中长期债券；二是绿色债券发行成本仍然有明显升高；三是绿色债券的期限结构、计息方式增多，更好匹配实体经济的资金需求，比如，"黄河流域生态保护和高质量发展"专题绿色金融债券，采取固息+浮息品种、批发+零售模式、境内+境外市场等方式同步发行。

在金融领域，绿色债券融资能力进一步提升，绿色金融产品工具和发行方式更趋丰富。② 金融绿色债券出现了以下趋势：一是绿色债券评估认证和环境信息披露逐步完善；二是绿色债券募集资金管理模式逐渐统一，激励约束得到强化；三是市场双向开放力度有所增强，比如，2021 年，建设银行在境外发行绿色债券，募集资金用于支持粤港澳大湾区清洁交通、清洁能源领域项目。中国

① 邬隽骁．中国绿色债券指数投资分析［J］．债券，2022（06）：45-48.

② 盛可可，姚萍．基于熵权 TOPSIS 法的私人资本我国绿色债券发展评价研究［J］．中国林业经济，2022（04）：17-21.

农业发展银行面向全球投资者发行国内首单用于森林碳汇的碳中和债券 36 亿元，募集资金用于支持造林及再造林等森林碳汇项目的贷款投放。2021 年 12 月，匈牙利在我国发行了首单人民币绿色主权熊猫债。

这些项目有力地促进了绿色债券市场规范健康发展。但在看到绿色债券各种成果的同时，我们也发现有些方面需要继续改进与完善。

一、全国层面绿色债券运行中存在的问题

（一）绿色债券市场比重有待提升

一是绿色债券在我国债券市场中占比偏低。债券融资方式具有长期性和稳定性的特点，利用绿色债券支持绿色经济发展是国际普遍做法，如 2020 年日本可持续投资中债券占比 50.3%，排名第一。目前，尽管我国绿色债券发展势头强劲，2021 年为 6473.07 亿元，增长率为 123.59%，但截至 2021 年末，我国人民币绿色债券仅约占国内债券市场总体存量规模的 1%，且绿色债券存量规模仅为绿色贷款存量规模的十分之一。

二是部分贴标绿色债券发行冲高绿色债券增速。绿色债券发行时存在部分“漂绿”“洗绿”现象，2021 年的绿色企业债总体涨幅巨大，是 2021 年境内贴标绿色债券市场不容小觑的绿色债券种类。部分“漂绿”“洗绿”现象会造成绿色债券市场“繁荣”假象，长期来看更会严重损伤绿色债券发行企业及所在行业的声誉，加大绿色债券投资者的筛选甄别成本，并对绿色债券市场发展造成负面影响。①

（二）绿色债券发行结构亟须优化

一是绿色债券民营企业、制造业企业参与度低。从发行人性质看，尽管我国出台了多项政策支持民营企业发行绿色债券，但 2021 年我国绿色债券发行主体以国有企业为主，民营企业发行规模较小。② 2021 年共有的 662 只绿色债券发行人中，有 355 家为地方国有企业、200 家中央国有企业、21 家民营企业、2 家公众企业、1 家中外合资企业和 1 家外资企业，地方国有企业和中央国有企业仍占有绝大部分的比重。从所属行业看，能源型（电力供热业、清洁能源）企

① 钟言．推动绿色债券高质量发展［J］．债券，2022（06）：6.

② 王昕平，吴璇，赵姝，张凤林．绿色债券对天津企业作用分析及政策建议——基于对开展绿色项目的天津企业发债情况分析［J］．天津经济，2022（03）：16-20.

业发行绿色债券多，工业等企业发行少，2021 年的行业占比中，占比排名最高的前三名分别是：电力、热力、燃气及水生产和供应业占比 25.47%，金融业占比 18.12%，交通运输、仓储和邮政业占比 17.61%；占比靠后的三名分别是工业、材料业和住宿餐饮业。由此可以看出，绿色债券在推动我国制造业绿色转型升级、绿色发展等方面发挥的作用仍然较弱。

二是绿色债券期限错配。我国绿色债券平均发行时间仍然较短，以 5 年期以下为主，而国际市场绿色债券则多集中在 5—10 年期，这与工业绿色项目实施时间一般较长的现状不匹配，存在期限错配问题。

（三）成本优势不明显，发债动力不足

若不考虑金融债及 ABS，根据历史情况来看，绿色债的发行成本与一般信用债并无明显差别，同期限、同等级的绿色债和信用债一级发行利差通常在 30BP 以下，发行成本上绿色债优势并不明显。但还需考虑到，绿色债通常需要聘请第三方专业机构进行外部评估，对募集资金、募集用途进行严格披露管理，企业发行绿色债的综合成本较一般信用债而言无明显优势。①

一是在发行端免税等支持力度不够。2021 年我国在境内发行的 628 只绿色债券中仅有几只获得免税优惠，而在境外发行的 24 只绿色债券全部获得了免税优惠。二是投资端激励不够。绿色债券规模的快速增长，除了企业要有内生动力，还需要投资者具有投资热情，但是境内投资者由于对 ESG 和绿色投资的了解仍较为有限，缺乏精准的激励政策，导致参与绿色债券市场的热情不高。②

（四）部分第三方机构绿色债券专业评估业务质量有待提高

1. 评级存在虚高成分

本年度参与评级的绿色债券，其评级 AA 级以上达 99%，但 30%的项目运营质量并未持续披露，导致难以对债券发行时的评级做出客观反馈评价。③ 可以判定市场上存在一些企业利用绿色概念，借助国家环境保护战略支持，利用第三方评估评审环节，夸大绿色项目的“正外部性”，使项目的盈利性与安全性被

① 许晨晨，刘文濠．浅析企业发行绿色债券的动因［J］．投资与创业，2022，33（09）：14-16.

② 张语洋．中国境内绿色债券发展现状、挑战与对策［J］．清华金融评论，2022（07）：77-80.

③ 谢宛彤．“双碳”背景下的绿色债券——以 20 武汉地铁绿色债券为例［J］．国际商务财会，2022（08）：75-77.

忽视，则可能导致项目现金流不稳定，难以保证投资者权益。

2. 部分项目存在“伪绿”“漂绿”问题

作为碳排放“大户”，建筑业每年的碳排放占到总碳排放的40%以上。建筑业发行的绿色债券及金融绿色债券支持项目需要开发商持续披露监测数据，便于第三方机构、监管部门持续跟踪评估。但是，2021年相当数量的建筑绿色债券项目并未向管理部门持续披露建筑的减碳、污染物排放、能源消耗、水消耗等数据。涉嫌达不到绿色低碳建筑的标准和要求，可能存在“伪绿”“漂绿”问题。

3. 第三方机构持续尽职不足

绿色债券的发行时评级并不能完全代表债券的质量，发行后的运营情况才是验证债券级别的根本。① 一些第三方机构为了获取绿色债券发行的中介费用，重视发行前的评价，而对后期在低碳减排效益、环境效益的跟踪、验证不足，使相关信息不能充分披露、及时披露。部分评级机构是在企业实际违约的前几天，甚至等到暴雷后才对债券的评级进行调整。跟踪评级的时滞会产生市场信息不对称，使投资者蒙受投资损失。

4. 绿色债券评估市场竞争性不足

债券信用评级可以通过评级公开债券发行人的信用质量和偿债的可靠性，使投资者在做出投资决策前了解拟投资债券的风险程度，同时，债券信用评级促进债券市场建设、提高市场效率。② 从对绿色债券评估情况的省域分析不难看出，江浙地区主要选择中诚信国际信用评级有限公司和上海新世纪资信评估投资有限公司来评级债券，北京有52.70%的债券都由联合资信评估有限公司评级，其他债券分别由上海新世纪、东方金诚、大公国际评级。由此可见，大部分省份都选择由中诚信国际信用评级有限公司评级债券，不得不思考中债资信评估有限责任公司的评估能力与运营情况。培育债券评估机构、规范评估认证机构行为，有利于绿色债券市场健康有序发展。③

（五）金融机构在绿色债券服务中尚未形成高效体系

2021年末，绿色信贷、绿色债券余额分别为15.9万亿元和1.7万亿元。其

---

① 陈婉．中国绿色债券市场有了《原则》，有了标准［J］．环境经济，2022（14）：34-37.

② 郭栋，周鹏，类承曜．绿色债券指数投资的避险功能发现——以中、欧、美市场为例［J］．债券，2022（07）：26-40.

③ 宋瑞波，耿子扬，赵广志．“双碳”目标下我国碳资产债券的创新研究［J］．金融市场研究，2022（11）：48-57.

中，绿色信贷以对公贷款、基建类和能源类投向、大中型银行、东西部区域为主；绿色债券发行人以地方政府、金融机构、公用事业行业为主。

仔细观察绿色信贷项目，国有股份制银行发力较多，民营股份制银行支持的力度和规模较小。① 从信贷占比上看，截至 2021 年末，工行、农行、兴业绿色信贷占比较高。

从金融业务上看，目前形成完整的绿色金融产品体系的银行较少。从公开信息来看，兴业银行推出了完整的绿色金融服务体系，江苏银行推出了行业专项和特定服务模式的绿色融资产品。其他银行的绿色债券服务体系特征不明显。

（六）民营企业参与绿色项目较少

2021 年度绿色债券发行主体主要有三类——金融机构、国有企业和地方政府，基本形成三足鼎立的局面。

数据显示，多数地区民营企业发行绿色债券的规模与数量偏低。② 2021 年，江苏省发行绿色债券数量在总体绿色债券数量中的占比最大，达到 20%以上，浙江和广东省占比达 10%以上，其余省份未达到 10%。

进一步严格划分，“实质绿”债券项目中，民营企业发行数量在总发行只数中的占比不足 6%，地方国有企业约占总发行只数的 60%，中央国有企业占总发行只数的 37%；从发行规模看，国有企业募集资金规模约占总发行规模的 97%，其中中央国有企业约占总发行规模的 57%，地方国有企业约占总发行规模的 40%。

二、区域层面绿色债券运行中存在的问题

（一）绿色债券发行额在经济区域之间存在明显差异

在所采集的五个经济区中，京津冀协同发展区发行绿色债券总额最高，达到 2817 亿元；成渝双城经济区发行绿色债券总额为 280 亿元。如图所示。

巨大的债券发行差额意味着，北方地区传统重工业区的环境污染严重，需要更多的资金投入进行减碳降排；同时意味着该区域面临着产业升级替代艰巨

① 李俊玲．我国绿色债券市场发展探析［J］．当代县域经济，2022（05）：83-85.

② 杨琰．国际绿色债券发展经验及其对“一带一路”国家的启示［J］．长春金融高等专科学校学报，2022（02）：5-11.

任务。①

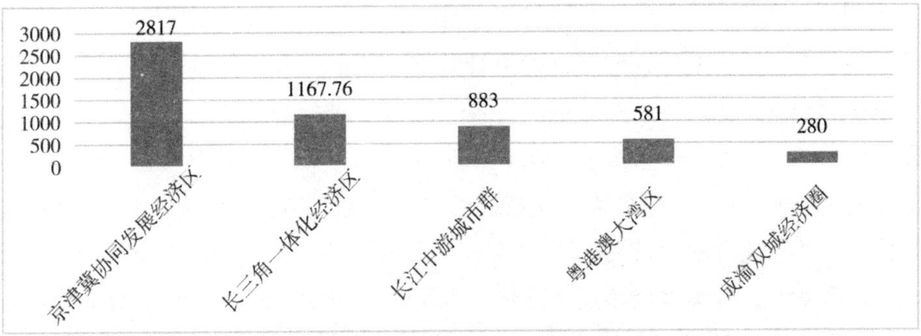

图 7-1 不同经济区之间绿色债券发行量差异较大（单位：亿元）

数据还显示，中西部地区绿色债券发行规模偏低。2021 年发行绿色债券数量占比达到 5%以上的省份有五个，分别是江苏、北京、上海、广东和浙江，其余省份发行量占比较低。由此看出，东部地区绿色债券发行金融总体偏高，中西部地区绿色债券发行明显偏低，其中，河南、河北、安徽等工业大省绿色债券发行数量偏低，与当地产业发展水平明显不匹配，支持产业发展力度明显不足。

考虑国家“30·60 双碳目标”紧迫性，我国传统重工业产业需要更科学、更合理的规划布局和政策支持。②

（二）多地区绿色债券资金投向较为单一

虽然各省产业结构有所不同，但是也多会涉及节能环保、清洁生产、清洁能源、生态环境、基础设施绿色升级、绿色服务等领域，但是目前来看多省份募集资金投向较为单一的领域，尤其是清洁能源领域。③ 从数据中不难看出，北京、浙江、上海、天津、湖北、福建都着重于将募集资金投向清洁能源领域，江苏着重于投向节能环保和清洁能源两个产业领域，各地还需积极鼓励与支持多领域企业发行绿色债券。④

① 黄旦红．企业发行绿色债券融资问题思考分析［J］．财经界，2022（11）：14-16.

② 李琪．绿色债券拓宽绿色低碳融资渠道——中国银行业绿色低碳金融产品创新系列典型案例［J］．中国银行业，2022（08）：90-92.

③ 王明栓．企业发行绿色债券融资效应研究文献述评［J］．产业创新研究，2022（15）：151-153.

④ 胡中文．碳中和目标下绿色债券的经济效应研究［J］．生产力研究，2022（06）：138-144.

（三）地方绿色金融债发行动力不足

绿色金融债的发行，可以改善银行的资产负债配置，能让银行获得低息的大规模的负债，支持我国产业绿色发展，但目前绿色金融债总量偏低，且地方发行较少。① 从发行数量来看，2021 年 28 个省份共发行 110 只绿色公司债、73 只绿色企业债、159 只绿色资产支持证券、292 只债务融资工具、253 只其他绿色债券，而绿色金融债只发行了 28 只。同时数据还显示，2021 年北京市发行 8 只绿色金融债，募集资金超过 800 亿，占比超过 70%，发行金额与数量均居于首位，除此外仅有 11 个省份发行绿色金融债，共计 20 只，发行规模与数量均偏低。众多中小型商业银行对绿色信贷投放的管理、评估能力相对较弱制约着银行采用绿色金融债的方式为绿色信贷募集资金，与此同时，政府对银行发行绿色金融债的正向激励仍较少，也造成银行发行动力不足。

（四）部分地区低碳激进，缺乏前瞻性产业规划与引导

近两年在“双碳目标”的指引下，我国加紧了对绿色项目的顶层设计，主要表现在法律、法规的持续健全和完善，地方政府的积极响应和实体企业绿色产品种类的创新。②

但在顶层设计的落实中尚存在改进之处。比如，以经济区为单位的绿色债券项目规划和协调不足；③ 片面强调削减本省（本区）的高碳产业，对低碳产业发展迷茫、缺乏宏观把控；单纯在生产领域推进减碳、低碳环保导致经济效益负增长；环境保护与经济民生改善顾此失彼等。

（五）地方对绿色债券项目绩效监督和披露不够

绿色债券披露的多方面信息已经成为投资者关注的重要内容，2021 年数据显示，我国仍有 25%以上绿色债券未披露环境效应等信息，而披露相关信息的绿色债券也存在披露不规范、不完全等问题，导致绿色债发行方与投资者存在一定的信息不对称，挫伤投资者投资积极性。

---

① 李馨岚．旭辉控股集团发行绿色债券融资案例分析［J］．中国农业会计，2022（04）：85-86.

② 行伟波，刘宏俐．绿色金融债券环境效益信息披露研究：现状、问题及对策［J］．债券，2022（08）：11-15.

③ 陈志远，郭凯，闫实．我国绿色债券发行利差及影响因素的实证研究［J］．地方财政研究，2022（04）：92-104.

综合来看，绿色债券信息披露不足主要表现在以下几方面：

1. 绿色数量认证不足

在对信息披露政策进行梳理后可发现，绿色企业债无须进行第三方评估认证，其他品种绿色债券仅鼓励进行第三方认证。① 因此在2021年以数量计算，我国仅有48%的新发绿色债券进行了第三方评估认证。

2. 绿色认证标准不一

国内现有第三方认证机构的认证标准不统一，评估认证质量参差不齐，信息缺乏横向可比性，市场公信力相对不足，与国际成熟机构相比仍有较大差距。②

部分绿色债券项目“绿色”的真实性问题存疑。对于绿色项目环境效益的衡量缺少相关的环境绩效评价标准，缺乏定量分析指标体系，难以实现环境效益的可计量、可核查、可检验，部分绿色债券项目真绿、伪绿争议较大，对绿色债券市场健康发展带来负面影响。

3. 绿色债券绩效披露不足

披露标准不一。在披露环节，即便是同一家发行机构，对不同债券的披露方式也有所不同，有的严格对应绿色项目目录，有的则粗略描述项目信息，披露方式不规范，缺乏统一性、可比性。③

测算方法不透明。2018年中国人民银行印发《绿色金融债券存续期信息披露规范》，鼓励发行人在年度报告中披露环境效益的测算方法或评估机构。披露测算方法便于监管机构及市场识别环境效益信息的真实性与科学性，但从本文统计的披露信息来看，几乎所有债券都未披露环境效益信息的测算方法。

选择性披露、数据匮乏。多数发行机构在披露环境效益信息时多用文字描述，较少使用数据。在已披露环境效益信息的债券中，共涉及45项指标，从定性描述指标来看，披露原文对相应的内容描述较为粗略，除了保护生物多样性情况、产品/设施的绿色属性、防洪等级提升情况、描述治理措施与效果、生态系统保护情况等较难量化、宜作定性描述的内容外，对产品或设施的节能减排、资源节约情况等可进行量化处理的指标也基本是定性描述，缺乏定量描述。④

环境效益披露重复统计。在绿色债券绩效披露报告中，超过20%的债券采

① 曹玉瑾．我国绿色债券的ESG效益正在逐步显现［J］．中国投资（中英文），2022（Z6）：36-37.

② 张宁昕．绿色主权债券的国际经验及启示［J］．时代金融，2022（09）：22-26.

③ 王梓．低碳转型企业绿色债券融资分析［J］．绿色财会，2022（09）：22-24.

④ 陈霞．绿色债券发行与企业投资行为研究［J］．中外企业文化，2022（09）：59-61.

用汇总方式对环境效益信息进行披露，且存在总揽与细分指标重复统计，部分在汇总披露部分已经披露过的指标，在分领域披露时再次出现，不能真实反映项目的具体环境效益情况。①

三、绿色债券运行存在问题原因分析

（一）全国层面绿色债券存在问题分析

1. 我国绿色债券地区间发行规模差异较大原因

区域间发行规模差异较大的原因可能在于不同地区的经济发展水平、行业发展历史有关系。②

比如京津冀地区，河北是传统的重工业强省，在转变以钢铁产业为支柱的产业结构变迁中，节能、降碳、减排的任务更重；北京市则聚集了众多的国有企业，在“30-60 双碳目标”的重大经济行动中，体现了责任与担当；天津市提出打造科技新高地，与京津冀协同发展。

2. 我国绿色债券规模比重较小原因

按 2022 年 1 月汇率 1 元人民币 = 0. 15726 美元计算，2021 年我国绿色债券发行额折合美元 1017. 95 亿美元，本年度全球绿色债券年度发行总量约 5130 亿美元。我国绿色债券发行规模高居世界第二。

需要扩大绿色债券发行规模的原因在于：和我国国内债券总规模比较，绿色债券的规模比重较小，需要提升。

实际情况是我国的绿色债券发展刚刚六年，但时间较短、起步晚，数量扩张需要一个科学、有序、持续、稳定的发展过程。

3. 我国绿色债券的发行结构单一的原因

我国绿色债券融资的投向比较集中。2021 年，中国绿色债券市场募集的大部分资金（88. 3%）投向了可再生能源、低碳交通和低碳建筑领域。其中，用于可再生能源的募集资金增长了 3. 6 倍至 413 亿美元（2664 亿元人民币），占 2021 年中国绿色债券市场整体募集资金（境内外）的 60. 6%。募集资金用于可再生能源用途的最大发行交易来自国家开发银行、国家电网和国家电投。

绿色债券品种不足。本年度绿色债券的品种主要为节能降碳的传统行业绿

① 吴世农，周昱成，唐国平．绿色债券：绿色技术创新、环境绩效和公司价值［J］．厦门大学学报（哲学社会科学版），2022，72（05）：71-84.

② 邵廷娟．法国绿色国债的发行特点与借鉴意义［J］．债券，2022（09）：40-44.

色债券。“碳中和债券”是银行间市场交易商协会落实中央碳达峰、碳中和绿色发展决策部署推出的重要创新产品。①“气候债券”“蓝色债券”还待开发。

绿色债券衍生品缺乏。我国绿色债券的衍生品几乎是空白。这与我国的经济结构、工业产业发展情况、金融市场有较大关系。

4. 部分第三方专业评估机构业务质量不足原因

第三方评估存在不规范、业务处理不严谨现象，导致外部评估不能对信息披露效力形成正向增进，这也是造成信息披露质量不高的重要原因。

目前，国内绿色债券的外部评估市场仍处于发展初期，有效监管机制未完全建立，发行人收费模式刚刚转变，评估的独立性仍有不足，专业的绿色评估人才欠缺，这些因素都导致外部评估市场不规范，不能有效地为绿色债券提供增信。

（二）省域层面绿色债券存在问题分析

对绿色债券的省域运行分析中发现，各省在绿色债券发行情况、绿色债券标准、绿色债券评估与托管情况方面都存在差异，这不仅导致了绿色债券市场运行的区域不均衡，更影响了发展绿色债券所带来的环境效益和经济效益。② 故继续从省域角度对绿色债券在市场运行过程中存在的问题进行分析与讨论仍十分有必要。

（三）经济区域层面绿色债券存在问题分析

从对绿色债券的经济区域运行分析不难看出，长三角、京津冀、粤港澳、成渝、长江中游城市群五大增长极的绿色债券运行情况也各不相同，这对发挥五大增长极在我国东西南北中五大经济发展核心引擎的功能、推动我国区域发展战略、促进我国经济社会发展，进而早日实现碳达峰碳中和的目标是大大不利的。从经济区域角度对绿色债券在市场运行过程中存在的问题进行分析与讨论。

1. 绿色债券区域发展不平衡

一是从总量看，成渝双城经济圈与粤港澳大湾区绿色债券发行规模偏低。2021 年粤港澳大湾区、成渝双城经济圈发行金额均不足 500 亿元，不足京津冀地区绿色债券发行额的 25%，表明两区域对绿色债券的运用不足。二是从企业性质看，京津冀协同发展区与成渝双城经济圈民营企业绿色债券发行不足。在

---

① 伍星星．纳入央行考核对绿色债券发行利率的影响研究［J］．黑龙江金融，2022（09）：74-77.

② 佟巍，赵一然，王妍，文佳妮．绿色债券发行降低债务融资成本研究——来自非国有上市公司的经验证据［J］．时代金融，2022（10）：89-95.

剔除央企后，2021年京津冀协同发展经济区绿色债券发行金额由2817.41亿元降至147.62亿元，成渝双城经济圈发行金额不足200亿元，两区域对民营企业发行绿色债券的重视度明显不足。

2. 部分经济区资金投向清洁产业较少

传统工业需要从源头削减污染，提高资源利用效率，减少或者避免生产、服务和产品使用过程中污染物的产生和排放，而且此类行业与新能源等行业相比，融资更为困难。① 而目前来看，京津冀协同发展区与长江中游城市群募集资金投向清洁生产产业的占比分别为10.4%、5.7%，低于其他经济区，这与其区域产业发展程度并不匹配，需加以改善与优化。

3. 部分区域对绿色债券管理能力亟须加强

在我国绿色债券信息披露情况向好发展的背景下，一些区域绿色债券信息披露情况却有待提升。对长三角、粤港澳、京津冀、成渝双城、长江中游五大经济区信息披露得分统计发现，粤港澳、成渝双城、长江中游的得分均未达到500分，远低于长三角一体化经济区得分1054分，尤其是成渝双城经济圈发行的较大一部分绿色债券没有对绿色管理、绿色制度、绿色发行人认定进行披露，得分最低。随着绿色债券的发展，投资者对绿色债券信息披露的要求与需求亦会大幅提升，若不得以重视，粤港澳、成渝双城、长江中游区域的绿色债券对投资者的吸引力或会下降，因此三大经济区域需加快提升对绿色债券的管理能力，提升绿色债券信息披露率。

第二节　绿色债券发展的建议

一、全国层面绿色债券发展的建议

（一）完善运营机制，保证绿色债券成本优势，稳步扩大发行规模

1. 保证绿色债券发行具有合理的低成本

绿色项目的发展离不开政策支持，政策的支持和激励是有效提升市场主体

① 何迎新．中资离岸绿色债券发展现状及监管政策建议［J］．现代金融导刊，2022（06）：27-30.

参与绿色债券市场建设的积极性的重要因素。①

（1）财税政策支持

细化、落实国家财税支持政策。通过发行人绿色债券发行额度或绿色主营业务占比等指标设计政府财政补贴和税费减免等奖励，降低绿色债券发行企业融资成本。②

创新财政支持工具。以综合利用贴息、财政补贴、设立绿色债券投资基金等多种优惠政策支持绿色债券发展。

（2）金融政策支持

对绿色项目低息或贴息，多渠道降低发行人融资成本，抵消绿色债券项目运营中比非绿色债券项目多支付的费用。当前的关键是将金融领域的支持政策做细、夯实，消除不良贷款顾虑，传导到金融一线单位，真正激发低碳减排者参与绿色债券市场的积极性。

（3）制度创新与业务创新

制度创新。创新绿色债券评估办法、创新运营管理制度，在绿色债券运营各环节节约成本。③ 比如，对发行人绿色债券发行数量、存续期资金用途、信息披露及风险管理等指标，通过标准化程序，减少营销费用、中介费用、管理费用。

业务创新。积极拓展绿色债券抵押业务，提高绿色债券的市场流动性，能够有效提高投资者综合投资收益，有利于绿色债券加快发展。鉴于此前央行将绿色金融债纳入货币政策操作的合格抵押品范围等政策，提高了商业银行绿色资产的可质押性，后续可以进一步扩大应用范围或增强力度。

2. 科技引导，提高绿色债券效益，增加绿色债券发行动力

实体方面，半导体、光伏、新能源汽车；软件方面，区块链、大数据、云计算等均是绿色项目核心元素，从某种意义上讲，绿色项目代表着先进科技的发展方向。加强创新科技成果的转化，引导低碳减排项目提高经济效益和环境效益是扩大绿色债券发行规模的必由之路。

3. 增加绿色债券发行，但要力戒“运动式低碳减排”

坚持有序发展、反对少研究、无方案、喊口号、跟风表态，反对一哄而上，

---

① 武昕悦，周咏梅．绿色债券发行动因及效果的案例分析［J］．商业会计，2022（19）：102-104.

② 冯果，吕佳欣．绿色债券募集资金用途异化的法律防范——以信息披露制度完善为中心［J］．河北法学，2022，40（11）：72-88.

③ 郭沛源，安国俊．中国绿色债券市场的最新发展［J］．世界环境，2022（05）：31-35.

纠正运动式“减碳”。在“双碳”目标引领下，坚持先立后破，有效遏制“两高”项目盲目发展，正确认识和把握国家战略背景下的“双碳”目标。

（二）探索创新机制，丰富绿色债券市场品种，充分发挥债券功能

针对国内绿色债券市场品种单一问题，需要不断创新品种、结构和用途，达到丰富绿色债券项目种类，支持各类行业和企业高绿色发展、可持续转型发展的目的。①

从 2021 年绿色债券市场整体进展来看，绿色债券品种创新为绿色债券市场注入了新的活力。未来，可结合新发展阶段的绿色、低碳、可持续发展战略目标和市场低碳转型资金需求，进一步推动绿色债券品种创新，引导市场机构参与绿色债券市场建设。

1. 绿色债券品种创新。如针对应对气候变化目标和蓝色经济战略规划，进一步完善“碳中和”债券发行与运营监督，出台“气候债券”“蓝色债券”等创新债种业务指引，明确其注册发行管理机制，并为市场机构参与多品种绿色债券发行实践提供项目筛选、信息披露以及环境正向效益评估参考依据等。

2. 绿色债券衍生品创新。探索出台绿色供应链资产支持证券化产品发行指引，创新绿色资产支持的证券衍生产品。② 比如，引进债券的期权、期货交易，降低投资门槛，扩大专项资金来源，增加投资者数量，优化项目收益分配机制等多种方式为绿色核心企业服务，协同上下游支持单位提供融资支持。

3. 区域绿色债券特色创新。为各地区不同的融资主体打开适合其融资属性的融资方式。比如，尝试发行区域特色绿色债券，根据各区域的人文环境、经济结构、行业特点，推出区域绿色债券，优化地方政府专项绿色债券投向结构，提升企业对绿色债券的认知和运用该工具实现融资配置的能力，引导金融资源向绿色领域配置、支持本地传统行业向低碳转型发展。

（三）完善激励机制，物质与精神奖励并重，调动主体积极性

除了政策支持，还需要继续完善激励机制。鼓励更多企业参与发行绿色债券，更多投资者投资绿色债券。

---

① 吴凤菊，刘润宇，李牧阳．关于“自上而下”绿色金融模式的思考［J］．会计师，2022（08）：13-15.

② 蔡张炀．我国绿色债券市场问题成因与对策［J］．现代营销（上旬刊），2022（11）：52-54.

1. 发行人与投资者的激励

相关部门可以通过优化评价措施、出台奖励办法等方式激励更多的发行人发起绿色债券项目，更多的投资者购买绿色债券。① 如全国范围内对银行业金融机构按季开展绿色金融评价，对于优异者给予一定奖励，提升金融机构开展绿色债券投资业务的动力。各地方政府可以给予投资人相关政策的优惠或者奖励措施，并积极宣传绿色债券的发展前景与投资价值，激发投资者投资意愿。

2. 样板项目激励

积极推广实验区先进发展经验。目前，我国已设立了六省九地绿色金融改革创新实验区，在实验区对优秀项目或先进经验，可按其发行金额的一定比例进行奖励或补助，对绿色债券潜在风险进行精准补偿等。

3. 精神激励

除了物质方面，还可通过线上线下媒体宣传、评论等精神激励助力企业绿色负责任品牌形象建设，提高项目企业的软实力。比如，绿色证券市场相关监管部门可联合财政和金融监管部门，从降低融资成本和品牌声誉建设两个维度激发市场主体参与积极性，进而引导更多资金参与绿色、低碳市场建设。

通过物质奖励、精神激励，调动发行人、投资人、中介机构三端主体的积极性。

（四）完善监管体系，推进绿色债券标准化

1. 进一步细化绿色债券项目标准

中国人民银行、国家发展改革委、证监会于 2021 年 4 月联合印发《绿色债券支持项目目录（2021 年版）》（以下简称《目录》），统一了国内绿色债券支持项目和领域，覆盖能源、制造、建筑、交通、固体废物和林业六大领域的 61 项主要经济活动，积极推动绿色债券标准与国际接轨。②

《目录》只是对项目范围进行了定性约束，在绿色债券项目实践中，还有一个定性向定量发展的过程，更细分的项目内容、项目指标等还需做更多的探索和总结。

2. 推进环境效益信息测算方法的标准化

绿色债券项目对环境效益信息披露不足的原因：一是环境效益信息的量化、

---

① 董叶超，秦霄，周放．我国绿色债券发展经验对转型债券支持政策的启示［J］．金融市场研究，2022（11）：58-63.

② 闫贵壮，金兵兵，马小林．环境信息披露对绿色债券信用利差的影响——基于“实质绿”的实证研究［J］．征信，2022（11）：78-84.

测算对操作人员的专业性要求高；二是环境效益数据权威性不足，缺乏公认的算法的标准化。因此，即便披露了量化效益的项目，其准确性也难以核实，验证其真实性的难度较大。

针对以上情况，管理部门可以攻关难题形式，向社会征求不同行业的绿色债券项目环境效益更科学的统计、测算、核算方法，使环境效益量化系统化、标准化，活动更加便捷实用，并在实践中不断更新的绿色债券指南、标准和方法。

3. 加强绿色债券定性、评级的严谨性

（1）以“属性”界定为第一指标。“绿色”的属性要求实现节能、清洁等国家环境保护战略，以社会整体福利的“正外部性”为主，兼顾经济效益。而“债券”的属性则重于资本的盈利性与安全性。

（2）以“安全性”为第二指标。绿色债券项目只要大概率达到资金的安全（保本）保证，就达到基本目的。事实上，很多绿色项目直接增加了企业的运营成本或管理成本。

（3）以“盈利性”为第三指标。在绿色债券评级依据中，“盈利性”只能排在安全性之后，因为绿色项目不能用高风险、高收益理念引领。

（4）加强项目中期、后期的评级验证。结合金融科技手段构建严格透明标准统一的监管体系，加强后续信息披露，保证绿色债券评级的“真实性”和“时效性”。比如，定期审查和披露绿色项目的资金用途、项目收益和环境效益等情况；着重评估是否存在由于环境气候变化或社会事件导致资产价值受损的潜在风险；关注公司是否存在“关联方交易”，以防公司通过关联渠道“洗”掉绿色资金的定向用途，从而套现牟利。

4. 加强对第三方机构评级客观性监管

（1）改变付费模式有利于客观评级。2021 年 3 月，央行等五部门就提高信用评级质量、降低高评级主体比例、扩大投资人付费评级发布相关通知，取消了对债券发行时的强制评估，引导评级机构更多从投资人角度出发揭示风险。这一举措有利于第三方机构对债券评级的客观性。①

（2）通过事后验证，对第三方机构评级的准确与否进行监管。区域监管部门可以在以下环节进行事后验证，加强对第三方机构的约束。比如，在绿色债券发行时，多数发行人还会聘请第三方机构进行外部评估，由于盈利模式问题，

① 周游．中国绿色债券市场与股债市场的风险溢出效应研究［J］．中国商论，2022（20）：100-104.

并不能绝对公平公正地对发行人及项目作出合理评估；在绿色债券运营期，债券信用评级调整依然存在时滞，主要原因在于评级机构往往很难从资质较差的项目中获得真实信息；在绿色债券项目结束时，对环境效益的评估仍以定性居多，部分指标难以量化，导致信息得不到及时公开；在社会层面，第三方机构未建立项目、发行投资者之间有效的信息联通渠道。

5. 约束发债主体对绿色债券绩效信息持续披露

一个更加公开、透明、高效和开放的绿色债券市场是吸引更多投资人、降低发行人的综合成本，促进绿色债券的境内外发行与投资的前提，也是国内各绿色债券项目运营不可或缺的基石。

（1）强制信息披露制度。建议监管部门严格执行系统的、标准的绿色债券经济效益指标、环境效益评估方法和信息披露模板，约束绿色债券主体公开环境效益计算方法，规范环境效益信息披露流程，使信息披露制度化、硬约束。

在实践中完善中央结算公司发布的中债—绿色债券环境效益信息披露指标体系，对 205 个绿色行业设置 43 类环境效益指标进行实践验证，反馈效果，提高信息披露水平。

（2）建立分布式数据库。在以中央结算公司为代表的中心化数据库基础上，放宽政策，推出以第三方机构为集群的分布式数据库，助力各项目的经济效益、环境效益持续、公开、规范地披露，同时，借助金融科技手段不断提升信息披露透明度，促进投资者及全社会对绿色债券环境效益的关注与认可。

（3）增加信息披露平台，便于公众查阅。以绿色债券的环境效益为例，当前绿色债券的环境效益主要公布于中央结算公司网站平台的“中债—绿色债券环境效益信息库”，数据并不公开，查阅不便。

建议绿色债券相关的环境效益数据多渠道公布，以利于投资人、公众获取更多、更便捷的信息。

（五）健全金融服务体系，促进绿色债券项目建设

引导金融机构完成绿色债券服务体系。制定绿色金融科技发展规划，加强对绿色金融科技的资源投入。制定金融科技推动绿色金融发展战略、重点任务以及保障措施，建立绿色债券专项服务体系，推进相应的体制机制、人才队伍、技术储备创新发展。

借助金融科技优化 ESG 数据库和评价的服务能力。建议金融机构运用金融科技，规范内部数据信息标准，综合地方绿色债券大数据库、金融综合服务平台、全国碳市场交易所等多方数据资源，提高绿色识别及环境风险管理能力，

以碳中和为目标加强风险管理、绿色运营和信息披露。

运用大数据、云计算、AI 等技术进行绿色资产、棕色资产识别和分类。运用大数据和云计算进行绿色资产、非绿色的统计、分析与披露，全面衡量信贷资产的转型风险。运用大数据、云计算和 AI 等技术进行企业和项目的 ESG 评价与业务全流程纳入，实现非财务信息的信用风险应用及管理。运用区块链等技术进行投融资活动碳排放计算与披露。

利用金融科技创新绿色 ESG 主题产品，为绿色债券实体提供一条龙服务。金融机构可将绿色 ESG 策略纳入金融产品创新流程，完善绿色金融产品体系。探索运用区块链技术建立绿色债券、绿色资产支持证券化（ABS）底层资产池，提高信息披露的透明度和标准化水平，降低成本，推动绿色债券、绿色 ABS 和绿色 REITS 产品发行。

（六）优化绿色债券政策扶持体系，积极引导民营企业进入绿色项目

我国的绿色债券支持政策逐渐清晰、完善，但民营企业由于利润、资金、技术、政策顾虑等原因，参与绿色债券项目比重较小，其比重不足 10%。引导民营企业进入绿色项目，是绿色债券健康、稳定发展的重要基础。

1. 优化现有绿色债券政策体系，出台支持民营企业发行绿色债券的专项政策。当前，民营企业绿色债券发行规模明显偏低，各地方可通过以下措施提高民营企业绿色债券融资规模：出台相关财政政策、完善债券发行担保机制；定期开展新能源、新材料、绿色交通、节能环保、污染治理、绿色制造、绿色物流、绿色农业、绿色建筑等绿色企业和项目遴选、认定和推荐工作；搭建绿色项目建设投融资信息共享平台鼓励民营企业部门参与绿色债券市场的发行。

2. 积极调动各商协会力量，纾解绿色债券信息不对称。加强各商协会和企业间的信息互通、交流合作，发挥各自优势，整合各类资源和要素，在绿色项目中，引导民企站在国家战略高度理解“双碳目标”的内涵，通过建立通用环保产业示范基地、加强环保产业链上下游合作、设立环保产业投资基金等方式鼓励民营企业相互学习借鉴，实现在绿色产业中抱团发展。

二、区域层面绿色债券发展的建议

区域发展绿色债券项目应与当地自然环境、产业结构、人文环境结合，走目标精准、有特点、有效益的道路。

（一）积极推动与地方自然环境、社会环境相适宜的绿色债券项目

1. 关于北方地区、重工业地区绿色债券项目建议

北方地区宜重点关注退耕还林还草和退牧还草等绿色债券项目，达到生态环境修复目的。比如：京津冀风沙源综合治理、岩溶石漠化地区综合治理；在水土流失严重、沙化、盐碱化、石漠化严重的耕地有计划、有步骤地停止耕种；因地制宜种草造林，恢复植被，抑制生态环境恶化的活动；抑制草场退化开展的禁牧封育、草原围栏、舍饲棚圈、人工饲草地建设等草原生态保护设施等项目。

对生态功能区和生态功能退化的区域进行的治理、修复和保护的绿色债券项目，则可重点落于水土流失综合治理、荒漠化石漠化治理、矿山地质环境保护和生态恢复、自然保护区建设等。

2. 西部地区发展绿色债券项目建议

西部高原生态脆弱区、北方风沙源区、东部沿海地区、三江源自然保护区等，可基于各自经济、生态功能定位和重点生态安全，开展山水林田湖生态保护和修复工程，土地整治与污染修复、绿色畜牧业、生物多样性保护、流域水环境保护治理等。

3. 南方地区、沿海地区绿色债券项目建议

南方地区（长江以南）景色优美，可依托森林、草地、湿地、荒漠、高山、湖泊、河流、海岸带和野生动物植物等自然景观资源开展游览观光、休闲体验、文化体育、健康养生等开拓绿色债券项目。

另外，南方地区可进行碳汇渔业及净水渔业、稻渔及盐碱水渔农综合利用、循环水养殖、深水抗风浪及不投饵网箱养殖、生态健康养殖、水产品加工副产物综合利用等环境友好型渔业生产；水产养殖污水处理设施建设和运营，以及渔业资源养护设施建设和运营，如养护型海洋牧场建设和运营等。

4. 高科技区绿色债券项目建议

以长三角、粤港澳大湾区为代表的高科技密集区，可集中于绿色金融、低碳科技、低碳交通、绿色建筑、可持续水资源等绿色债券发行，用碳积分等形式引导高科技企业降低能耗或为绿色债券项目提供低成本资金。

（二）完善地方绿色债券风险保障机制

1. 以产业集群视角综合把控项目风险

为有效防范应对绿色项目运营时可能出现的风险，确保经济目标和降碳目

标平衡，建议经济大区做产业体系和发展模块整体规划，以中观经济高度践行产业政策，探索绿色项目的地方适用性，在前端对绿色债券项目的可行性进行多视角经济-民生影响评估，以产业集群视野来把控绿色债券项目的发展，做到总体最优、以单个项目在总体中的必要性为依据，不以其自身盈亏为考量点。

2. 偿债保障

完善的偿债保障机制，能够使偿债风险发生时以最小代价化解危机。绿色债券项目在保护投资者权益方面应有相应的保护机制。比如，发债前对项目发起机构的资质审核，债券的担保、保证措施，政策对项目盈亏的扶持力度等。

当前，由于绿色债券发行主体多为政府、国企，可考虑推行区域项目联保机制，创新绿色金融产品，为投资者提供以绿色债券资产池为投资标的金融工具，对区域绿色债券设定转换追索权或通用追索权，增强偿债保障，消除投资者顾虑。

3. 培养二级市场增强债券流动性

流动性风险会造成证券持有人在无法实现随时变现，也就是流动性不足时遭受损失。① 充满活力的二级市场对绿色债券成功运营起着重要作用。一个良好的二级市场，一个良好的债券流动性，能够向外界释放积极的信号。

4. 培养更多的合格的绿色投资者

树立“双碳”理念，用绿色、环保、低碳倡导现代人生活方式。在社会人群中培养绿色低碳理念，取得广泛社会共识，从而为绿色债券项目培养潜在投资人。

（1）增加投资者数量。为绿色债券市场培育出足够多的、合格的投资者，使债券供给方与需求方合理匹配，达到绿色债券市场可持续发展目的。

（2）加强市场风险教育。包括对发行人的风险教育和对投资者的风险教育。风险教育不但是保护投资者利益的需要，也是保证绿色债券项目正常运营的需要。一般来说，风险教育主要集中于对投资者利益的保护。保护投资者利益可防止市场过度投机，避免市场大起大落，减少投资者不应有的损失。

在当前全社会正努力迈向碳达峰、碳中和这一目标的背景之下，绿色债券作为我国绿色金融市场中的重要金融工具之一，加强发行人与投资者间的信息互动，增加投资者对绿色债券项目的了解，是扩大合格投资者数量的根本。

---

① 刘宛晨，刘文蓉，彭刚龙．我国绿色债券规则完善与制度优化研究［J］．财经理论与实践，2022，43（06）：64-71.

（三）加强对辖区贴标绿色债券行为的市场监管

虽然我国绿色债券市场不断成熟，但对绿色债券的定性问题依然有不少质疑。比如，洗绿贴标、存续期资金用途不明确以及评估认证过程中环境效益测算方法各式各样，无法形成统一衡量等。

项目所在地证券市场相关监管部门应持续对存续期项目进行中期评估认证、监督管理。首先，强制执行公开、透明的绿色债券环境效益核算标准，规范绿色债券评估认证过程、绿色项目节能减排等环境效益的测算方法学、数据指标来源、绿色项目环境效益测算边界以及一定融资额度下项目环境效益比例分配等操作，为从金融端统计分析绿色债券融资对经济社会产生的节能减排效果提供有效的数据支持；其次，通过严格绿色债券贴标审核过程等形式加强绿色债券发行前贴标管理，定期开展窗口指导和审核意见反馈，不断提升市场参与主体对绿色债券标准的认识和理解，加强绿色债券市场准入管理；另外，可通过制定绿色债券环境和社会风险管理信息披露机制，规范信息披露指标和实践，加强绿色债券存续期募集资金用途和风险管理，以确保绿色债券募集资金可有效支持绿色、低碳等产业发展。

（四）完善有区域特色的绿色债券奖励激励措施

在国家对绿色项目、绿色债券的财政、金融政策支持框架下，地方政府可以展开区域合作，推出符合区域不同产业间相互支撑、同一产业上下游链条一体化、有板块效应的绿色债券奖励激励措施。

比如，以区域为单位，为绿色债券发行人提供网络信息平台，用区块链、大数据等技术为企业消解信息不对称等问题，方便非银行金融机构提供非融资金融服务，比如，引入新技术新方法、开辟新市场、信用增级、风险防范、绿色债券 ABS 等服务，为绿色债券的发行创造良好生态环境。

（全文完）

参考文献

[1] 王营，冯佳浩．绿色债券促进企业绿色创新研究［J］．金融研究，2022（06）．

[2] 张雪莹，张泽华．中国绿色债券研究述评［J］．金融市场研究，2022（06）．

[3] 王昊．绿色债券、绿色股票与其他主要资产联动性研究［J］．北方经贸，2022（03）．

[4] 邬隽骁．中国绿色债券指数投资分析［J］．债券，2022（06）．

[5] 盛可可，姚萍．基于熵权 TOPSIS 法的私人资本我国绿色债券发展评价研究［J］．中国林业经济，2022（04）．

[6] 钟言．推动绿色债券高质量发展［J］．债券，2022（06）．

[7] 王昕平，吴璇，赵姝，张凤林．绿色债券对天津企业作用分析及政策建议——基于对开展绿色项目的天津企业发债情况分析［J］．天津经济，2022（03）．

[8] 许晨晨，刘文濠．浅析企业发行绿色债券的动因［J］．投资与创业，2022，33（09）．

[9] 张语洋．中国境内绿色债券发展现状、挑战与对策［J］．清华金融评论，2022（07）．

[10] 谢宛彤．“双碳”背景下的绿色债券——以 20 武汉地铁绿色债券为例［J］．国际商务财会，2022（08）．

[11] 陈婉．中国绿色债券市场有了《原则》，有了标准［J］．环境经济，2022（14）．

[12] 郭栋，周鹏，类承曜．绿色债券指数投资的避险功能发现——以中、欧、美市场为例［J］．债券，2022（07）．

[13] 宋瑞波，耿子扬，赵广志．“双碳”目标下我国碳资产债券的创新研究［J］．金融市场研究，2022（11）．

[14] 李俊玲. 我国绿色债券市场发展探析 [J]. 当代县域经济，2022 (05).

[15] 杨琰. 国际绿色债券发展经验及其对“一带一路”国家的启示[J]. 长春金融高等专科学校学报，2022 (02).

[16] 黄旦红. 企业发行绿色债券融资问题思考分析 [J]. 财经界，2022 (11).

[17] 李琪. 绿色债券拓宽绿色低碳融资渠道——中国银行业绿色低碳金融产品创新系列典型案例 [J]. 中国银行业，2022 (08).

[18] 王明栓. 企业发行绿色债券融资效应研究文献述评 [J]. 产业创新研究，2022 (15).

[19] 胡中文. 碳中和目标下绿色债券的经济效应研究 [J]. 生产力研究，2022 (06).

[20] 李馨岚. 旭辉控股集团发行绿色债券融资案例分析 [J]. 中国农业会计，2022 (04).

[21] 行伟波，刘宏俐. 绿色金融债券环境效益信息披露研究：现状、问题及对策 [J]. 债券，2022 (08).

[22] 陈志远，郭凯，闫实. 我国绿色债券发行利差及影响因素的实证研究 [J]. 地方财政研究，2022 (04).

[23] 曹玉瑾. 我国绿色债券的 ESG 效益正在逐步显现 [J]. 中国投资 (中英文)，2022 (Z6).

[24] 张宁昕. 绿色主权债券的国际经验及启示 [J]. 时代金融，2022 (09).

[25] 王梓. 低碳转型企业绿色债券融资分析 [J]. 绿色财会，2022 (09).

[26] 陈霞. 绿色债券发行与企业投资行为研究 [J]. 中外企业文化，2022 (09).

[27] 吴世农，周昱成，唐国平. 绿色债券：绿色技术创新、环境绩效和公司价值 [J]. 厦门大学学报 (哲学社会科学版)，2022，72 (05).

[28] 邵廷娟. 法国绿色国债的发行特点与借鉴意义 [J]. 债券，2022 (09).

[29] 伍星星. 纳入央行考核对绿色债券发行利率的影响研究 [J]. 黑龙江金融，2022 (09).

[30] 佟巍，赵一然，王妍，等. 绿色债券发行降低债务融资成本研究——来自非国有上市公司的经验证据 [J]. 时代金融，2022 (10).

[31] 何迎新．中资离岸绿色债券发展现状及监管政策建议［J］．现代金融导刊，2022（06）．

[32] 武昕悦，周咏梅．绿色债券发行动因及效果的案例分析［J］．商业会计，2022（19）．

[33] 冯果，吕佳欣．绿色债券募集资金用途异化的法律防范——以信息披露制度完善为中心［J］．河北法学，2022，40（11）．

[34] 郭沛源，安国俊．中国绿色债券市场的最新发展［J］．世界环境，2022（05）．

[35] 吴凤菊，刘润宇，李牧阳．关于“自上而下”绿色金融模式的思考［J］．会计师，2022（08）．

[36] 蔡张炀．我国绿色债券市场问题成因与对策［J］．现代营销（上旬刊），2022（11）．

[37] 董叶超，秦霄，周放．我国绿色债券发展经验对转型债券支持政策的启示［J］．金融市场研究，2022（11）．

[38] 闫贵壮，金兵兵，马小林．环境信息披露对绿色债券信用利差的影响——基于“实质绿”的实证研究［J］．征信，2022（11）．

[39] 周游．中国绿色债券市场与股债市场的风险溢出效应研究［J］．中国商论，2022（20）．

[40] 刘宛晨，刘文蓉，彭刚龙．我国绿色债券规则完善与制度优化研究［J］．财经理论与实践，2022，43（06）．

附　录

附录1：中共中央 国务院关于完整准确全面贯彻新发展理念做好碳达峰碳中和工作的意见

（2021年9月22日）

实现碳达峰、碳中和，是以习近平同志为核心的党中央统筹国内国际两个大局作出的重大战略决策，是着力解决资源环境约束突出问题、实现中华民族永续发展的必然选择，是构建人类命运共同体的庄严承诺。为完整、准确、全面贯彻新发展理念，做好碳达峰、碳中和工作，现提出如下意见。

一、总体要求

（一）指导思想。以习近平新时代中国特色社会主义思想为指导，全面贯彻党的十九大和十九届二中、三中、四中、五中全会精神，深入贯彻习近平生态文明思想，立足新发展阶段，贯彻新发展理念，构建新发展格局，坚持系统观念，处理好发展和减排、整体和局部、短期和中长期的关系，把碳达峰、碳中和纳入经济社会发展全局，以经济社会发展全面绿色转型为引领，以能源绿色低碳发展为关键，加快形成节约资源和保护环境的产业结构、生产方式、生活方式、空间格局，坚定不移走生态优先、绿色低碳的高质量发展道路，确保如期实现碳达峰、碳中和。

（二）工作原则

实现碳达峰、碳中和目标，要坚持“全国统筹、节约优先、双轮驱动、内外畅通、防范风险”原则。

——全国统筹。全国一盘棋，强化顶层设计，发挥制度优势，实行党政同责，压实各方责任。根据各地实际分类施策，鼓励主动作为、率先达峰。

——节约优先。把节约能源资源放在首位，实行全面节约战略，持续降低单位产出能源资源消耗和碳排放，提高投入产出效率，倡导简约适度、绿色低碳生活方式，从源头和入口形成有效的碳排放控制阀门。

——双轮驱动。政府和市场两手发力，构建新型举国体制，强化科技和制度创新，加快绿色低碳科技革命。深化能源和相关领域改革，发挥市场机制作用，形成有效激励约束机制。

——内外畅通。立足国情实际，统筹国内国际能源资源，推广先进绿色低碳技术和经验。统筹做好应对气候变化对外斗争与合作，不断增强国际影响力和话语权，坚决维护我国发展权益。

——防范风险。处理好减污降碳和能源安全、产业链供应链安全、粮食安全、群众正常生活的关系，有效应对绿色低碳转型可能伴随的经济、金融、社会风险，防止过度反应，确保安全降碳。

二、主要目标

到 2025 年，绿色低碳循环发展的经济体系初步形成，重点行业能源利用效率大幅提升。单位国内生产总值能耗比 2020 年下降 13.5%；单位国内生产总值二氧化碳排放比 2020 年下降 18%；非化石能源消费比重达到 20%左右；森林覆盖率达到 24.1%，森林蓄积量达到 180 亿立方米，为实现碳达峰、碳中和奠定坚实基础。

到 2030 年，经济社会发展全面绿色转型取得显著成效，重点耗能行业能源利用效率达到国际先进水平。单位国内生产总值能耗大幅下降；单位国内生产总值二氧化碳排放比 2005 年下降 65%以上；非化石能源消费比重达到 25%左右，风电、太阳能发电总装机容量达到 12 亿千瓦以上；森林覆盖率达到 25%左右，森林蓄积量达到 190 亿立方米，二氧化碳排放量达到峰值并实现稳中有降。

到 2060 年，绿色低碳循环发展的经济体系和清洁低碳安全高效的能源体系全面建立，能源利用效率达到国际先进水平，非化石能源消费比重达到 80%以上，碳中和目标顺利实现，生态文明建设取得丰硕成果，开创人与自然和谐共生新境界。

三、推进经济社会发展全面绿色转型

（三）强化绿色低碳发展规划引领。将碳达峰、碳中和目标要求全面融入经济社会发展中长期规划，强化国家发展规划、国土空间规划、专项规划、区域规划和地方各级规划的支撑保障。加强各级各类规划间衔接协调，确保各地区各领域落实碳达峰、碳中和的主要目标、发展方向、重大政策、重大工程等协调一致。

（四）优化绿色低碳发展区域布局。持续优化重大基础设施、重大生产力和公共资源布局，构建有利于碳达峰、碳中和的国土空间开发保护新格局。在京津冀协同发展、长江经济带发展、粤港澳大湾区建设、长三角一体化发展、黄河流域生态保护和高质量发展等区域重大战略实施中，强化绿色低碳发展导向和任务要求。

（五）加快形成绿色生产生活方式。大力推动节能减排，全面推进清洁生产，加快发展循环经济，加强资源综合利用，不断提升绿色低碳发展水平。扩大绿色低碳产品供给和消费，倡导绿色低碳生活方式。把绿色低碳发展纳入国民教育体系。开展绿色低碳社会行动示范创建。凝聚全社会共识，加快形成全民参与的良好格局。

四、深度调整产业结构

（六）推动产业结构优化升级。加快推进农业绿色发展，促进农业固碳增效。制定能源、钢铁、有色金属、石化化工、建材、交通、建筑等行业和领域碳达峰实施方案。以节能降碳为导向，修订产业结构调整指导目录。开展钢铁、煤炭去产能“回头看”，巩固去产能成果。加快推进工业领域低碳工艺革新和数字化转型。开展碳达峰试点园区建设。加快商贸流通、信息服务等绿色转型，提升服务业低碳发展水平。

（七）坚决遏制高耗能高排放项目盲目发展。新建、扩建钢铁、水泥、平板玻璃、电解铝等高耗能高排放项目严格落实产能等量或减量置换，出台煤电、石化、煤化工等产能控制政策。未纳入国家有关领域产业规划的，一律不得新建改扩建炼油和新建乙烯、对二甲苯、煤制烯烃项目。合理控制煤制油气产能规模。提升高耗能高排放项目能耗准入标准。加强产能过剩分析预警和窗口指导。

（八）大力发展绿色低碳产业。加快发展新一代信息技术、生物技术、新能源、新材料、高端装备、新能源汽车、绿色环保以及航空航天、海洋装备等战略性新兴产业。建设绿色制造体系。推动互联网、大数据、人工智能、第五代移动通信（5G）等新兴技术与绿色低碳产业深度融合。

五、加快构建清洁低碳安全高效能源体系

（九）强化能源消费强度和总量双控。坚持节能优先的能源发展战略，严格控制能耗和二氧化碳排放强度，合理控制能源消费总量，统筹建立二氧化碳排放总量控制制度。做好产业布局、结构调整、节能审查与能耗双控的衔接，对能耗强度下降目标完成形势严峻的地区实行项目缓批限批、能耗等量或减量替代。强化节能监察和执法，加强能耗及二氧化碳排放控制目标分析预警，严格责任落实和评价考核。加强甲烷等非二氧化碳温室气体管控。

（十）大幅提升能源利用效率。把节能贯穿于经济社会发展全过程和各领域，持续深化工业、建筑、交通运输、公共机构等重点领域节能，提升数据中心、新型通信等信息化基础设施能效水平。健全能源管理体系，强化重点用能单位节能管理和目标责任。瞄准国际先进水平，加快实施节能降碳改造升级，打造能效“领跑者”。

（十一）严格控制化石能源消费。加快煤炭减量步伐，“十四五”时期严控煤炭消费增长，“十五五”时期逐步减少。石油消费“十五五”时期进入峰值平台期。统筹煤电发展和保供调峰，严控煤电装机规模，加快现役煤电机组节能升级和灵活性改造。逐步减少直至禁止煤炭散烧。加快推进页岩气、煤层气、致密油气等非常规油气资源规模化开发。强化风险管控，确保能源安全稳定供应和平稳过渡。

（十二）积极发展非化石能源。实施可再生能源替代行动，大力发展风能、太阳能、生物质能、海洋能、地热能等，不断提高非化石能源消费比重。坚持集中式与分布式并举，优先推动风能、太阳能就地就近开发利用。因地制宜开发水能。积极安全有序发展核电。合理利用生物质能。加快推进抽水蓄能和新型储能规模化应用。统筹推进氢能“制储输用”全链条发展。构建以新能源为主体的新型电力系统，提高电网对高比例可再生能源的消纳和调控能力。

（十三）深化能源体制机制改革。全面推进电力市场化改革，加快培育发展配售电环节独立市场主体，完善中长期市场、现货市场和辅助服务市场衔接机制，扩大市场化交易规模。推进电网体制改革，明确以消纳可再生能源为主的增量配电网、微电网和分布式电源的市场主体地位。加快形成以储能和调峰能力为基础支撑的新增电力装机发展机制。完善电力等能源品种价格市场化形成机制。从有利于节能的角度深化电价改革，理顺输配电价结构，全面放开竞争性环节电价。推进煤炭、油气等市场化改革，加快完善能源统一市场。

六、加快推进低碳交通运输体系建设

（十四）优化交通运输结构。加快建设综合立体交通网，大力发展多式联运，提高铁路、水路在综合运输中的承运比重，持续降低运输能耗和二氧化碳排放强度。优化客运组织，引导客运企业规模化、集约化经营。加快发展绿色物流，整合运输资源，提高利用效率。

（十五）推广节能低碳型交通工具。加快发展新能源和清洁能源车船，推广智能交通，推进铁路电气化改造，推动加氢站建设，促进船舶靠港使用岸电常态化。加快构建便利高效、适度超前的充换电网络体系。提高燃油车船能效标准，健全交通运输装备能效标识制度，加快淘汰高耗能高排放老旧车船。

（十六）积极引导低碳出行。加快城市轨道交通、公交专用道、快速公交系统等大容量公共交通基础设施建设，加强自行车专用道和行人步道等城市慢行系统建设。综合运用法律、经济、技术、行政等多种手段，加大城市交通拥堵治理力度。

七、提升城乡建设绿色低碳发展质量

（十七）推进城乡建设和管理模式低碳转型。在城乡规划建设管理各环节全面落实绿色低碳要求。推动城市组团式发展，建设城市生态和通风廊道，提升城市绿化水平。合理规划城镇建筑面积发展目标，严格管控高能耗公共建筑建设。实施工程建设全过程绿色建造，健全建筑拆除管理制度，杜绝大拆大建。加快推进绿色社区建设。结合实施乡村建设行动，推进县城和农村绿色低碳发展。

（十八）大力发展节能低碳建筑。持续提高新建建筑节能标准，加快推进超低能耗、近零能耗、低碳建筑规模化发展。大力推进城镇既有建筑和市政基础设施节能改造，提升建筑节能低碳水平。逐步开展建筑能耗限额管理，推行建筑能效测评标识，开展建筑领域低碳发展绩效评估。全面推广绿色低碳建材，推动建筑材料循环利用。发展绿色农房。

（十九）加快优化建筑用能结构。深化可再生能源建筑应用，加快推动建筑用能电气化和低碳化。开展建筑屋顶光伏行动，大幅提高建筑采暖、生活热水、炊事等电气化普及率。在北方城镇加快推进热电联产集中供暖，加快工业余热供暖规模化发展，积极稳妥推进核电余热供暖，因地制宜推进热泵、燃气、生物质能、地热能等清洁低碳供暖。

八、加强绿色低碳重大科技攻关和推广应用

（二十）强化基础研究和前沿技术布局。制定科技支撑碳达峰、碳中和行动方案，编制碳中和技术发展路线图。采用“揭榜挂帅”机制，开展低碳零碳负碳和储能新材料、新技术、新装备攻关。加强气候变化成因及影响、生态系统碳汇等基础理论和方法研究。推进高效率太阳能电池、可再生能源制氢、可控核聚变、零碳工业流程再造等低碳前沿技术攻关。培育一批节能降碳和新能源技术产品研发国家重点实验室、国家技术创新中心、重大科技创新平台。建设碳达峰、碳中和人才体系，鼓励高等学校增设碳达峰、碳中和相关学科专业。

（二十一）加快先进适用技术研发和推广。深入研究支撑风电、太阳能发电大规模友好并网的智能电网技术。加强电化学、压缩空气等新型储能技术攻关、示范和产业化应用。加强氢能生产、储存、应用关键技术研发、示范和规模化应用。推广园区能源梯级利用等节能低碳技术。推动气凝胶等新型材料研发应用。推进规模化碳捕集利用与封存技术研发、示范和产业化应用。建立完善绿色低碳技术评估、交易体系和科技创新服务平台。

九、持续巩固提升碳汇能力

（二十二）巩固生态系统碳汇能力。强化国土空间规划和用途管控，严守生态保护红线，严控生态空间占用，稳定现有森林、草原、湿地、海洋、土壤、冻土、岩溶等固碳作用。严格控制新增建设用地规模，推动城乡存量建设用地盘活利用。严格执行土地使用标准，加强节约集约用地评价，推广节地技术和节地模式。

（二十三）提升生态系统碳汇增量。实施生态保护修复重大工程，开展山水林田湖草沙一体化保护和修复。深入推进大规模国土绿化行动，巩固退耕还林还草成果，实施森林质量精准提升工程，持续增加森林面积和蓄积量。加强草原生态保护修复。强化湿地保护。整体推进海洋生态系统保护和修复，提升红树林、海草床、盐沼等固碳能力。开展耕地质量提升行动，实施国家黑土地保护工程，提升生态农业碳汇。积极推动岩溶碳汇开发利用。

十、提高对外开放绿色低碳发展水平

（二十四）加快建立绿色贸易体系。持续优化贸易结构，大力发展高质量、高技术、高附加值绿色产品贸易。完善出口政策，严格管理高耗能高排放产品出口。积极扩大绿色低碳产品、节能环保服务、环境服务等进口。

（二十五）推进绿色“一带一路”建设。加快“一带一路”投资合作绿色转型。支持共建“一带一路”国家开展清洁能源开发利用。大力推动南南合作，帮助发展中国家提高应对气候变化能力。深化与各国在绿色技术、绿色装备、绿色服务、绿色基础设施建设等方面的交流与合作，积极推动我国新能源等绿色低碳技术和产品走出去，让绿色成为共建“一带一路”的底色。

（二十六）加强国际交流与合作。积极参与应对气候变化国际谈判，坚持我国发展中国家定位，坚持共同但有区别的责任原则、公平原则和各自能力原则，维护我国发展权益。履行《联合国气候变化框架公约》及其《巴黎协定》，发布我国长期温室气体低排放发展战略，积极参与国际规则和标准制定，推动建立公平合理、合作共赢的全球气候治理体系。加强应对气候变化国际交流合作，统筹国内外工作，主动参与全球气候和环境治理。

十一、健全法律法规标准和统计监测体系

（二十七）健全法律法规。全面清理现行法律法规中与碳达峰、碳中和工作不相适应的内容，加强法律法规间的衔接协调。研究制定碳中和专项法律，抓紧修订节约能源法、电力法、煤炭法、可再生能源法、循环经济促进法等，增强相关法律法规的针对性和有效性。

（二十八）完善标准计量体系。建立健全碳达峰、碳中和标准计量体系。加

快节能标准更新升级，抓紧修订一批能耗限额、产品设备能效强制性国家标准和工程建设标准，提升重点产品能耗限额要求，扩大能耗限额标准覆盖范围，完善能源核算、检测认证、评估、审计等配套标准。加快完善地区、行业、企业、产品等碳排放核查核算报告标准，建立统一规范的碳核算体系。制定重点行业和产品温室气体排放标准，完善低碳产品标准标识制度。积极参与相关国际标准制定，加强标准国际衔接。

（二十九）提升统计监测能力。健全电力、钢铁、建筑等行业领域能耗统计监测和计量体系，加强重点用能单位能耗在线监测系统建设。加强二氧化碳排放统计核算能力建设，提升信息化实测水平。依托和拓展自然资源调查监测体系，建立生态系统碳汇监测核算体系，开展森林、草原、湿地、海洋、土壤、冻土、岩溶等碳汇本底调查和碳储量评估，实施生态保护修复碳汇成效监测评估。

十二、完善政策机制

（三十）完善投资政策。充分发挥政府投资引导作用，构建与碳达峰、碳中和相适应的投融资体系，严控煤电、钢铁、电解铝、水泥、石化等高碳项目投资，加大对节能环保、新能源、低碳交通运输装备和组织方式、碳捕集利用与封存等项目的支持力度。完善支持社会资本参与政策，激发市场主体绿色低碳投资活力。国有企业要加大绿色低碳投资，积极开展低碳零碳负碳技术研发应用。

（三十一）积极发展绿色金融。有序推进绿色低碳金融产品和服务开发，设立碳减排货币政策工具，将绿色信贷纳入宏观审慎评估框架，引导银行等金融机构为绿色低碳项目提供长期限、低成本资金。鼓励开发性政策性金融机构按照市场化法治化原则为实现碳达峰、碳中和提供长期稳定融资支持。支持符合条件的企业上市融资和再融资用于绿色低碳项目建设运营，扩大绿色债券规模。研究设立国家低碳转型基金。鼓励社会资本设立绿色低碳产业投资基金。建立健全绿色金融标准体系。

（三十二）完善财税价格政策。各级财政要加大对绿色低碳产业发展、技术研发等的支持力度。完善政府绿色采购标准，加大绿色低碳产品采购力度。落实环境保护、节能节水、新能源和清洁能源车船税收优惠。研究碳减排相关税收政策。建立健全促进可再生能源规模化发展的价格机制。完善差别化电价、分时电价和居民阶梯电价政策。严禁对高耗能、高排放、资源型行业实施电价优惠。加快推进供热计量改革和按供热量收费。加快形成具有合理约束力的碳价机制。

（三十三）推进市场化机制建设。依托公共资源交易平台，加快建设完善全国碳排放权交易市场，逐步扩大市场覆盖范围，丰富交易品种和交易方式，完善配额分配管理。将碳汇交易纳入全国碳排放权交易市场，建立健全能够体现碳汇价值的生态保护补偿机制。健全企业、金融机构等碳排放报告和信息披露制度。完善用能权有偿使用和交易制度，加快建设全国用能权交易市场。加强电力交易、用能权交易和碳排放权交易的统筹衔接。发展市场化节能方式，推行合同能源管理，推广节能综合服务。

十三、切实加强组织实施

（三十四）加强组织领导。加强党中央对碳达峰、碳中和工作的集中统一领导，碳达峰碳中和工作领导小组指导和统筹做好碳达峰、碳中和工作。支持有条件的地方和重点行业、重点企业率先实现碳达峰，组织开展碳达峰、碳中和先行示范，探索有效模式和有益经验。将碳达峰、碳中和作为干部教育培训体系重要内容，增强各级领导干部推动绿色低碳发展的本领。

（三十五）强化统筹协调。国家发展改革委要加强统筹，组织落实 2030 年前碳达峰行动方案，加强碳中和工作谋划，定期调度各地区各有关部门落实碳达峰、碳中和目标任务进展情况，加强跟踪评估和督促检查，协调解决实施中遇到的重大问题。各有关部门要加强协调配合，形成工作合力，确保政策取向一致、步骤力度衔接。

（三十六）压实地方责任。落实领导干部生态文明建设责任制，地方各级党委和政府要坚决扛起碳达峰、碳中和责任，明确目标任务，制定落实举措，自觉为实现碳达峰、碳中和作出贡献。

（三十七）严格监督考核。各地区要将碳达峰、碳中和相关指标纳入经济社会发展综合评价体系，增加考核权重，加强指标约束。强化碳达峰、碳中和目标任务落实情况考核，对工作突出的地区、单位和个人按规定给予表彰奖励，对未完成目标任务的地区、部门依规依法实行通报批评和约谈问责，有关落实情况纳入中央生态环境保护督察。各地区各有关部门贯彻落实情况每年向党中央、国务院报告。

附录2：国务院关于加快建立健全绿色低碳循环发展经济体系的指导意见

国发〔2021〕4号

各省、自治区、直辖市人民政府，国务院各部委、各直属机构：

建立健全绿色低碳循环发展经济体系，促进经济社会发展全面绿色转型，是解决我国资源环境生态问题的基础之策。为贯彻落实党的十九大部署，加快建立健全绿色低碳循环发展的经济体系，现提出如下意见。

一、总体要求

（一）指导思想。以习近平新时代中国特色社会主义思想为指导，深入贯彻党的十九大和十九届二中、三中、四中、五中全会精神，全面贯彻习近平生态文明思想，认真落实党中央、国务院决策部署，坚定不移贯彻新发展理念，全方位全过程推行绿色规划、绿色设计、绿色投资、绿色建设、绿色生产、绿色流通、绿色生活、绿色消费，使发展建立在高效利用资源、严格保护生态环境、有效控制温室气体排放的基础上，统筹推进高质量发展和高水平保护，建立健全绿色低碳循环发展的经济体系，确保实现碳达峰、碳中和目标，推动我国绿色发展迈上新台阶。

（二）工作原则。

坚持重点突破。以节能环保、清洁生产、清洁能源等为重点率先突破，做好与农业、制造业、服务业和信息技术的融合发展，全面带动一二三产业和基础设施绿色升级。

坚持创新引领。深入推动技术创新、模式创新、管理创新，加快构建市场导向的绿色技术创新体系，推行新型商业模式，构筑有力有效的政策支持体系。

坚持稳中求进。做好绿色转型与经济发展、技术进步、产业接续、稳岗就业、民生改善的有机结合，积极稳妥、韧性持久地加以推进。

坚持市场导向。在绿色转型中充分发挥市场的导向性作用、企业的主体作用、各类市场交易机制的作用，为绿色发展注入强大动力。

（三）主要目标。到2025年，产业结构、能源结构、运输结构明显优化，绿色产业比重显著提升，基础设施绿色化水平不断提高，清洁生产水平持续提高，生产生活方式绿色转型成效显著，能源资源配置更加合理、利用效率大幅提高，主要污染物排放总量持续减少，碳排放强度明显降低，生态环境持续改善，市场导向的绿色技术创新体系更加完善，法律法规政策体系更加有效，绿色低碳循环发展的生产体系、流通体系、消费体系初步形成。到 2035 年，绿色发展内生动力显著增强，绿色产业规模迈上新台阶，重点行业、重点产品能源资源利用效率达到国际先进水平，广泛形成绿色生产生活方式，碳排放达峰后稳中有降，生态环境根本好转，美丽中国建设目标基本实现。

二、健全绿色低碳循环发展的生产体系

（四）推进工业绿色升级。加快实施钢铁、石化、化工、有色、建材、纺织、造纸、皮革等行业绿色化改造。推行产品绿色设计，建设绿色制造体系。大力发展再制造产业，加强再制造产品认证与推广应用。建设资源综合利用基地，促进工业固体废物综合利用。全面推行清洁生产，依法在“双超双有高耗能”行业实施强制性清洁生产审核。完善“散乱污”企业认定办法，分类实施关停取缔、整合搬迁、整改提升等措施。加快实施排污许可制度。加强工业生产过程中危险废物管理。

（五）加快农业绿色发展。鼓励发展生态种植、生态养殖，加强绿色食品、有机农产品认证和管理。发展生态循环农业，提高畜禽粪污资源化利用水平，推进农作物秸秆综合利用，加强农膜污染治理。强化耕地质量保护与提升，推进退化耕地综合治理。发展林业循环经济，实施森林生态标志产品建设工程。大力推进农业节水，推广高效节水技术。推行水产健康养殖。实施农药、兽用抗菌药使用减量和产地环境净化行动。依法加强养殖水域滩涂统一规划。完善相关水域禁渔管理制度。推进农业与旅游、教育、文化、健康等产业深度融合，加快一二三产业融合发展。

（六）提高服务业绿色发展水平。促进商贸企业绿色升级，培育一批绿色流通主体。有序发展出行、住宿等领域共享经济，规范发展闲置资源交易。加快信息服务业绿色转型，做好大中型数据中心、网络机房绿色建设和改造，建立绿色运营维护体系。推进会展业绿色发展，指导制定行业相关绿色标准，推动办展设施循环使用。推动汽修、装修装饰等行业使用低挥发性有机物含量原辅材料。倡导酒店、餐饮等行业不主动提供一次性用品。

（七）壮大绿色环保产业。建设一批国家绿色产业示范基地，推动形成开放、协同、高效的创新生态系统。加快培育市场主体，鼓励设立混合所有制公司，打造一批大型绿色产业集团；引导中小企业聚焦主业增强核心竞争力，培育“专精特新”中小企业。推行合同能源管理、合同节水管理、环境污染第三方治理等模式和以环境治理效果为导向的环境托管服务。进一步放开石油、化工、电力、天然气等领域节能环保竞争性业务，鼓励公共机构推行能源托管服务。适时修订绿色产业指导目录，引导产业发展方向。

（八）提升产业园区和产业集群循环化水平。科学编制新建产业园区开发建设规划，依法依规开展规划环境影响评价，严格准入标准，完善循环产业链条，推动形成产业循环耦合。推进既有产业园区和产业集群循环化改造，推动公共设施共建共享、能源梯级利用、资源循环利用和污染物集中安全处置等。鼓励建设电、热、冷、气等多种能源协同互济的综合能源项目。鼓励化工等产业园区配套建设危险废物集中贮存、预处理和处置设施。

（九）构建绿色供应链。鼓励企业开展绿色设计、选择绿色材料、实施绿色采购、打造绿色制造工艺、推行绿色包装、开展绿色运输、做好废弃产品回收处理，实现产品全周期的绿色环保。选择100家左右积极性高、社会影响大、带动作用强的企业开展绿色供应链试点，探索建立绿色供应链制度体系。鼓励行业协会通过制定规范、咨询服务、行业自律等方式提高行业供应链绿色化水平。

三、健全绿色低碳循环发展的流通体系

（十）打造绿色物流。积极调整运输结构，推进铁水、公铁、公水等多式联运，加快铁路专用线建设。加强物流运输组织管理，加快相关公共信息平台建设和信息共享，发展甩挂运输、共同配送。推广绿色低碳运输工具，淘汰更新或改造老旧车船，港口和机场服务、城市物流配送、邮政快递等领域要优先使用新能源或清洁能源汽车；加大推广绿色船舶示范应用力度，推进内河船型标准化。加快港口岸电设施建设，支持机场开展飞机辅助动力装置替代设备建设和应用。支持物流企业构建数字化运营平台，鼓励发展智慧仓储、智慧运输，推动建立标准化托盘循环共用制度。

（十一）加强再生资源回收利用。推进垃圾分类回收与再生资源回收“两网融合”，鼓励地方建立再生资源区域交易中心。加快落实生产者责任延伸制度，引导生产企业建立逆向物流回收体系。鼓励企业采用现代信息技术实现废物回收线上与线下有机结合，培育新型商业模式，打造龙头企业，提升行业整体竞争力。完善废旧家电回收处理体系，推广典型回收模式和经验做法。加快构建废旧物资循环利用体系，加强废纸、废塑料、废旧轮胎、废金属、废玻璃等再生资源回收利用，提升资源产出率和回收利用率。

（十二）建立绿色贸易体系。积极优化贸易结构，大力发展高质量、高附加值的绿色产品贸易，从严控制高污染、高耗能产品出口。加强绿色标准国际合作，积极引领和参与相关国际标准制定，推动合格评定合作和互认机制，做好绿色贸易规则与进出口政策的衔接。深化绿色“一带一路”合作，拓宽节能环保、清洁能源等领域技术装备和服务合作。

四、健全绿色低碳循环发展的消费体系

（十三）促进绿色产品消费。加大政府绿色采购力度，扩大绿色产品采购范围，逐步将绿色采购制度扩展至国有企业。加强对企业和居民采购绿色产品的引导，鼓励地方采取补贴、积分奖励等方式促进绿色消费。推动电商平台设立绿色产品销售专区。加强绿色产品和服务认证管理，完善认证机构信用监管机制。推广绿色电力证书交易，引领全社会提升绿色电力消费。严厉打击虚标绿色产品行为，有关行政处罚等信息纳入国家企业信用信息公示系统。

（十四）倡导绿色低碳生活方式。厉行节约，坚决制止餐饮浪费行为。因地制宜推进生活垃圾分类和减量化、资源化，开展宣传、培训和成效评估。扎实推进塑料污染全链条治理。推进过度包装治理，推动生产经营者遵守限制商品过度包装的强制性标准。提升交通系统智能化水平，积极引导绿色出行。深入开展爱国卫生运动，整治环境脏乱差，打造宜居生活环境。开展绿色生活创建活动。

五、加快基础设施绿色升级

（十五）推动能源体系绿色低碳转型。坚持节能优先，完善能源消费总量和强度双控制度。提升可再生能源利用比例，大力推动风电、光伏发电发展，因地制宜发展水能、地热能、海洋能、氢能、生物质能、光热发电。加快大容量储能技术研发推广，提升电网汇集和外送能力。增加农村清洁能源供应，推动农村发展生物质能。促进燃煤清洁高效开发转化利用，继续提升大容量、高参数、低污染煤电机组占煤电装机比例。在北方地区县城积极发展清洁热电联产集中供暖，稳步推进生物质耦合供热。严控新增煤电装机容量。提高能源输配效率。实施城乡配电网建设和智能升级计划，推进农村电网升级改造。加快天然气基础设施建设和互联互通。开展二氧化碳捕集、利用和封存试验示范。

（十六）推进城镇环境基础设施建设升级。推进城镇污水管网全覆盖。推动城镇生活污水收集处理设施“厂网一体化”，加快建设污泥无害化资源化处置设施，因地制宜布局污水资源化利用设施，基本消除城市黑臭水体。加快城镇生活垃圾处理设施建设，推进生活垃圾焚烧发电，减少生活垃圾填埋处理。加强危险废物集中处置能力建设，提升信息化、智能化监管水平，严格执行经营许可管理制度。提升医疗废物应急处理能力。做好餐厨垃圾资源化利用和无害化处理。在沿海缺水城市推动大型海水淡化设施建设。

（十七）提升交通基础设施绿色发展水平。将生态环保理念贯穿交通基础设施规划、建设、运营和维护全过程，集约利用土地等资源，合理避让具有重要生态功能的国土空间，积极打造绿色公路、绿色铁路、绿色航道、绿色港口、绿色空港。加强新能源汽车充换电、加氢等配套基础设施建设。积极推广应用温拌沥青、智能通风、辅助动力替代和节能灯具、隔声屏障等节能环保先进技术和产品。加大工程建设中废弃资源综合利用力度，推动废旧路面、沥青、疏浚土等材料以及建筑垃圾的资源化利用。

（十八）改善城乡人居环境。相关空间性规划要贯彻绿色发展理念，统筹城市发展和安全，优化空间布局，合理确定开发强度，鼓励城市留白增绿。建立“美丽城市”评价体系，开展“美丽城市”建设试点。增强城市防洪排涝能力。开展绿色社区创建行动，大力发展绿色建筑，建立绿色建筑统一标识制度，结合城镇老旧小区改造推动社区基础设施绿色化和既有建筑节能改造。建立乡村建设评价体系，促进补齐乡村建设短板。加快推进农村人居环境整治，因地制宜推进农村改厕、生活垃圾处理和污水治理、村容村貌提升、乡村绿化美化等。继续做好农村清洁供暖改造、老旧危房改造，打造干净整洁有序美丽的村庄环境。

六、构建市场导向的绿色技术创新体系

（十九）鼓励绿色低碳技术研发。实施绿色技术创新攻关行动，围绕节能环保、清洁生产、清洁能源等领域布局一批前瞻性、战略性、颠覆性科技攻关项目。培育建设一批绿色技术国家技术创新中心、国家科技资源共享服务平台等创新基地平台。强化企业创新主体地位，支持企业整合高校、科研院所、产业园区等力量建立市场化运行的绿色技术创新联合体，鼓励企业牵头或参与财政资金支持的绿色技术研发项目、市场导向明确的绿色技术创新项目。

（二十）加速科技成果转化。积极利用首台（套）重大技术装备政策支持绿色技术应用。充分发挥国家科技成果转化引导基金作用，强化创业投资等各类基金引导，支持绿色技术创新成果转化应用。支持企业、高校、科研机构等建立绿色技术创新项目孵化器、创新创业基地。及时发布绿色技术推广目录，加快先进成熟技术推广应用。深入推进绿色技术交易中心建设。

七、完善法律法规政策体系

（二十一）强化法律法规支撑。推动完善促进绿色设计、强化清洁生产、提高资源利用效率、发展循环经济、严格污染治理、推动绿色产业发展、扩大绿色消费、实行环境信息公开、应对气候变化等方面法律法规制度。强化执法监督，加大违法行为查处和问责力度，加强行政执法机关与监察机关、司法机关的工作衔接配合。

（二十二）健全绿色收费价格机制。完善污水处理收费政策，按照覆盖污水处理设施运营和污泥处理处置成本并合理盈利的原则，合理制定污水处理收费标准，健全标准动态调整机制。按照产生者付费原则，建立健全生活垃圾处理收费制度，各地区可根据本地实际情况，实行分类计价、计量收费等差别化管理。完善节能环保电价政策，推进农业水价综合改革，继续落实好居民阶梯电价、气价、水价制度。

（二十三）加大财税扶持力度。继续利用财政资金和预算内投资支持环境基础设施补短板强弱项、绿色环保产业发展、能源高效利用、资源循环利用等。继续落实节能节水环保、资源综合利用以及合同能源管理、环境污染第三方治理等方面的所得税、增值税等优惠政策。做好资源税征收和水资源费改税试点工作。

（二十四）大力发展绿色金融。发展绿色信贷和绿色直接融资，加大对金融机构绿色金融业绩评价考核力度。统一绿色债券标准，建立绿色债券评级标准。发展绿色保险，发挥保险费率调节机制作用。支持符合条件的绿色产业企业上市融资。支持金融机构和相关企业在国际市场开展绿色融资。推动国际绿色金融标准趋同，有序推进绿色金融市场双向开放。推动气候投融资工作。

（二十五）完善绿色标准、绿色认证体系和统计监测制度。开展绿色标准体系顶层设计和系统规划，形成全面系统的绿色标准体系。加快标准化支撑机构建设。加快绿色产品认证制度建设，培育一批专业绿色认证机构。加强节能环保、清洁生产、清洁能源等领域统计监测，健全相关制度，强化统计信息共享。

（二十六）培育绿色交易市场机制。进一步健全排污权、用能权、用水权、碳排放权等交易机制，降低交易成本，提高运转效率。加快建立初始分配、有偿使用、市场交易、纠纷解决、配套服务等制度，做好绿色权属交易与相关目标指标的对接协调。

八、认真抓好组织实施

（二十七）抓好贯彻落实。各地区各有关部门要思想到位、措施到位、行动到位，充分认识建立健全绿色低碳循环发展经济体系的重要性和紧迫性，将其作为高质量发展的重要内容，进一步压实工作责任，加强督促落实，保质保量完成各项任务。各地区要根据本地实际情况研究提出具体措施，在抓落实上投入更大精力，确保政策措施落到实处。

（二十八）加强统筹协调。国务院各有关部门要加强协同配合，形成工作合力。国家发展改革委要会同有关部门强化统筹协调和督促指导，做好年度重点工作安排部署，及时总结各地区各有关部门的好经验好模式，探索编制年度绿色低碳循环发展报告，重大情况及时向党中央、国务院报告。

（二十九）深化国际合作。统筹国内国际两个大局，加强与世界各个国家和地区在绿色低碳循环发展领域的政策沟通、技术交流、项目合作、人才培训等，积极参与和引领全球气候治理，切实提高我国推动国际绿色低碳循环发展的能力和水平，为构建人类命运共同体作出积极贡献。

（三十）营造良好氛围。各类新闻媒体要讲好我国绿色低碳循环发展故事，大力宣传取得的显著成就，积极宣扬先进典型，适时曝光破坏生态、污染环境、严重浪费资源和违规乱上高污染、高耗能项目等方面的负面典型，为绿色低碳循环发展营造良好氛围。

国务院

2021 年 2 月 2 日

附录 3：中国人民银行 发展改革委 证监会关于印发《绿色债券支持项目目录（2021 年版）》的通知

银发〔2021〕96 号

中国人民银行上海总部，各分行、营业管理部、省会（首府）城市中心支行、副省级城市中心支行；各省、自治区、直辖市及计划单列市、新疆生产建设兵团发展改革委，各证监局；银行间市场交易商协会、中央国债登记结算有限责任公司、中国证券登记结算有限责任公司，中国证券业协会、中国证券投资基金业协会，中证金融研究院，上海证券交易所、深圳证券交易所：

为全面贯彻党的十九大和十九届二中、三中、四中、五中全会精神，落实《生态文明体制改革总体方案》和构建绿色金融体系的要求，进一步规范国内绿色债券市场，充分发挥绿色金融在调结构、转方式、促进生态文明建设、推动经济可持续发展等方面的积极作用，助力实现碳达峰、碳中和目标，依据中共中央办公厅、国务院办公厅印发的《关于构建现代环境治理体系的指导意见》《国务院关于加快建立健全绿色低碳循环发展经济体系的指导意见》（国发〔2021〕4 号）和《中国人民银行 财政部 发展改革委 环境保护部 银监会 证监会 保监会关于构建绿色金融体系的指导意见》（银发〔2016〕228 号），人民银行、发展改革委、证监会以《绿色产业指导目录（2019 年版）》为基础，研究制定了《绿色债券支持项目目录（2021 年版）》（见附件），现印发给你们，并就有关事项通知如下：

一、绿色债券是指将募集资金专门用于支持符合规定条件的绿色产业、绿色项目或绿色经济活动，依照法定程序发行并按约定还本付息的有价证券，包括但不限于绿色金融债券、绿色企业债券、绿色公司债券、绿色债务融资工具和绿色资产支持证券。

二、各相关单位要以《绿色债券支持项目目录（2021 年版）》为基础，结合各自领域绿色发展目标任务和绿色金融体系建设情况，研究制定和落实相关配套支持政策，加强宣传引导，发挥好绿色债券对环境改善、应对气候变化和资源节约高效利用的支持作用，推动经济社会可持续发展和绿色低碳转型。

三、做好《绿色债券支持项目目录（2021 年版）》与《绿色债券支持项目目录（2015 年版）》（中国人民银行公告〔2015〕第 39 号公布）、《绿色债券发行指引》（发改办财金〔2015〕3504 号文印发）的衔接。对于《绿色债券支持项目目录（2021 年版）》发布前已处于存续期或已核准、已完成注册程序的债券，在绿色债券认定和资金投向上仍按照《绿色债券支持项目目录（2015 年版）》《绿色债券发行指引》有关适用范围执行。对于《绿色债券支持项目目录（2021 年版）》发布时已申报材料但未获得核准或未完成注册程序的债券，发行主体在绿色项目认定上，可自行选择适用《绿色债券支持项目目录（2015 年版）》《绿色债券发行指引》或《绿色债券支持项目目录（2021 年版）》。对上述债券，均鼓励发债主体按照《绿色债券支持项目目录（2021 年版）》进行信息披露等相关工作。

四、人民银行、发展改革委、证监会将会同相关单位，依据国家生态文明建设重大任务、生态环境保护和污染防治攻坚战工作重点、技术标准更新、绿色金融国际合作进展等具体情况和国内绿色债券市场发展的需求，适时对《绿色债券支持项目目录（2021 年版）》进行调整和修订。

五、《绿色债券支持项目目录（2021 年版）》自 2021 年 7 月 1 日起施行。

如遇新情况、新问题，请及时向相关业务主管部门报告。

附件：绿色债券支持项目目录（2021 年版）

中国人民银行

发展改革委

证监会

2021 年 4 月 2 日

附件

绿色债券支持项目目录(2021 年版)

领域		项目名称	说明/条件
一、节能环保产业			
1.1 能效提升	1.1.1 高效节能装备制造	1.1.1.1 节能锅炉制造	高炉煤气、生物质成型燃料、固体可燃废弃物等燃料电站锅炉、工业锅炉、船用锅炉等装备制造及贸易活动。其中,工业锅炉能效达到或优于《工业锅炉能效限定值及能效等级》(GB 24500)能效标准 2 级及以上能效等级,其他锅炉能效达到或优于相关设备技术规范热效率指标目标值要求,所有锅炉设备都需要符合《锅炉大气污染排放标准》(GB 13271)以及地方对锅炉排放的要求。
		1.1.1.2 节能窑炉制造	采用高温空气燃烧、富氧燃烧、余热利用等节能技术的冶金加热炉、非电热金属处理用炉、工业电炉、工业窑炉等节能型窑炉装备制造及贸易活动,以及节能型炉用燃烧器等设备制造及贸易活动。
		1.1.1.3 节能型泵及真空设备制造	节能泵、节能型真空干燥设备、节能型真空炉等设备制造及贸易活动。其中,节能泵设备能效指标达到或优于相关能效标准节能评价值或一级能效。
		1.1.1.4 节能型气体压缩设备制造	节能型空气压缩机、空气调节器用压缩机等设备制造及贸易活动。节能设备能效等级达到或优于《容积式空气压缩机能效限定值及节能评价值》(GB 19153)、《空气调节器用全封闭型电动机-压缩机能效限定值及能效等级》(GB 35971)等国家能效标准一级能效,其他节能气体压缩设备,需要满足对应能效要求。
		1.1.1.5 节能型液压气压元件制造	节能型液压和气压动力机械及元件制造及贸易活动。

续表

领域		项目名称	说明/条件
1.1 能效提升	1.1.1 高效节能装备制造	1.1.1.6 节能风机风扇制造	节能型通风机、鼓风机、工业风扇、通风罩、循环气罩等设备制造及贸易活动。节能设备能效达到或优于《通风机能效限定值及节能评价值》(GB 19761)及《离心鼓风机能效限定值及节能评价值》(GB 28381)国家标准一级能效。其他节能气体压缩设备需要满足对应能效要求。
		1.1.1.7 高效发电机及发电机组制造	节能型发电机、发电机组及其专用零件的制造及贸易活动。
		1.1.1.8 节能电机制造	节能型交流、直流、交直流两用电机设备制造及贸易活动。节能型电机设备能效达到或优于《电动机能效限定值及能效等级》(GB 18613)、《永磁同步电动机能效限定值及能效等级》(GB 30253)、《高压三相笼型异步电动机能效限定值及能效等级》(GB 30254)国家标准一级能效,其他节能电机设备,需要满足对应能效要求。
		1.1.1.9 节能型变压器、整流器、电感器和电焊机制造	节能型变压器、互感器、静止式变流器、电抗器、电感器、变频器、电焊机等设备制造及贸易活动。节能型电力变压器设备能效达到或优于《电力变压器能效限定值及能效等级》(GB 20052)国家标准一级能效,其他节能型变压器、电抗器等设备,需要满足对应能效要求。
		1.1.1.10 余热余压余气利用设备制造	低温烟气余热深度回收装置、窑炉余热利用装置、基于热泵技术的循环水及乏汽余热回收集中供热装置、高效换热器、高效蓄能器、高效冷凝器等余热余压余气利用设备制造及贸易活动。其中,热交换器能效等级达到相关规范目标值的要求。余能利用应依据《工业余能资源评价方法》(GB/T 1028)等国家标准要求开展。

续表

领域		项目名称	说明/条件
1.1 能效提升	1.1.1 高效节能装备制造	1.1.1.11 高效节能家用电器制造	节能型空调器、空调机组、电冰箱、电动洗衣机、平板电视机、电风扇等家用电器产品制造、贸易及消费活动。节能型产品能效达到或优于《房间空气调节器能效限定值及能效等级》(GB 21455)、《家用电冰箱耗电量限定值及能源效率等级》(GB 12021.2)、《电动洗衣机能效水效限定值及等级》(GB 12021.4)、《平板电视与机顶盒能效限定值及能效等级》(GB 24850)、《交流电风扇能效限定值及能效等
		1.1.1.12 高效节能商用设备制造	节能型复印机、打印机、传真机、微型计算机、投影机、商用制冷器具、冷水机组、热泵机组、单元式空调等商用设备制造、贸易及消费活动。相关节能设备能效达到或优于相关能效标准一级能效。
		1.1.1.13 高效照明产品及系统制造	半导体照明产业链中衬底、外延片、光源、照明产品(发光二极管 LED)及其生产装备、电子镇流器产品制造及贸易活动。相关产品应符合《室内照明用 LED 产品能效限定值及能效等级》(GB 30255)、《道路和隧道照明用 LED 灯具能效限定值及能效等级》(GB 37478)、《普通照明用 LED 平板灯能效限定值及能效等级》(GB 38450)、《管形荧光灯镇流器能效限定值及能效等级》(GB 17896)、《高压钠灯镇流器能效限定值及节能评价值》(GB 19574)、《金属卤化物灯镇流器能效限定值及能效等级》(GB 20053)、《单端无极荧光灯用交流电子镇流器能效限定值及能效等级》(GB 29143)等相关能效标准一级能效要求。
		1.1.1.14 能源计量、监测、控制设备制造	节能检测设备、在线能源计量设备、在线能源检测设备、热工检测设备、节能自控设备、温度计量设备、流量计量设备、电力计量设备、热力计量设备等能源计量、监测、监控设备制造及贸易活动。能源计量器具应符合《用能单位能源计量器具配备和管理通则》(GB 17167)的要求。

续表

领域		项目名称	说明/条件
1.1 能效提升	1.1.2 工业节能改造	1.1.2.1 锅炉(窑炉)节能改造和能效提升	以实现锅炉(窑炉)能效提升为目的,采用设备、装备替代更新、技术改造、燃料优化、燃烧调整优化等技术手段,对锅炉(窑炉)实施的节能技术改造,以及使用天然气、可再生能源等清洁能源和工厂余热、电厂乏汽、循环水余热等热力资源替代煤、石油焦、渣油、重油等燃料锅炉(窑炉)供热的节能技术改造活动。
		1.1.2.2 电机系统能效提升	以实现电机系统能效提升为目的,采用设备更新、技术改造、控制系统优化等技术手段,对电机系统(含系统内风机、水泵、压缩机、变压器等设备)实施的设备或综合性系统节能改造。
		1.1.2.3 余热余压利用	采用饱和蒸汽发电技术、烟气余热回收利用等技术,回收工业生产过程低品位余热余压等能源资源用于发电、工业供热、居民供暖或生产工艺再利用的设施建设或技术改造活动。
		1.1.2.4 能量系统优化	通过工艺流程优化、系统技术集成应用、能量系统设计与控制优化等技术手段,对工业生产过程能源流、物质流、信息流实施协同优化,提高能源梯级利用成效,使生产系统整体能效提升的节能技术改造活动,并符合《工业园区物质流分析技术导则》(GB/T 38903)等国家标准要求。
		1.1.2.5 汽轮发电机组系统能效提升	以提升汽轮发电机组能效为目的,对汽轮机通流部分、冷端系统、锅炉受热面及烟风系统,运行控制系统,热力及疏水系统,辅助电机等设备或系统实施的节能技术改造。

续表

领域		项目名称	说明/条件
1.1 能效提升	1.1.3 用电设施节能	1.1.3.1 绿色照明改造	采用LED、高/低压钠灯、金属卤化物灯、三基色双端直管荧光灯（T8、T5型）等高能效照明产品，以及利用自然光光源，在室内外各类场所进行的照明设施节能技术改造。相关照明产品应符合《室内照明用LED产品能效限定值及能效等级》（GB 30255）、《道路和隧道照明用LED灯具能效限定值及能效等级》（GB 37478）、《普通照明用LED平板灯能效限定值及能效等级》（GB 38450）、《普通照明用双端荧光灯能效限定值及能效等级》（GB 19043）、《单端荧光灯能效限定值及节能评价值》（GB 19415）、《普通照明用自镇流荧光灯能效限定值及能效等级》（GB 19044）、《单端无极荧光灯能效限定值及能效等级》（GB 29142）、《普通照明用自镇流无极荧光灯能效限定值及能效等级》（GB 29144）、《高压钠灯能效限定值及能效等级》（GB 19573）、《金属卤化物灯能效限定值及能效等级》（GB 20054）、《普通照明用卤钨灯能效限定值及节能评价值》（GB 31276）等相关能效标准一级能效要求。
1.2 可持续建筑	1.2.1 绿色建筑材料	1.2.1.1 绿色建筑材料制造	节能墙体材料、外墙保温材料、节能玻璃、装配式建筑部品部件、预拌混凝土、预拌砂浆等绿色建材产品制造及消费。产品相关性能和技术指标应符合国家、行业相应绿色建材产品评价技术要求。玻璃外墙制品应减少光污染，并降低城市热岛效应。
1.3 污染防治	1.3.1 先进环保装备制造	1.3.1.1 水污染防治装备制造	城镇、农村生活污水、工业废水处理与再生利用、回用装备，地表水、地下水污染防控治理与修复装备，清淤机械、排水管网维护检测装备、海绵城市建设配套装备、城镇雨水收集与处理装备，饮用水安全保障及漏损控制装备等装备制造及贸易活动。装备技术水平鼓励达到《环境保护综合名录（2017年版）》《国家鼓励发展的重大环保装备技术目录（2017年版）》等相关政策和规范要求，并符合《污水处理用旋转曝气机能效限定值及能效等级》（GB 37483）、《污水处理用潜水推流式搅拌机能效限定值及能效等级》（GB 37485）、《高效能水污染物控制装备评价技术要求 旋转曝气机》（GB/T 38220）等国家标准要求。

续表

领域		项目名称	说明/条件
1.3 污染防治	1.3.1 先进环保装备制造	1.3.1.2 大气污染防治装备制造	烟气除尘、脱硫脱硝、挥发性有机污染物（VOCs）处理、机动车尾气后处理、食品业油烟净化等装备制造及贸易活动，以及电力开关设备六氟化硫（SF6）气体替代等温室气体减排技术装备制造及贸易活动。装备技术水平鼓励达到《环境保护综合名录（2017 年版）》《国家鼓励发展的重大环保装备技术目录（2017 年版）》等相关政策和规范要求，并符合《除尘器能效限定值及能效等级》（GB 37484）、《高效能大气污染物控制装备评价技术要求》（GB/T 33017）等国家标准要求。
		1.3.1.3 土壤污染治理与修复装备制造	矿山复垦与生态修复、农用地土壤污染修复、污染地块治理与修复等装备制造及贸易活动。装备技术水平鼓励达到《土壤污染防治先进技术装备目录》（2017 年公布）、《国家鼓励发展的重大环保装备技术目录（2017 年版）》等相关政策和规范要求。
		1.3.1.4 固体废物处理处置装备制造	污泥处理装备（含黑臭水体清淤、底泥存储和处理装备）、固体废物处理、生活垃圾无害化资源化处理、危险废弃物处理等装备制造及贸易活动。装备技术水平鼓励达到《环境保护综合名录（2017 年版）》《国家鼓励发展的重大环保装备技术目录（2017 年版）》等相关政策和规范要求。
		1.3.1.5 减振降噪设备制造	声屏障、消声器、动力设备隔振装置、管道隔振用软连接设备、轨道振动与噪声控制装置、阻尼抑振材料和设备、有源噪声与振动控制设备等装备制造及贸易活动。装备技术水平鼓励达到《环境保护综合名录（2017 年版）》《国家鼓励发展的重大环保装备技术目录（2017 年版）》等相关政策和规范要求。
		1.3.1.6 放射性污染防治和处理设备制造	放射性废物处理和处置装置、放射源污染土壤的治理与修复装备等设备制造及贸易活动。

续表

领域		项目名称	说明/条件
1.3 污染防治	1.3.1 先进环保装备制造	1.3.1.7 环境污染处理药剂、材料制造	除磷药剂、杀菌灭藻剂、絮凝剂等环保药剂和袋式除尘滤料及纤维、袋除尘用大口径脉冲阀、无膜片高压低能耗脉冲阀、膜材料和膜组件等设备、零部件制造及贸易活动，以及列入《国家鼓励发展的重大环保装备技术目录（2017 年版）》的环境污染治理材料和药剂制造及贸易活动。
		1.3.1.8 环境监测仪器与应急处理设备制造	大气、水、土壤、生物、噪声与振动、固体废物、机动车排放（含遥感监测和 PEMS 检测）、核与辐射等生态环境监测及检测仪器仪表、环境应急检测仪器仪表、环境应急装备等设备制造及贸易活动，以及列入《环境保护综合名录（2017 年版）》《国家鼓励发展的重大环保装备技术目录（2017 年版）》，并符合《烟气集成净化专用碳基产品》（GB/T 35254）、《烟气脱硝催化剂检测技术规范》（GB/T 38219）等国家标准的设备制造及贸易活动。
	1.3.2 水污染治理	1.3.2.1 良好水体保护及地下水环境防治	通过统筹使用截污治污、植被恢复、生物缓冲带建设等工程措施，报废矿井、钻井、取水井封井回填等污染防治工程措施，开展的江河源头和Ⅲ类及以上水质江河湖库、饮用水水源地达标建设、备用水源建设、水源涵养和生态修复建设工程，以及石油化工、矿山开采、农田等区域地下水污染风险评估和污染治理、地下水保护活动。
		1.3.2.2 重点流域海域水环境治理	统筹使用截污治污、垃圾清理、河道清淤疏浚、湿地保护修复、植被恢复等手段，开展的改善水环境质量、恢复水域生态功能的治理活动。包括七大流域及近岸海域、重点湖泊的水环境保护与综合治理，如近海区域塑料垃圾的监测与整治。
		1.3.2.3 城市黑臭水体整治	城市黑臭水体综合整治活动，如污水处理、再生利用、污水管渠建设和技术改造，排污口整治、截污系统建设和改造，内源治理、人工湿地建设、垃圾清理、智慧水务等治理活动。治理后水体水质需符合《城市黑臭水体整治工作指南》（2015 年公布）、《城市黑臭水体整治——排水口、管道及检查井治理技术指南》（2016 年公布）等技术规范和管理文件要求。

续表

领域		项目名称	说明/条件
1.3 污染防治	1.3.2 水污染治理	1.3.2.4 船舶港口污染防治	以防治船舶港口污染为目的实施的港口油气回收系统建设，船舶改造加装尾气污染治理装备，矿石码头堆场防风抑尘设施建设，港口船舶污染物接收设施建设，岸电设施建设等污染防治设施建设和技术改造，以及避免船舶压舱水带来外来物种入侵危害的设施建设。
	1.3.3 大气污染治理	1.3.3.1 交通车辆污染治理	通过符合新的能效和污染物排放标准的车辆更新淘汰老旧高能耗、高排放运营车辆，机动车和非道路移动机械污染排放实时监控系统建设，道路遥感监测和定位系统建设，以及汽车维修废油、废水和废气治理等活动，开展的交通车辆污染治理。
		1.3.3.2 城市扬尘综合治理	采用建设工程施工现场设置全封闭围挡墙、物料堆放覆盖、土方开挖湿法作业、进出道路地面硬化、出入车辆清洗，渣土运输车辆采取密闭措施，道路机械化清扫，城市及周边建设绿化和防风防沙林等手段，开展的城市扬尘综合治理活动。
		1.3.3.3 餐饮油烟污染治理	餐饮服务经营场所安装高效油烟净化设施等餐饮油烟污染治理活动。
	1.3.4 土壤污染治理及其他污染治理	1.3.4.1 建设用地污染治理	建设用地土壤污染状况详查与监测、风险评估，以及采用转移、吸收、降解等物理、化学、生物工程技术措施，降低土壤污染物含量水平，使建设用地土壤质量符合相关规划用地土壤环境质量要求，提升建设用地土壤利用价值的治理活动。
		1.3.4.2 沙漠污染治理	采用清洗、淋洗、玻璃化、热处理以及气相抽吸等物理措施，焚烧、电动修复、化学稳定等化学措施，植物修复、动物修复和微生物修复等生物措施开展的沙漠污染治理活动。

续表

领域		项目名称	说明/条件
1.3 污染防治	1.3.4 土壤污染治理及其他污染治理	1.3.4.3 农用地污染治理	农用地土壤污染状况详查与监测、风险评估，农用地土壤环境质量类别划分、安全利用、风险管控、治理与修复，以及治理与修复效果评估等活动。
		1.3.4.4 噪声污染治理	工业企业噪声污染治理、交通噪声污染治理、建筑施工噪声污染治理，以及社会生活噪声污染治理等噪声污染治理活动。
		1.3.4.5 恶臭污染治理	通过在生产经营活动中产生恶臭气体的企业和其他单位安装净化装置或采取其他工程技术措施，开展的恶臭污染治理活动。
	1.3.5 农业农村环境综合治理	1.3.5.1 农林草业面源污染防治	通过源头控制、过程阻断、末端强化等综合防治措施，减少农田污染和农业废弃物污染以及抗生素污染等新型污染的活动；测土配方施肥，农田氮磷拦截与再利用等农业清洁生产技术应用活动；农作物病虫害专业化统防统治及绿色防控专业化服务；粪污集中处理和资源化利用，畜禽规模化养殖和粪污资源化利用、病死畜禽无害化处理设施，生态沟渠、污水净化塘等设施建设和运营；农业地膜污染防治。
		1.3.5.2 农村人居环境整治	为改善农村生产生活环境而进行的综合治理工程，如农村生活垃圾和污水处理设施建设和运营、农村河道综合治理、厕所粪污治理、村容村貌提升工程、农村饮水安全工程建设和运营等。农村污水处理设施应符合农村生活污水处理设施运行效果评价技术要求相关国家标准。
1.4 水资源节约和非常规水资源利用	1.4.1 非常规水资源利用	1.4.1.1 海水、苦咸水淡化处理	海水、苦咸水淡化处理设施建设和运营。
		1.4.1.2 雨水的收集、处理、利用	雨水的收集、处理、利用设施建设和运营。

续表

领域		项目名称	说明/条件
1.5 资源综合利用	1.5.1 资源循环利用装备制造	1.5.1.1 矿产资源综合利用装备制造	能源矿产、黑色金属矿产、有色金属(含稀有金属)矿产、非金属矿产资源综合利用等装备制造及贸易活动。
		1.5.1.2 工业固体废物综合利用装备制造	脱硫石膏、磷石膏、化工废渣、冶炼废渣、尾矿、赤泥等固体废物的二次利用或综合利用等装备制造及贸易活动,冶金烟灰粉尘回收与稀贵金属高效低成本回收等装
		1.5.1.3 建筑废弃物、道路废弃物资源化无害化利用装备制造	利用建筑、道路拆除、维修废弃物混杂料、废旧沥青、砂灰粉等材料生产道路、市政设施原材料,再生利用建筑、道路废弃物的移动式、固定式,以及移动式和固定式相结合的废弃物综合利用成套设备制造及贸易活动。
		1.5.1.4 餐厨废弃物资源化无害化利用装备制造	利用餐厨废弃物生产生物柴油、有机肥、沼气、工业乙醇等产品的餐厨废弃物减量化、无害化处理和资源化利用等装备制造及贸易活动,包括分类回收、运输、分拣、预处理、资源化、能源化产品生产等装备制造及贸易活动等。
		1.5.1.5 汽车零部件及机电产品再制造装备制造	利用废旧汽车零部件、废旧机电产品材料,再生生产汽车零部件、机电产品的生产装备制造及贸易活动。如废旧汽车零部件、大型动力旋转机电产品、废旧机电产品的拆解清洗装备,电镀、熔覆、成型一体化等装备制造及贸易活动。
		1.5.1.6 资源再生利用装备制造	废旧动力蓄电池、轮胎、机电产品等废旧金属、橡胶、玻璃、生物质材料无害化再生利用装备制造及贸易活动,并符合《废润滑油回收与再生利用技术导则》(GB/T17145)、《产品及零部件可回收利用标识》(GB/T 23384)、《再生利用品和再制造品通用要求及标识》(GB/T 27611)、《氮氧化物材料抗氧化性试验方法 变温氧化法》(GB/T 32329)等国家标准的要求。

续表

领域		项目名称	说明/条件
1.5 资源综合利用	1.5.1 资源循环利用装备制造	1.5.1.7 非常规水源利用装备制造	工业废水、城镇生活污水处理再生利用装备，矿井水、苦咸水、雨水收集、处理利用装备，海水淡化处理利用装备等非常规水源利用装备制造及贸易活动。
		1.5.1.8 农林废物资源化无害化利用装备制造	利用秸秆、畜禽粪污、农村厕所粪污等农林废弃物生产发酵饲料、沼气、生物天然气、固体燃料、有机肥料等产品的农林废物资源化无害化利用装备制造及贸易活动。
	1.5.2 固体废弃物综合利用	1.5.2.1 矿产资源综合利用	伴生天然气、低浓度瓦斯等能源伴生矿产资源、低品位伴生资源的开发或回收综合利用；铁、锰、铬等黑金属中低品位矿、尾矿再开发利用、伴生矿综合开发利用；铜、铅、镍、锡、铝、镁、金、银等有色金属矿产资源高效开发利用、尾矿再开发利用和伴生矿综合开发利用，以及高岭土、铝矾土、石灰石、石膏、磷矿等非金属矿产资源尾矿再开发利用和伴生矿综合开发利用。
		1.5.2.2 废旧资源再生利用	废旧金属、废橡胶、废塑料、废玻璃、废旧电器电子产品、废旧太阳能设备、废旧纺织品、废矿物油、废弃生物质、废纸（废旧印刷制品等）、废旧脱硝催化剂、除尘用废旧布袋等废旧资源的再生利用。如废旧资源的回收、分拣、加工等设施的建设和运营，并符合《产品可回收利用率计算方法导则》（GB/T 20862）、《废弃产品处理企业技术规范》（GB/T 27873）、《废弃产品回收处理企业统计指标体系》（GB/T 28744）、《废塑料再生利用技术规范》（GB/T 37821）、《废旧纺织品回收技术规范》（GB/T 38926）等国家标准的要求。
		1.5.2.3 汽车零部件及机电产品再制造	废旧汽车零部件及废旧大型动力旋转机电设备等机电产品的回收、分拣、拆解、再加工等设施建设和运营。

续表

领域		项目名称	说明/条件
1.5 资源综合利用	1.5.3 生物质资源综合利用	1.5.3.1 城乡生活垃圾综合利用	生活垃圾、餐厨废弃物、城市污泥、建筑和交通道路、桥梁拆除废物等资源的无害化处理和资源化利用设施建设和运营。如生活垃圾分拣处理设施建设运营、符合环保要求的垃圾焚烧电站建设运营，餐厨废弃物加工生产有机肥、生物柴油设施建设和运营等。
		1.5.3.2 农业废弃物资源化利用	农作物秸秆、畜禽粪污、尾菜、农产品初加工剩余物等农业废弃物的资源化利用设施建设和运营。如农作物秸秆生产生物质成型燃料设施、畜禽粪污生产沼气设施等设施的建设和运营。
		1.5.3.3 城镇污水处理厂污泥综合利用	城镇污水处理厂污泥处理处置及综合利用设施建设运营。如污泥土地利用（土地改良、园林绿化、林用、农用等）活动，以及焚烧发电（供热、热电联产）、建材加工设施建设运营等其他各类污泥资源化利用设施建设和运营。
1.6 绿色交通	1.6.1 新能源汽车和绿色船舶制造	1.6.1.1 新能源汽车关键零部件制造和产业化	新能源汽车电池、电机及其控制系统、电附件、插电式混合动力专用发动机、机电耦合系统及能量回收系统等新能源汽车关键核心零部件装备制造和产业化设施建设运营，及新能源汽车和清洁能源汽车的贸易活动和购置消费。相关项目需符合《新能源汽车生产企业及产品准入管理规定》（中华人民共和国工业和信息化部令第 54 号修订）的要求。
		1.6.1.2 充电、换电及加氢设施制造	分布式交流充电桩、集中式快速充电站、换电设施、站用加氢及储氢等设备制造、设施建设和运营。加氢站设计、施工、建设应符合《氢气站设计规范》（GB 50177）、《加氢站技术规范》（GB 50516）、《加氢站安全技术规范》（GB/T 34584）等国家标准的要求。
		1.6.1.3 绿色船舶制造	天然气动力船舶，电力船舶，太阳能、风能等新能源船舶，节能和新能源施工船舶等绿色船舶制造、购置及贸易活动。

续表

领域		项目名称	说明/条件
二、清洁生产产业			
2.1 污染防治	2.1.1 生产过程大气污染治理	2.1.1.1 工业脱硫脱硝除尘改造	工业锅炉脱硫脱硝除尘技术改造、钢铁行业烧结机脱硫技术改造、水泥行业脱硝技术改造、废气重金属治理升级改造等，并符合《产业园区废气综合利用原则和要求》（GB/T 36574）、《燃煤烟气脱硝装备运行效果评价技术要求》（GB/T 34340）、《燃煤烟气脱硫装备运行效果评价技术要求》（GB/T 34605）、《钢铁烧结烟气脱硫除尘装备运行效果评价技术要求》（GB/T 34607）等国家标准的要求。
		2.1.1.2 挥发性有机物综合整治	石化、有机化工、医药、工业涂装和包装等产业挥发性有机物治理设施（含工业园区内企业及园区综合整治）及油气运输储备系统（如加油站、油罐车、储油库）油气回收设施等挥发性有机物综合治理设施建设运营，以及以挥发性有机物整治为目的的企业生产工艺、生产装备技术改造。
		2.1.1.3 钢铁企业超低排放改造	钢铁企业生产工艺脱硫脱硝设施升级改造，如生产线相关设备加装低氮燃烧器、高效除尘设施等；生产车间和出渣处理设备实施封闭改造、酚氰废水处理设施升级改造，设备和管线排放泄漏检测与修复等，并符合《高炉干法除尘灰回收利用技术规范》（GB/T 33759）等国家标准的要求。
	2.1.2 生产过程水污染治理	2.1.2.1 重点行业水污染治理	造纸、焦化、氮肥、有色金属、印染、农副食品加工、原料药制造、制革、农药、电镀等水污染物产生重点行业的清洁化技术改造，以及工业污水处理设施等水污染治理设施建设运营。例如，磷矿、磷化工、磷石膏库整治及磷石膏综合利用及产品贸易，含磷农药等行业生产废水设施建设、运营等，并符合《工业废水处理与回用技术评价导则》（GB/T 32327）等国家标准的要求。
		2.1.2.2 工业集聚区水污染集中治理	经济技术开发区、高新技术产业开发区、出口加工区等工业集聚区污水预处理系统建设、污水收集系统和污水集中处理与再生利用设施建设和运营，并符合《产业园区水的分类使用及循环利用原则和要求》（GB/T 36575）等国家标准的要求。

续表

领域		项目名称	说明/条件
2.1 污染防治	2.1.3 工业园区污染治理	2.1.3.1 园区污染治理集中化改造	工业园区、企业集群集中污染治理设施、集中喷涂设施建设和运营及升级改造，废弃可再生资源（如废钢铁、废有色金属、废塑料、废橡胶等）集中拆解处理和集中污染治理设施建设运营，以及工业园区、企业集群公共基础设施（如供水、供电、供热、道路、通信等）建设和技术改造，并符合《产业园区基础设施绿色化指标体系及评价方法》（GB/T 38538）、《焦炉煤气制取甲醇技术规范》（GB/T 38927）等国家标准的要求。
		2.1.3.2 园区重点行业清洁生产改造	工业园区钢铁、化工、石油石化、有色金属等高污染重点行业企业及园区清洁生产改造，实现环境改善、降低温室气体排放和资源节约高效利用。采用列入《石化绿色工艺名录（2019 版）》内工艺的化工、石油石化新建、改扩建项目。
	2.1.4 无毒无害原料替代与危险废物治理	2.1.4.1 无毒无害原料生产与替代使用	在电器电子、汽车、涂料、家具、儿童玩具、教育场所硬件设备、印刷、汽车制造涂装、橡胶制品、皮革、制鞋等重点行业使用无毒无害或低毒低害原料，对含重金属或有机污染物、消耗臭氧层物质等有毒有害物质原料进行替代的技术改造或新工艺生产设施建设。如《国家鼓励的有毒有害原料（产品）替代品目录（2016 年版）》所列替代品的生产设施建设或替代使用技术改造，以及《关于消耗臭氧层物质的蒙特利尔议定书》及其各修正案受控物质进行替代的技术改造或新工艺生产设施建设。
		2.1.4.2 危险废物处理处置	列入《国家危险废物名录》（2016 年公布）的危险废物、医疗废物的减量化、无害化处理处置设施建设和运营。
		2.1.4.3 危险废物运输	列入《国家危险废物名录》（2016 年公布）的危险废物、医疗废物的运输运营活动。

续表

领域		项目名称	说明/条件
2.2 绿色农业	2.2.1 农业农村环境综合治理	2.2.1.1 高效低毒低残留农药生产与替代	通过农药生产设备、生产工艺系统改造升级、环境友好型农药研发生产等措施，生产及在农业生产中使用符合《种植业生产使用低毒低残留农药主要品种名录（2016）》等国家和行业政策优先支持的高效低毒低残留品种农药的活动。
		2.2.1.2 畜禽养殖废弃物污染治理	通过畜禽养殖场清洁化养殖改造、养殖废水、粪污收集和无害化处理和综合利用设施建设、空气污染防治设施改造和建设等手段，治理畜禽养殖废弃物污染的活动。
		2.2.1.3 废弃农膜回收利用	废弃农膜机动和固定回收站点建设、运输和储存系统建设，以及利用废弃农膜生产再生颗粒、防水防漏材料、塑料编织袋、裂解油等生产设备制造和生产设施建设和运营。
2.3 资源综合利用	2.3.1 固体废弃物综合利用	2.3.1.1 工业固体废弃物无害化处理处置及综合利用	冶炼渣、工业副产石膏、赤泥、化工废渣、粉煤灰等工业固体废弃物的回收、无害化处理和再利用设施建设和运营，以及危险废物焚烧、高温熔融等无害化处理设施建设和运营，符合污染控制技术相关标准或政策，利用危险废物作为原料制备其他工业产品、进行资源化利用的再利用设施建设和运营，并符合《工业固体废物综合利用产品环境与质量安全评价技术导则》（GB/T 32328）、《工业固体废物综合利用技术评价导则》（GB/T 32326）、《工业固体废物综合利用术语》（GB/T 34911）等国家标准的要求。
		2.3.1.2 历史遗留尾矿库整治	尾矿库堆存系统改造、排洪系统改造、回水系统改造，重金属污染地块河道废渣污染治理修复等历史遗留尾矿库及其影响地块污染治理和环境修复活动。
		2.3.1.3 包装废弃物回收处理	纸包装容器及材料、塑料包装容器及材料、金属包装容器及材料、玻璃包装容器及材料、木包装容器及材料、混合包装等包装废弃物的回收和处理设施建设和运营，并符合《废复合包装分选质量要求》（GB/T 38925）等国家标准的要求。

续表

领域		项目名称	说明/条件
2.3 资源综合利用	2.3.2 工业园区资源综合利用	2.3.2.1 园区产业链接循环化改造	在工业园区内，电力、钢铁、有色金属、石油石化、化学工业、建材、造纸、纺织、农牧业等行业企业，以企业为基础建立跨行业产业链接，实现最大化的废弃物资源接续利用，实现废弃物循环利用，或能源梯级利用的技术改造活动。
		2.3.2.2 园区资源利用高效化改造	园区内废弃物资源，尾矿、伴生矿等资源利用项目引进和建设，以及为提升园区整体资源利用效率和园区企业资源利用效率而进行的园区专项或系统化改造，包括园区产业链补链企业引进、改造和建设，既有企业资源高效利用改造等，并符合《废弃资源综合利用业环境管理体系实施指南》(GB/T 29750)等国家标准的要求。
2.4 水资源节约和非常规水资源利用	2.4.1 工业节水	2.4.1.1 生产过程节水和水资源高效利用	工业冷却用水节水改造、热力和工艺用水节水改造、洗涤用水节水改造、蒸汽冷凝水回收再利用、外排废水回收处理再利用、非常规水资源利用设施建设等工业节水设施建设和技术改造，并符合《重金属废水处理与回用技术评价》(GB/T 38224)等国家标准的要求。
三、清洁能源产业			
3.1 能效提升	3.1.1 电力设施节能	3.1.1.1 智能电网产品和装备制造	智能变压器、整流器和电感器，先进电力电子装置，智能输配电及控制设备，特高压输电装备，抽水蓄能装备，新能源储能装备，充电设施生产制造，以及与智能电网和新能源相关控制类产品生产制造。
		3.1.1.2 智能电网建设和运营	集成信息、控制、储能等技术以及智能化电力设备，减少弃风弃光，提升清洁能源的消纳效率，实现电力发输配用储过程中的数字化管理、智能化决策、互动化交易的电网设施建设和运营。

续表

领域		项目名称	说明/条件
3.2 清洁能源	3.2.1 新能源与清洁能源装备制造	3.2.1.1 风力发电装备制造	陆上、海上风力发电机组，3 兆瓦及以上高原型、低温型、低风速风力发电机组配套的发电机、风轮叶片、轴承、电缆、变速箱、塔筒等关键零部件，以及风电场相关系统与装备的制造及贸易活动。
		3.2.1.2 太阳能发电装备制造	光伏发电设备和光热发电设备制造及贸易活动。其中，光伏发电设备制造企业和项目需符合《光伏制造行业规范条件（2018 年本）》（中华人民共和国工业和信息化部公告〔2018〕第 2 号公布）要求，光伏电池生产需达到《光伏电池行业清洁生产评价指标体系》（国家发展和改革委员会 环境保护部 工业和信息化部公告〔2016〕第 21 号公布）Ⅰ级水平。
		3.2.1.3 生物质能利用装备制造	秸秆、稻壳等农业生产副产生物质资源收集、粉碎、运输和储存设备，生物质发电、供热装备，沼气、生物质燃气生产装备，生物质固液体燃料生产装备，生物质能利用中的环保装备等装备制造及贸易活动。
		3.2.1.4 水力发电和抽水蓄能装备制造	高性能大容量水电机组、高水头大容量抽水蓄能机组成套设备、百万千瓦级大型水轮发电机组、变速抽水蓄能机组、超高水头大型冲击式水轮发电机组、海水抽水蓄能机组等水力发电和抽水蓄能机组装备制造及贸易活动。
		3.2.1.5 核电装备制造	第三代先进压水堆核电站成套设备，快中子堆和高温气冷堆核电站设备，模块化小型核能装置，核应急装置及核级泵、阀设备等核电站辅助设备，防辐射材料、安全与监测装置的生产制造；铀矿开采、铀纯化转化、铀浓缩、燃料元件的生产和生产设备制造，以及核设施退役、放射性废物处理和处置装置制造，铀矿伴生矿综合利用设备制造。

续表

领域		项目名称	说明/条件
3.2 清洁能源	3.2.1 新能源与清洁能源装备制造	3.2.1.6 燃气轮机装备制造	重型燃气轮机、微型燃气轮机等燃气轮机装备制造；以及复杂结构陶瓷型芯、高强抗热冲击陶瓷模壳、大尺寸定向结晶或单晶叶片、大型涡轮盘、高精度转子、高耐用性轴承和密封设备、高强钢拉杆、高温高压燃烧器等燃气轮机核心部件制造。
		3.2.1.7 燃料电池装备制造	质子交换膜、直接甲醇、碱性燃料、熔融碳酸燃料、磷酸燃料、固体氧化物等类别燃料电池生产制造及贸易活动。
		3.2.1.8 地热能开发利用装备制造	地源热泵、高温地热热泵，以及地热吸收式制冷系统、中低温地热发电系统、地热干燥及热水供应系统、地热防腐防垢关键设备制造及贸易活动。
		3.2.1.9 海洋能开发利用装备制造	利用海洋潮汐能、潮流能、波浪能、温差能、盐差能等资源发电的海洋能开发利用装备制造及贸易活动。
	3.2.2 可再生能源设施建设与运营	3.2.2.1 风力发电设施建设和运营	利用风能发电的设施建设和运营。
		3.2.2.2 太阳能利用设施建设和运营	利用太阳能发电的设施建设和运营。包括太阳能光伏发电、太阳能热发电和太阳能热利用设施。其中，太阳能光伏发电设施选用的部件产品需满足如下限定条件：(1)多晶硅电池和单晶硅电池的最低光电转换效率分别不低于 19%和 21%；(2)多晶硅电池组件和单晶硅电池组件的最低光电转换效率分别不低于 17%和 17.8%；(3)硅基、CIGS、CdTe 及其他薄膜电池组件的最低光电转换效率分别不低于 12%、14%、14%、12%；(4)多晶硅电池组件和单晶硅电池组件衰减率首年分别不高于 2.5%和 3%，后续每年不高于 0.7%，25 年内不高于 20%；薄膜电池组件衰减率首年不高于 5%，后续每年不高于 0.4%，25 年内不高于 15%。

续表

领域		项目名称	说明/条件
3.2 清洁能源	3.2.2 可再生能源设施建设与运营	3.2.2.3 生物质能源利用设施建设和运营	以农林废弃物、城市生活垃圾等生物质原料发电、供热，生产燃料乙醇等生物质液体燃料，以及以地沟油等餐厨废物为主要原料生产生物柴油等产品的设施建设和运营。
		3.2.2.4 大型水力发电设施建设和运营	对生态环境无重大影响前提下，利用水体势能发电的设施建设和运营。仅含列入国家可再生能源规划等规划的重点大型水电项目。
		3.2.2.5 核电站建设和运营	在保障环境安全前提下，利用可控核裂变释放热能，采用第三代和第四代核电技术发电的设施建设和运营。
		3.2.2.6 地热能利用设施建设和运营	采用热泵等技术提取浅层地热能(包括岩土体热源、地下水热源、地表水热源等)的建筑供暖、供冷设施建设和运营；利用中高温地热、中低温地热、干热岩等地热资源发电的设施建设和运营。
		3.2.2.7 海洋能利用设施建设和运营	对海洋生态和生物多样性不造成严重损害的前提下，利用海洋潮汐能、波浪能、潮流能、温差能、盐差能等资源发电的设施建设和运营。
		3.2.2.8 氢能利用设施建设和运营	清洁制氢、氢气安全高效储存、加氢站、氢燃料电池汽车、氢燃料电池发电、掺氢天然气等技术设置和氢能应用。氢安全应符合《氢气使用安全技术规程》(GB 4962)和《氢系统安全的基本要求》(GB/T 29729)等国家标准要求。水电解制氢应符合《水电解制氢系统技术要求》(GB/T 19774)和《压力型水电解制氢系统安全要求》(GB/T 37563)等国家标准要求。变压吸附提纯制氢应符合《变压吸附提纯氢用吸附器》(GB/T 29412)和《变压吸附提纯氢系统技术要求》(GB/T 19773)等国家标准要求。氢储运应符合《固定式高压储氢用钢带错绕式容器》(GB/T 26466)和《氢气储存输送系统》(GB/T 34542)等国家标准要求。加氢站用储氢装置应符合《加氢站用储氢装置安全技术要求》(GB/T 34583)等国家标准要求。加氢站设计、施工、建设应符合《氢气站设计规范》(GB 50177)、《加氢站技术规范》(GB 50516)、《加氢站安全技术规范》

续表

领域		项目名称	说明/条件
3.2 清洁能源	3.2.2 可再生能源设施建设与运营	3.2.2.8 氢能利用设施建设和运营	(GB/T 34584)等国家标准要求。加注设施应符合《氢燃料电池电动汽车示范运行配套设施规范》(GB/T 29124)、《移动式加氢设施安全技术规范》(GB/T 31139)、《氢能车辆加氢设施安全运行管理规程》(GB/Z 34541)等国家标准要求。车用掺氢天然气应符合《车用压缩氢气天然气混合燃气》(GB/T 34537)等国家标准要求。氢燃料电池汽车技术应符合《质子交换膜燃料电池汽车用燃料 氢气》(GB/T 37244)、《示范运行氢燃料电池电动汽车技术规范》(GB/T 29123)、《燃料电池电动汽车 安全要求》(GB/T 24549)等国家标准要求。固定式燃料电池发电系统应符合《固定式燃料电池发电系统》(GB/T 27748)等国家标准的要求。
		3.2.2.9 热泵设施建设和运营	空气源热泵、地下水源热泵、地表水源热泵、污水源热泵、土壤源热泵、高温空气能热泵等热泵供热(冷)系统设施的建设和运营。
	3.2.3 清洁能源高效运行	3.2.3.1 多能互补工程建设和运营	针对终端用户电、热、冷等多能消费需求,以提升供能系统综合能效、增加可再生能源利用、减少碳排放为目标,采用天然气热电冷三联供、分布式可再生能源和能源智能微网等技术建设运营的终端一体化供能系统设施,设施综合能效应大于等于 70%;以及为增加区域电网对风电、光伏发电等间歇性可再生能源的消纳能力,解决区域电网风电、水电、光伏发电弃风、弃光、弃水问题,利用大型综合能源基地风能、太阳能、水能、天然气等资源发挥组合优势,以火电、水电、储能设施等承担调节功能提高电力系统运行稳定性进行的多能互补系统建设和运营。系统弃风率控制应在 5%以内,弃光率应控制在 3%以内。
		3.2.3.2 高效储能设施建设和运营	采用物理储能、电磁储能、电化学储能和相变储能等技术,为提升可再生能源发电、分布式能源、新能源微电网等系统运行灵活性、稳定性和可靠性进行的高效储能、调峰设施建设和运营。

续表

领域		项目名称	说明/条件
3.2 清洁能源	3.2.3 清洁能源高效运行	3.2.3.3 天然气输送储运调峰设施建设和运营	天然气长输管道、储气库、支线管道、区域管网，以及液化天然气（LNG）接收站等天然气输送、储运、调峰设施建设和运营，以及甲烷泄漏检测与修复装置配备。
		3.2.3.4 分布式能源工程建设和运营	天然气热电冷三联供、分布式可再生能源发电、地热能供暖制冷等分布式能源工程建设和运营。天然气或其他化石能源驱动的分布式冷热电三联供能源系统和工程项目的节能率要求应符合《分布式冷热电能源系统的节能率 第 1 部分：化石能源驱动系统》（GB/T 33757.1）要求，相关系统和工程项目的制冷、供热单元和动力单元应符合《分布式冷热电能源系统技术条件 第 1 部分：制冷和供热单元》（GB/T 36160.1）和《分布式冷热电能源系统技术条件 第 2 部分：动力单元》（GB/T 36160.2）等国家标准要求。
		3.2.3.5 抽水蓄能电站建设和运营	为提高电网对风电、光伏发电等间歇性可再生能源电力消纳能力，提升电网运行灵活性、稳定性和可靠性，在电网中主要承担电力“削峰填谷”功能的抽水蓄能电站建设和运营。
		3.2.3.6 二氧化碳捕集、利用与封存工程建设和运营	对化石能源燃烧和工业过程排放二氧化碳进行捕集、利用或封存的减排项目建设和运营。
四、生态环境产业			
4.1 绿色农业	4.1.1 农业资源保护	4.1.1.1 现代农业种业及动植物种质资源保护	以推进农业可持续发展为目标的农作物种业育繁推产业化工程，良种示范区，研发平台、服务平台等建设，以及动植物种质资源收集、保存、保护及管理工程。

续表

领域		项目名称	说明/条件
4.1 绿色农业	4.1.1 农业资源保护	4.1.1.2 农作物种植保护地、保护区建设和运营	在划定的永久基本农田区域因地制宜开展的零星分散耕地整合归并、土地复垦及耕地提质改造工程;在永久基本农田开展的退化耕地综合治理、中低产田改造、高标准农田建设等耕地质量提升工程;耕地占补平衡项目中被占用耕地表土剥离用于新增耕地、劣质地或基本农田整备区耕地土壤改良工程,以及农田水利设施建设、耕地保水保肥、污控修复等活动。其中,禁止开垦、复垦严重沙化土地,禁止在 25 度以上陡坡开垦、复垦耕地,禁止违规毁林开垦耕地。
		4.1.1.3 林业基因资源保护	林业基因(遗传)资源调查、监测与信息化平台建设,林业基因(遗传)资源收集与保存工程(原地或异地保护、保存设施、保护区建设等),乡土树种、经济树种、速生树种的育种、驯化和生物勘探工程,良种利用工程,侵入物种防控等符合国家、行业相关政策、规范、标准的林业基因(遗传)资源保护工程。
		4.1.1.4 增殖放流与海洋牧场建设和运营	为改善水域环境、保护生物多样性向海洋、滩涂、江河、湖泊、水库等天然水域投放渔业生物卵子、幼体或成体,恢复或增加种群数量、改善和优化水域生物群落结构的增殖放流与海洋牧场建设和运营。
		4.1.1.5 有害生物灾害防治	为保护生物多样性进行的外来物种入侵防控,农业、林业病虫害有害生物灾害防治活动,以及以资源化利用为手段,治理外来入侵物种的活动。
		4.1.1.6 农村土地综合整治	为推进美丽宜居乡村建设,优化生产生活生态空间,开展的农村山水路林村综合整治活动。如低效闲散建设用地整治、工矿废弃地复垦和空心村整治,以及为提高耕地质量而进行的改良土壤、培肥地力、保水保肥、污控修复等活动。

续表

领域		项目名称	说明/条件
4.1 绿色农业	4.1.2 农业农村环境综合治理	4.1.2.1 农作物病虫害绿色防控	通过推广抗病虫作物品种，使用“以虫治虫”“稻鸭共育”“生物生化制剂”等生物防治技术，使用“杀虫灯”“防虫网阻隔”等理化诱控技术，使用高效、低毒、低残留、环境友好型农药，开展的农作物病虫害绿色防控活动，以及化学农药减量增效、使用量零增长活动等。
	4.1.3 绿色农产品供给	4.1.3.1 绿色有机农业	有机农产品和绿色食品生产、消费及大宗绿色农产品贸易活动；有机农产品和绿色食品生产相关设施建设。产品及其生产环境需符合有效期内《有机产品》（GB/T 19630.1 - GB/T 19630.4）国家标准，原农业部环境质量标准和农药、肥料、兽药、饲料及饲料添加剂、食品添加剂、动物卫生等 7 项通用准则性标准，以及 45 项产品质量标准；产品标注需符合原农业部《绿色食品标志管理办法》（中华人民共和国农业部令〔2012〕第 6 号发布）。大宗绿色农产品贸易活动主要适用于获得国际相关认证体系可持续证书的农产品。
		4.1.3.2 绿色畜牧业	为推进畜牧业资源高效利用、生态环境保护而进行的绿色畜牧业工程，如病死畜禽无害化处理体系、畜禽养殖废弃物贮存处理利用设施建设、高架床等环保型养殖设施建设、构建“养殖+沼气+种植+加工”的循环农业产业园区建设等。
		4.1.3.3 绿色渔业	碳汇渔业及净水渔业、稻渔及盐碱水鱼农综合利用、循环水养殖、深水抗风浪及不投饵网箱养殖、生态健康养殖，水产品加工副产物综合利用等环境友好型渔业生产；水产养殖污水处理设施建设和运营，以及渔业资源养护设施建设和运营，如养护型海洋牧场建设和运营等。
4.2 生态保护与建设	4.2.1 自然生态系统保护和修复	4.2.1.1 天然林资源保护	为维护天然林生态系统的原真性、完整性开展的森林病虫害等有害生物防治、森林防火、森林管护装备和基础设施建设；天然林抚育保育基础设施建设（如天然林场内林场管护用房、供电、供水、通信、道路等基础设施建设）；天然林退化修复工程（如采用乡土树种的坡耕地还林、人

续表

领域		项目名称	说明/条件
4.2 生态保护与建设	4.2.1 自然生态系统保护和修复	4.2.1.1 天然林资源保护	工造林、封山育林、抚育性采伐等);全面禁止商业性采伐前提下国有林区转产项目建设(如不破坏地表植被、不影响生物多样性保护前提下的生态旅游、休闲康养、特色种养殖等)。
		4.2.1.2 动植物资源保护	濒危野生动植物抢救性保护、生物多样性保护、渔业资源保护、古树名木保护等活动。
		4.2.1.3 自然保护区建设和运营	为保护有代表性的自然生态系统、珍稀濒危野生动植物物种,在其天然集中分布区、自然遗迹所在地依法划定一定面积保护区域(含核心区、缓冲区和外围区)予以特殊保护和管理的活动,包括出于保护目的的居民迁出安置、保护区管控设施建设和运营,科学研究基础设施建设和运营(核心区内禁止),科学实验、教学实习、参观考察、旅游、珍稀濒危动植物繁殖、驯化等教学科研旅游基础设施建设和运营(仅限于外围区)。
		4.2.1.4. 生态功能区建设维护和运营	对生态功能区和生态功能退化的区域进行的治理、修复和保护工程建设,如水土流失综合治理、荒漠化石漠化治理、矿山地质环境保护和生态恢复、自然保护区建设等。
		4.2.1.5 退耕还林还草和退牧还草工程建设	为保护生态环境,在水土流失严重、沙化、盐碱化、石漠化严重耕地实施的有计划、有步骤停止耕种,因地制宜种草造林,恢复植被,抑制生态环境恶化的活动;以及为抑制草场退化,开展的禁牧封育、草原围栏、舍饲棚圈、人工饲草地建设等草原生态保护设施建设活动。
		4.2.1.6 河湖与湿地保护恢复	因地制宜采取治理、修复、保护等措施,促使河湖、湿地原生生态系统保护和生物多样性恢复,增强其生态完整性和可持续性的活动。如污染物控源减污设施建设、河滨湖滨生态缓冲带建设、乡土物种植被恢复、河湖有序连通、生态调度工程建设,防洪、防岸线蚀退设施建设等。

续表

领域		项目名称	说明/条件
4.2 生态保护与建设	4.2.1 自然生态系统保护和修复	4.2.1.7 国家生态安全屏障保护修复	为筑牢国家生态安全屏障，在西部高原生态脆弱区、北方风沙源区、东部沿海地区、长江、黄河、珠江流域等高强度国土开发区等关系生态安全核心地区，基于各自经济、生态功能定位和重点生态安全风险，开展的山水林田湖生态保护和修复工程，如矿山环境治理恢复、土地整治与污染修复、生物多样性保护、流域水环境保护治理，以及通过土地整治、植被恢复、河湖水系连通、岸线环境整治、野生动植物栖息地恢复、外来入侵物种防治等手段开展的系统性综合治理修复活动。
		4.2.1.8 重点生态区域综合治理	京津风沙源综合治理、岩溶石漠化地区综合治理、青海三江源等重点生态区域的生态保护与建设，重点流域水生生物多样性保护，如防风林建设、退耕还草还林、湿地恢复和保护、自然保护区建设等。
		4.2.1.9 矿山生态环境恢复	对矿产资源勘探和采选过程中的各类生态破坏和环境污染采取人工促进措施，依靠生态系统的自我调节能力与自组织能力，逐步恢复与重建其生态功能的活动。如矿山废弃地土地整治、植被恢复，河、湖、海防堤等重要设施或重要建筑附近矿井、钻孔、废弃矿井回填封闭，矿山土地复垦，沉陷区恢复治理，矿山大气、水、土壤污染防治和治理，尾矿等废弃物综合利用，减少土地占用等。
		4.2.1.10 荒漠化、石漠化和水土流失综合治理	因地制宜采用退耕还林还草、退牧还草、封沙育林育草、人工种草造林等植物治沙措施，建设机械沙障和植物沙障等物理治沙措施，在水资源匮乏植物难以生长地区使用土壤凝结剂固结流沙表层等化学治沙措施开展的土地荒漠化治理活动，以及在石漠化地区开展的退耕还林还草，造林整地，生态经济林营造建设，水源涵养林、水土保持林营造建设，封山育林等石漠化综合治理活动，以及通过治坡（梯田、台地、鱼鳞坑建设等）、治沟（淤地坝、拦沙坝等）和小型水利工程等工程措施，种草造林等生物措施，蓄水保土农业生产和建设项目开发方式开展的水土流失综合治理活动。

续表

领域		项目名称	说明/条件
4.2 生态保护与建设	4.2.1 自然生态系统保护和修复	4.2.1.11 水生态系统旱涝灾害防控及应对	自然水系连通恢复、水利设施建设、湿地恢复、灾害预警信息平台建设等水生态系统灾害防控及应对设施建设和运营。
		4.2.1.12 地下水超采区治理与修复	华北、东北等地下水超采区开展的灌区节水改造、田间高效节水灌溉工程、以节水为目的的农作物种植品种结构调整、工业节水改造、城镇供水管网改造建设、再生水利用工程、调水水利工程、地下水水源置换工程、生态补水等地下水超采区治理与修复活动。
		4.2.1.13 采煤沉陷区综合治理	采煤沉陷区开展的土地整治、生态修复与环境整治等生态恢复活动，以及采煤沉陷区影响范围内居民避险搬迁、基础设施和和公共服务设施修复提升、非煤接续替代产业平台建设等活动。
		4.2.1.14 海域、海岸带和海岛综合整治	为保护近岸海域、海岸、海岛自然资源、生态环境和生物多样性而实施的海域综合治理、自然岸线修复、海湾整治等活动。
	4.2.2 生态产品供给	4.2.2.1 森林资源培育产业	林业良种生产、苗木培育，以及森林营造、抚育、森林主伐更新等森林资源培育活动，以及符合《中国森林认证 森林经营》(GB/T 28951)、《中国森林认证 产销监管链》(GB/T 28952)等相关标准要求的可持续经营活动。
		4.2.2.2 林下种植和林下养殖产业	在保持林地生态系统功能和稳定性前提下，在林下或林间空地种植粮食作物、油料作物、药材、食用菌、饲草、蔬菜，以及林下养殖家禽、放牧或舍饲饲养家畜等活动，以及符合《中国森林认证 森林经营》(GB/T 28951)、《中国森林认证 非木质林产品经营》(LY/T 2273)等相关标准要求的绿色产品溯源体系建设、绿色产品生产与贸易及相关的平台建设。
		4.2.2.3 碳汇林、植树种草及林木种苗花卉	具有显著碳汇效应或具有显著改善环境、净化空气作用的林木草植培育、种植活动。支持保护生物多样性的林木种植活动。

续表

领域		项目名称	说明/条件
4.2 生态保护与建设	4.2.2 生态产品供给	4.2.2.4 森林游憩和康养产业	在不破坏地表植被、生物多样性和生态系统的前提下，依托森林、草地、湿地、荒漠、高山、湖泊、河流、海岸带和野生动物植物等自然景观资源开展的游览观光、休闲体验、文化体育、健康养生等设施建设，以及符合《中国森林认证 森林经营》（GB/T 28951）及相关标准要求的可持续经营活动。
		4.2.2.5 国家公园、世界遗产、国家级风景名胜区、国家森林公园、国家地质公园、国家湿地公园等保护性运营	依托森林、草地、沙漠、湿地、海洋等自然生态系统进行的以保护为目的的开发建设，如国家公园、世界自然遗产地、森林公园、湿地公园和荒漠公园等建设和运营，以及在允许的区域内符合《中国森林认证 森林经营》（GB/T 28951）、《中国森林认证 森林生态环境服务 自然保护区》（LY/T 2239）、《中国森林认证 森林公园生态环境服务》（LY/T 2277）、《中国森林认证 野生动物饲养管理》（LY/T 2279）等相关标准要求的可持续经营活动。
五、基础设施绿色升级			
5.1 能效提升	5.1.1 城镇电力设施和用能设施节能	5.1.1.1 城镇集中供热系统清洁化建设运营和改造	采用低品位工业余热热源、热电联产热源或采用电、天然气等清洁能源热源替代散煤、分散燃煤锅炉，从而达到清洁取暖要求的城镇集中供热设施建设，以及城镇集中供热锅炉、供热管网等集中供热设施节能、环保技术改造活动。
		5.1.1.2 城镇电力设施智能化建设运营和改造	城镇电力需求侧管理平台开发建设，城镇配电网技术改造，用电设备智能化改造，以及高污染、低效用能设备的电能替代改造等。
		5.1.1.3 城镇一体化集成供能设施建设和运营	多能互补利用设施、分布式供能设施或系统、智能微网等城镇一体化集成供能设施建设和运营。

续表

领域		项目名称	说明/条件
5.2 可持续建筑	5.2.1 建筑节能与绿色建筑	5.2.1.1 超低能耗建筑建设	适应气候特征和场地条件，通过被动式建筑设计降低建筑供暖、空调、照明需求，通过主动技术措施提高建筑能源设备和系统效率的公共和居住建筑建设，以及购置消费。建筑技术指标需符合《近零能耗建筑技术标准》(GB/T 51350)要求。
		5.2.1.2 绿色建筑	依据国家绿色建筑相关规范、标准设计建设，建筑施工图预评价达到有效期内绿色建筑星级标准，以及按照绿色建筑星级标准建设，达到有效期内国家相关绿色建筑运营评价标识星级标准的各类民用、工业建筑建设和购置消费。例如建筑相关技术指标符合《绿色建筑评价标准》(GB/T 50378)、《绿色工业建筑评价标准》(GB/T 50878)、《绿色生态区域评价标准》(GB/T 51255)、《绿色办公建筑评价标准》(GB/T 50903)、《绿色商店建筑评价标准》(GB/T 51100)、《绿色医院建筑评价标准》(GB/T 51153)等技术标准要求。
		5.2.1.3 建筑可再生能源应用	利用建筑屋顶、墙面安装太阳能光伏发电装置向建筑提供电力，以及利用热泵等设施向建筑供冷、供热的建筑可再生能源应用系统的设计、建设及可再生能源建筑应用改造活动。
		5.2.1.4 装配式建筑	采用预制部件在建设工地通过装配施工方法的建筑建设。建筑相关技术指标达到有效期内《装配式建筑评价标准》(GB/T 51129)中 A 级及以上标准要求。
		5.2.1.5 既有建筑节能及绿色化改造	改造后建筑相关技术指标符合国家或地方相关建筑节能标准的既有建筑物节能改造活动、建筑用能系统节能改造活动有关要求；获得有效期内国家相关绿色建筑星级标识的既有建筑改造和运营及购置消费，以及改造后达到有效期内国家相关绿色建筑星级标识的既有建筑改造和运营及购置消费。例如建筑技术符合《民用建筑设计统一标准》(GB 50352)、《公共建筑节能设计标准》(GB 50189)、《既有建筑绿色改造评价标准》(GB/T 51141)等技术标准。

续表

领域		项目名称	说明/条件
5.2 可持续建筑	5.2.1 建筑节能与绿色建筑	5.2.1.6 物流绿色仓储	按照国家绿色建筑相关规范、标准设计建设或改造，并达到国家相关绿色建筑评价标识水平标准的物流仓储场所的建筑建设、运营及改造活动。例如建筑技术指标符合《绿色仓储要求与评价》（SB/T 11164）对绿色物流仓储建筑的有关要求。
5.3 污染防治	5.3.1 城镇环境基础设施	5.3.1.1 污水处理、再生利用及污泥处理处置设施建设运营	城镇和农村污水处理设施及再生利用设施建设运营和改造，污泥处置设施建设运营和改造，以及按照污染治理、生态保护、循环利用相结合的理念构建的区域再生水循环利用体系建设和运行，包括城镇污水处理厂达标排放出水的人工湿地等生态处理设施建设和运营，区域再生水循环利用体系的再生水调度管理系统的开放运维。
		5.3.1.2 生活垃圾处理设施建设和运营	生活垃圾减量化、无害化处理处置和资源化利用设施建设和运营，如生活垃圾收集、转运、焚烧发电、供热等设施建设和运营。
		5.3.1.3 城镇污水收集系统排查改造建设修复	城镇污水管网排查、疏浚、维修修复及改造，污（雨）水调蓄设施建设及改造，污水管网地理信息系统（GIS）建设和运营等。
		5.3.1.4 环境监测系统建设和运营	大气、地表水（含水功能区和农田灌溉水）、地下水、饮用水源、土壤、温室气体、噪声、辐射等环境监测系统的建设和运营，包括系统采样分析设备、监测仪器、计算机、监测车辆、监测无人机、监测气球等硬件设备购置、安装建设及软件系统开发等。例如工业园区环境风险固定式监测预警设备、移动监测预警设备、预警平台、服务器以及预警体系长期运营维护等。
		5.3.1.5 入河排污口排查整治及规范化建设和运营	采用各种技术手段开展的排污管线及其入河排污口的巡查、巡检、排查及测绘活动，以及排污管线、入河排污口的清理整治、规范化改造、修复、维护及其监测系统的建设和运营。

续表

领域		项目名称	说明/条件
5.4 水资源节约和非常规水资源利用	5.4.1 水资源节约	5.4.1.1 城镇供水管网分区计量漏损控制建设和运营	城镇公共供水设施建设运营及改造，以及供水管网流量计量、水质监测、压力调控、数据采集与远传等供水管网漏损监控系统设施的建设和改造。
	5.4.2 海绵城市	5.4.2.1 海绵型建筑与小区建设和运营	在公共建筑及居住小区因地制宜采取屋顶绿化、可渗透地面铺装、微地形、雨水花园建设，雨落管断接、雨水调蓄与收集利用设施建设等工程技术手段开展的海绵型建筑与小区建设和运营。
		5.4.2.2 海绵型道路与广场建设和运营	在非机动车道、人行道、停车场、广场等场所采用透水铺装，以及道路与广场雨水收集、净化和利用设施建设，生物滞留带、环保雨水口、旋流沉砂等道路雨水径流污染防治治理设施建设等技术措施开展的海绵型道路与广场建设和运营。
		5.4.2.3 海绵型公园和绿地建设和运营	在城镇公园和公共绿地等场所通过雨水花园、下凹式绿地、人工湿地、雨水塘设施建设等技术措施开展的海绵型公园和绿地建设和运营。
		5.4.2.4 城市排水设施达标建设运营和改造	城市排水防涝设施达标建设、运营和改造。如城市易涝点排水改造，雨污分流管网建设和改造、雨水岸线净化设施建设和改造，沿岸流干管建设和改造，沉淀过滤、人工湿地等溢流污废水净化设施建设和改造，雨水调蓄设施建设和改造等。
		5.4.2.5 城市水体自然生态修复	为保护和修复城市水体自然生态系统开展的河湖水系自然连通恢复和保护工程，河道系统整治、生态修复活动。如渠化河道改造，因势利导恢复自然弯曲河岸线，自然深潭浅滩和泛洪漫滩等。

续表

领域		项目名称	说明/条件
5.5 绿色交通	5.5.1 城乡公共客运和货运	5.5.1.1 不停车收费系统建设和运营	高速公路自动扣费系统、市区过桥自动扣费系统、隧道自动扣费系统、停车场车交费系统等不停车收费系统设施建设和运营。
		5.5.1.2 集装箱多式联运系统建设和运营	普通集装箱、大宗物资、危险品、汽车整车、快递包裹等物资多式联运系统建设和运营。
		5.5.1.3 智能交通体系建设和运营	交通领域智能化信息系统设施、智慧物流设施的建设和运营，包括交通信息采集与发布系统、交通指挥中心系统、路网综合管理系统、智能公交系统、综合客运枢纽信息化系统等。
		5.5.1.4 城市慢行系统建设和运营	城市步行、自行车交通系统建设，包括公共自行车租赁点、非机动车辆停车设施、路段过街设施等城市慢性系统建设等。
		5.5.1.5 城乡公共交通系统建设和运营	城市地铁、轻轨、有轨电车等城市轨道交通设施建设和运营；大容量公共交通设施建设和运营，如 BRT 公交场站、线路等设施建设和运营；公交车辆购置等。
		5.5.1.6 共享交通设施建设和运营	公共租赁自行车、互联网租赁自行车、互联网租赁电动自行车、互联网租赁汽车、汽车分时租赁系统、立体停车设施设备、自行车停车设施等共享交通设施建设和运营。
		5.5.1.7 公路甩挂运输系统建设和运营	公路甩挂作业场站、甩挂运输管理信息系统等改造、建设和运营。
	5.5.2 铁路交通	5.5.2.1 货物运输铁路建设运营和铁路节能环保改造	货物运输铁路线路、场站、专用供电变电站等货运铁路设施建设和运营；既有铁路电气化改造、场站及铁路相关设备节能环保改造工程建设和运营。其中，铁路场站需达到《绿色铁路客站评价标准》（TB/T 10429）相关标准要求。

续表

领域		项目名称	说明/条件
5.5 绿色交通	5.5.3 水路和航空运输	5.5.3.1 港口、码头岸电设施及机场廊桥供电设施建设	为靠港、靠岸船舶提供电力供应的供电设施建设和运营；机场廊桥供电设施建设。
	5.5.4 清洁能源汽车配套设施	5.5.4.1 充电、换电、加氢和加气设施建设和运营	电动汽车电池充电、充换服务设施，新能源汽车加氢、加气设施等清洁能源汽车相关基础设施建设和运营。
5.6 生态保护与建设	5.6.1 城市生态保护与建设	5.6.1.1 公园绿地建设、养护和运营	城市综合公园、专类公园、社区公园、游园等公园、绿地公共设施的建设、养护和运营。
		5.6.1.2 绿道系统建设、养护管理和运营	城市绿道及其配套的驿站、标识系统和其他附属设施的建设、养护管理和运营。
		5.6.1.3 附属绿地建设、养护和运营	公共管理与公共服务设施用地、商业服务业设施用地、工业用地、物流仓储用地、广场用地、公用设施用地等用地附属绿地的建设、养护和运营。
		5.6.1.4 道路绿化建设、养护管理	各级各类城市道路的分隔绿带、路侧绿带、绿化环岛等绿地的建设、养护管理。
		5.6.1.5 区域绿地建设、养护管理和运营	城市郊野公园、湿地公园，以及区域设施防护绿地等区域绿地的建设、养护管理和运营。
		5.6.1.6 立体绿化建设、养护管理	城市建筑屋顶绿化、墙面绿化、桥隧绿化等立体空间绿化工程及其养护管理。

续表

领域		项目名称	说明/条件
六、绿色服务			
6.1 咨询服务	6.6.1 绿色咨询技术服务	6.1.1.1 绿色产业项目勘察服务	风能、太阳能、生物质能、地热能等可再生能源资源及其他绿色资源勘察服务，可再生能源等绿色资源经济利用潜力及绿色产业项目建设规模潜力评估等技术咨询服务。
		6.1.1.2 绿色产业项目方案设计服务	可再生能源、能效、污染防治、资源综合利用、温室气体减排等绿色产业项目设计技术咨询服务，建设、运营管理，维护方案设计技术服务、绿色供应链管理、技术改造方案设计等技术咨询服务。
		6.1.1.3 绿色产业项目技术咨询服务	可再生能源、能效、污染防治、资源综合利用、温室气体减排等绿色产业项目的尽职调查、规划研究和编制、可行性研究和可行性研究报告编制、风险评估、后评价、绿色金融融资、人才培训等技术咨询服务。
		6.1.1.4 清洁生产审核服务	对企业生产过程及其生产管理开展全面系统的调查和诊断，发现其原料使用、工艺流程、产品生产、污染物排放等方面薄弱环节，并制定针对性清洁生产改造方案的技术咨询服务。
6.2 运营管理服务	6.2.1 绿色运营管理服务	6.2.1.1 能源管理体系建设	企事业单位能源管理体系管理咨询服务、能源管理体系工具软件开发、信息化平台建设、能源管理体系认证服务等管理咨询服务。能源管理体系建设应符合《能源管理体系 要求》（GB/T 23331）、《能源管理体系 实施指南》（GB/T 29456）等国家标准的要求。
		6.2.1.2 合同能源管理服务	采用节能效益分享、能源费用托管、节能量保证、融资租赁等形式开展的节能技术改造服务，以及合同能源管理商业模式咨询、融资咨询等咨询服务，并符合《合同能源管理技术通则》（GB/T 24915）等国家标准的要求。

续表

领域		项目名称	说明/条件
6.2 运营管理服务	6.2.1 绿色运营管理服务	6.2.1.3 电力需求侧管理服务	为防止电能浪费，降低电耗、提高绿色电力生产与消费协同互动水平，促进电网对可再生能源电力消纳能力及电力用户可再生能源电力消费水平，以及通过电能替代实施大气环境治理和保护，向电力用户、电网企业提供的节约用电技术改造服务，移峰填谷、需求侧响应等有序用电管理咨询服务，电能替代技术改造，电力需求侧管理服务等。
	6.2.2 环境权益交易服务	6.2.2.1 用能权交易服务	用能权统计核算、用能权第三方审核、用能权交易法律咨询、节能方案咨询、用能权交易平台建设、用能权资产管理和运营、用能权金融质押等用能权交易相关服务。
		6.2.2.2 水权交易服务	水权交易可行性分析、水权交易参考价格核定、水权交易方案设计、水权交易法律咨询、水权交易技术咨询、水权交易平台建设等水权交易相关服务。
		6.2.2.3 排污许可及交易服务	排污许可证申请、审核，排污许可台账记录和执行报告，排污行为合规性审核或咨询、排污权交易法律咨询，排污权金融质押，以及排污权交易信息化平台建设等排污权许可及交易相关服务。
		6.2.2.4 碳排放权交易服务	碳排放和国家温室气体自愿减排交易有关数据统计核算、碳配额注册登记及变更、碳交易法律服务、碳减排方案咨询、碳金融、碳信息管理服务等碳排放权交易相关服务。碳排放核算应符合《温室气体排放核算与报告要求》（GB/T 32151）等国家标准的要求开展企业边界温室气体排放核算与报告活动。基于减排项目的温室气体减排量评估工作参照《基于项目的温室气体减排量评估技术规范 钢铁行业余能利用》（GB/T 33755）、《基于项目的温室气体减排量评估技术规范 生产水泥熟料的原料替代项目》（GB/T 33756）、《基于项目的温室气体减排量评估技术规范 通用要求》（GB/T 33760）等国家标准的要求。
		6.2.2.5 可再生能源绿证交易服务	绿色电力证书认购交易、交易法律咨询服务、交易信息化平台建设等可再生能源绿证交易相关服务。

续表

领域		项目名称	说明/条件
6.3 项目评估审计核查服务	6.3.1 项目评估审计核查服务	6.3.1.1 节能评估和能源审计	用能单位能源效率评估、节能改造方案设计技术咨询服务以及第三方能源审计、节能量评估、能源审计培训、固定资产投资项目节能报告编制服务等节能评估和能源审计相关服务，并符合《用能单位节能量计算方法》（GB/T 13234）、《节能量测量和验证技术通则》（GB/T 28750）、《能源审计技术通则》（GB/T 17166）等国家标准的要求。
		6.3.1.2 环境影响评价	环境影响综合评估、环境影响解决方案设计、环境影响法律咨询、环境影响数据库建设等环境影响评价相关技术服务，环境影响技术评估，生态保护红线、环境质量底线、资源利用上限和环境准入负面清单编制，以及建设项目、行政区域、工业园区等环境风险评估、环境应急控制方案编制、环境应急预案制定等资讯技术服务。
		6.3.1.3 碳排放核查	碳排放第三方核查、碳排放核查人员培训、碳排放核查数据库建设、碳排放核查结果抽查校核服务等碳排放核查相关技术服务。
		6.3.1.4 地质危害危险性评估	塌塌、滑坡、泥石流、地面塌陷、地裂缝、地面沉降等地质灾害危险性评价、灾害区易损性评价、地质灾害破坏损失评价等地质危害危险性评估相关技术咨询服务。
		6.3.1.5 水土保持评估	建设项目水土保持方案编制、监测评估等技术服务，水土保持设施验收、第三方评估，水土保持信息化监管，水土保持法律咨询等水土保持评估相关技术服务。
6.4 监测检测服务	6.4.1 监测检测服务	6.4.1.1 能源在线监测系统建设	能源在线监测管理系统方案设计、硬件设备采购、计量和在线监测设备校准等技术服务以及系统软件开发、信息化平台建设，符合《用能单位能耗在线监测技术要求》（GB/T 38692）等国家标准的要求。

续表

领域		项目名称	说明/条件
6.4 监测检测服务	6.4.1 监测检测服务	6.4.1.2 污染源监测	污染源监测系统开发、污染源监测设备采购、污染源监测应用软件开发、数据库建设,污染物排放计量和监测设备校准等污染源监测相关服务。
		6.4.1.3 环境损害评估监测	环境损害评估监测方案设计、环境损害鉴定评估、环境损害应急处置方案设计、环境损害法律咨询服务、环境损害保险服务等技术或法律咨询服务。
		6.4.1.4 环境影响评价监测	水环境影响评价监测、大气环境影响评价监测、土壤环境影响评价监测、噪声与振动环境影响评价监测、环境损害应急处置方案设计、环境影响法律咨询等环境影响评价监测相关技术咨询服务。
		6.4.1.5 企业环境监测	企业环境监测设备采购、环境监测服务、污染物监控人员培训等技术咨询服务,以及环境监测软件、硬件开发,数据库建设等信息化平台建设,符合《产业园区循环经济信息化公共平台数据接口规范》(GB/T 36578)等国家标准的要求。
		6.4.1.6 生态环境监测	水、空气、土壤、固体废物、地下水、海洋、农业面源、辐射等生态环境监测,突发生态环境事件涉及的监测设计方案等技术服务,农业废弃物资源、土地资源、水资源监测,林业和草原碳汇监测,生态遥感监测,生物群落监测,生物多样性监测,水土保持监测等监测服务以及毒性试验服务等生态环境监测相关技术服务。
6.5 技术产品认证和推广	6.5.1 技术产品认证和推广服务	6.5.1.1 节能产品认证推广	计算机、复印机、显示器、碎纸机、服务器等办公商用电器产品,中小型三相异步电机等机电产品的节能认证和推广服务(含绿色标识产品)。
		6.5.1.2 低碳产品认证推广	产品生产和消费全生命周期内产品碳足迹评价、碳减排效益显著的工业产品、商用产品、民用产品的低碳产品认证和推广服务(含绿色标识产品),如水泥、玻璃等建材产品,电机、变压器、轮胎等机电产品的低碳产品认证和推广服务。

续表

领域		项目名称	说明/条件
6.5 技术产品认证和推广	6.5.1 技术产品认证和推广服务	6.5.1.3 节水产品认证推广	节水效益显著的工业、民用反渗透净水机、水嘴、淋浴器、水箱配件、洗衣机等节水产品的认证和推广服务（含绿色标识产品）。
		6.5.1.4 环境标志产品认证推广	低毒少害、节约资源、能源，符合特定环保要求的环境标志产品认证和推广服务（含绿色标识产品），如电子电器、建材、机械设备等产品的环境标志产品认证和推广服务。
		6.5.1.5 有机食品认证推广	产品及其生产环境符合有效期内《有机产品》（GB/T 19630.1－GB/T 19630.4）等国家标准要求的农产品有机食品认证和推广（含绿色标识产品）服务。如蔬菜、水果等种植业产品，食用菌、野生植物产品、水产品、畜禽养殖产品等，以及动物饲料等产品的有机产品认证和推广服务。
		6.5.1.6 绿色食品认证推广	产品或产品原料产地符合有效期内绿色食品相关生态环境标准，加工生产过程符合绿色食品相关生产操作规程，产品符合绿色食品相关质量和卫生标准等绿色食品认证和推广服务。如蔬菜、水果、肉及肉制品等食品的绿色食品认证和推广服务。
		6.5.1.7 资源综合利用产品认定推广	列入《国家工业固体废物资源综合利用产品目录》（2018 年公布）产品的资源综合利用产品认定和推广服务，以及纳入有效期内《再制造产品目录》的再制造产品的认定和推广服务。
		6.5.1.8 绿色建材认证推广	符合有效期内国家、行业、地方绿色建材评价相关政策、标准、规范要求的节能玻璃、薄型瓷砖、砌体材料等绿色建材的认证和推广服务。

说明：

1. 纳入本目录的项目，均需符合《绿色产业指导目录（2019 年版）》解释说明中和本目录“说明/条件”中对应项目所列要求；
2. 纳入本目录的项目，均需符合相关安全、环保、质量法规政策要求；
3. 本目录所引用的政策文件和标准规范，均指有效期内的最新版本。

附录4：关于发布《绿色债券评估认证机构市场化评议操作细则（试行）》及配套文件的公告

〔2021〕第1号

为规范绿色债券评估认证机构行为，提高绿色债券评估认证质量，促进绿色债券产品规范发展，根据《绿色债券评估认证行为指引（暂行）》（中国人民银行 中国证券监督管理委员会公告〔2017〕第20号），绿色债券标准委员会制定《绿色债券评估认证机构市场化评议操作细则（试行）》及配套文件，经绿色债券标准委员会第四次委员会会议审议通过，并经中国人民银行等主管部门备案同意，现予发布。

附件：1. 绿色债券评估认证机构市场化评议操作细则（试行）
2. 绿色债券评估认证机构市场化评议标准
3. 绿色债券评估认证机构市场化评议材料清单

绿色债券标准委员会
2021年9月24日

附件 1：

绿色债券评估认证机构市场化评议操作细则（试行）

第一章 总 则

第一条 为加强绿色债券评估认证机构自律管理，提高绿色债券评估认证质量，促进绿色债券市场规范健康发展，根据《绿色债券评估认证行为指引（暂行）》《绿色债券标准委员会工作机制》，以及中国人民银行、中国证监会等监管机构关于绿色债券的相关规定，制定本细则。

第二条 评估认证机构开展绿色债券评估认证业务，应当满足《绿色债券评估认证行为指引（暂行）》所列的条件，并取得绿色债券标准委员会的注册文件。

第三条 绿色债券标准委员会是在公司信用类债券部际协调机制下设立的绿色债券自律管理协调机制。委员会办公室设在中国银行间市场交易商协会，作为绿色债券标准委员会的日常事务协调机构，按照相关规定负责评估认证机构市场化评议的组织协调工作。

第四条 绿色债券标准委员会按照公平、公正、公开的原则，定期或不定期组织开展绿色债券评估认证机构的市场化评议工作，并对其实施自律管理。

第二章 市场化评议申请

第五条 评估认证机构市场化评议工作启动前，委员会办公室对外公布评议具体事宜。参加市场化评议的评估认证机构应在有效时间内提交评议所需材料。

第六条 申请市场化评议的评估认证机构应按《绿色债券评估认证机构市场化评议材料清单》（以下简称《材料清单》）提交评议申请材料，并保证所提供材料信息的真实、准确、完整、及时，不得有虚假记载、误导性陈述或者重大遗漏。

第七条 委员会办公室对评估认证机构提交的评议材料进行完备性核对。评议材料不完备的，应在收到反馈建议后 10 个工作日内，向委员会办公室提交经补充、修改后的评议材料。未在规定时间内提交的，应出具延迟提交的书面说明。未出具书面说明，或在评议阶段累计延迟反馈时间超过 30 个工作日的，委员会办公室将建议相关评估认证机构撤回评议材料。

第八条　评估认证机构市场化评议材料信息发生重大变化的，应于相关情形出现之日起 10 个工作日内提交更新材料；未按期提交的，应出具延迟提交的书面说明。

第三章　市场化评议

第九条　评议申请材料完备的，绿色债券标准委员会按照《绿色债券评估认证机构市场化评议标准》（以下简称《评议标准》）开展评估认证机构市场化评议工作。

第十条　《评议标准》的设置坚持客观公正、科学规范、定量与定性相结合的原则。市场化评议类别包括机构素质及业务评议、绿色债券相关自律组织及基础设施平台评议、发行人评议、投资人评议、环境领域专家评议和绿色债券标准委员会评议。

第十一条　绿色债券标准委员会成员单位根据评估认证机构提交的评议材料和《评议标准》，确定参评机构的定量分值；绿色债券相关自律组织及基础设施平台、发行人、投资人、环境领域专家等机构，根据《评议标准》，确定参评机构的定性分值。委员会办公室将相关结果汇总整理后，上报委员会会议审定。

第十二条　参与市场化评议的绿色债券相关自律组织及基础设施平台、发行人、投资人、环境领域专家应在有效时间内向绿色债券标准委员会提交独立的评议结果。

第十三条　在市场化评议过程中，评估认证机构不再符合《绿色债券评估认证行为指引（暂行）》相关规定的，绿色债券标准委员会暂停其评议。存在《绿色债券评估认证行为指引（暂行）》第 43 条所列情形的，绿色债券标准委员会暂停其评议，并提请相关市场自律管理组织予以自律处分；情节严重的，提请相关债券发行管理部门予以行政处罚。

第四章　评议结果运用

第十四条　绿色债券标准委员会根据市场发展情况，结合评议的具体分值，审议确定评估认证机构注册结果，并向市场进行公告。

第十五条　评估认证机构通过绿色债券标准委员会注册后，可以在银行间市场和交易所市场开展绿色债券的评估认证工作。

第十六条 接受注册的评估认证机构每年应当按照《绿色债券评估认证行为指引（暂行）》的要求，对评估认证业务的承接、实施和报告出具进行自查，对发现的问题及时进行整改，并于每年 3 月 31 日前向绿色债券标准委员会提交年度报告、自查文件，更新评议文件信息，并列明其发生的变化情况。

第十七条 接受注册的评估认证机构评议文件信息发生重大变化的，应当于相关情形出现之日起 10 个工作日内向绿色债券标准委员会提交报告说明具体情况，属于信息披露事项的，应及时披露相关信息。

第十八条 接受注册的评估认证机构不再符合《绿色债券评估认证行为指引（暂行）》相关规定的，绿色债券标准委员会视情况要求其限期整改，整改期间暂停开展绿色债券评估认证业务。整改后仍无法满足要求的，经提交委员会会议审议后，将限制、暂停其开展绿色债券评估认证业务。

第五章 自律规范

第十九条 评估认证机构提交的评议材料存在虚假记载、误导性陈述或重大遗漏的，绿色债券标准委员会经委员会会议审议后，终止或注销其注册文件，1 年内不再受理其评议申请。

第二十条 评估认证机构提交虚假评议材料骗取注册文件的，除适用上述条款外，绿色债券标准委员会还将提请相关市场自律管理组织予以自律处分；情节严重的，提请相关债券发行管理部门予以行政处罚。

第二十一条 参与市场化评议的市场机构及人员应客观公正对评估认证机构进行评议，并保守商业秘密，不得泄露可能影响评议公正性的有关信息，如与评议工作或被评议对象存在利益冲突的，应当回避。

第二十二条 评估认证机构及相关市场成员不得通过不正当方式影响评议工作。如果出现上述情形，绿色债券标准委员会可视情节严重程度暂停或注销其相应业务评议；情节严重的，提请相关债券发行管理部门予以行政处罚。

第二十三条 绿色债券标准委员会将定期组织相关机构和专家对接受注册的评估认证机构开展市场化评议工作，并通过指定网站公布评议结果，维护绿色债券评估认证市场秩序。

第六章 附 则

第二十四条 《评议标准》和《材料清单》为本细则的组成部分，绿色债券标准委员会可根据市场发展情况，在征求行业意见的基础上，适时修订《评议标准》和《材料清单》。

第二十五条 本细则由绿色债券标准委员会负责解释。

第二十六条 本细则自发布之日起施行。

附件 2：

绿色债券评估认证机构备案评议标准

评议类别	评议指标	评分内容	一级权重（%）	二级权重（%）	三级权重（%）
机构素质及业务评议	机构实力	1. 注册资本	65	4	1
		2. 资产总额			1
		3. 职业责任保险			1
		4. 具备有权部门授予的评级、认证、鉴证、能源、气候或环境领域执业资质			1
	部门设置及人员配备	1. 从事绿色债券评估认证业务部门设置		16	3
		2. 专门从事绿色债券评估认证业务人员数量			3
		3. 绿色债券评估认证业务与其他业务隔离情况			2
		4. 所在部门或团队具备有权部门授予的资源节约、环境保护、气候变化、清洁能源、绿色产业等领域的专业人员数量			2
		5. 所在部门或团队具备相应的会计、审计、金融、评级、认证、鉴证等领域专业人员数量			2
		6. 评估人员中在环境、能源等领域从业三年以上数量占比			2
		7. 从业人员参与绿色金融相关教育及知识技能培训情况			2

续表

评议类别	评议指标	评分内容	一级权重（%）	二级权重（%）	三级权重（%）
机构素质及业务评议	专业能力	1. 最近一年公开发表的专题研究报告、论文、论著等数量	65	8	4
		2. 最近一年服务绿色金融市场情况，包括主办的论坛宣介活动、参与 ESG 情况、参与环境信息披露情况等			4
	相关制度	1. 绿色债券评估认证标准、规范和方法体系		10	4
		2. 绿色债券评估认证质量管理制度			3
		3. 绿色债券评估认证业务相关工作流程			3
	业务表现①	1. 最近三年已开展绿色债券评估认证业务数量		20	5
		2. 最近三年开展碳核查项目的数量			4
		3. 最近三年绿色债券评估认证业务总规模			4
		4. 最近三年评估认证业务或碳核查项目的客户数量			4
		5. 最近三年每笔评估认证或碳核查项目的专业人员配备情况			3
	加分项	1. 最近一年服务区域绿色发展情况		7	2
		2. 最近一年参与绿色金融创新情况			2
		3. 在评估认证结论中披露债券绿色程度情况			2
		4. 其他			1

① 本处所指的绿色债券需为国内发行人在境内外市场上已完成发行的债券。

续表

评议类别	评议指标	评分内容	一级权重（%）	二级权重（%）	三级权重（%）
绿债相关自律组织及基础设施平台评议	遵守相关规则情况	具体工作开展中遵守相关规则情况	14	5	5
	评估认证报告质量	观点清晰、逻辑性；风险揭示程度、完整性；报告分析深度、专业度		5	5
	工作配合程度	与绿色债券相关自律组织及基础设施平台的工作配合程度		4	4
发行人评议	评估认证报告质量	1. 评估认证报告逻辑性：评估认证依据是否明确、充分	6	3	1
		2. 评估认证报告分析深度、评估认证报告可读性			1
		3. 风险提示是否到位			1
	综合服务水平	是否为发行人提供相关绿色金融培训、能力建设情况等相关服务		2	2
	客户满意度	评估认证业务客户重复佣意愿		1	1
投资人评议	评估认证报告质量	1. 评估认证报告逻辑性：评估认证依据是否明确、充分	6	3	1
		2. 评估认证报告分析深度、评估认证报告可读性			1
		3. 风险提示是否到位			1
	评估认证服务质量	组织投资人交流活动情况、咨询反馈情况、评估认证机构官方网站信息披露情况（全面且方便查询）		2	2
	评估认证结果市场公信力	评估认证结果的区分度；评估认证报告内容和评估认证观点与绿色债券等级（如有）的匹配程度；评估认证机构在资本市场上的认可程度		1	1

续表

评议类别	评议指标	评分内容	一级权重（%）	二级权重（%）	三级权重（%）
环境领域专家评议	评估认证报告质量	观点清晰、逻辑性；风险揭示程度、完整性；报告分析深度、专业度	6	2	2
	跟踪评估认证质量	存续期内跟踪认证/更新认证/其他突发事件下的认证情况		2	2
	业务能力水平	评估认证业务人员数量能否满足其业务开展需要、评估认证业务人员评估工作年限		1	1
	内部控制质量	公司内部控制制度、利益冲突防范机制的完整性及其落实情况		1	1
绿色债券标准委员会评议①	遵守相关业务规则情况	1. 评议材料准备情况以及材料提交的完整性	3	2	1
		2. 遵守相关自律规则情况			1
	工作配合程度	参与绿色债券标准委员会相关工作情况		1	1
合计			100	100	100

① 备注：若评估认证机构在执业过程中被处以自律处分、行政处罚等情况，或存在《绿色债券评估认证行为指引（暂行）》第 43 条所列情形的，则在处分或处罚期间不参加评议。

附件 3：

绿色债券评估认证机构备案材料清单

序号	文件种类	文件内容		选项	备注
一	评议信息表	评估认证机构市场化评议信息表			
二	评议说明书	1. 机构基本情况介绍	(1)基本业务运行情况		
			(2)股权架构、《营业执照》及变更情况		
			(3)有权部门授予的评级、认证、鉴证、能源、气候或环境领域执业资质		
		2. 部门设置及人员配备情况	(1)本机构组织架构图及业务联系等相关说明		
			(2)开展评估认证业务相关部门的成立时间、部门设置、基本业务范围、业务框架及业务联系、业务收入及成本情况及在本机构的地位和作用、工作机制及流程说明等情况		
			(3)所在部门或团队人员配备及专业分布、工作经验		
		3. 专业能力	(1)最近一年公开发表的专题研究报告、论文、论著等数量、标题和发表渠道		
			(2)最近一年服务绿色金融市场情况，包括主办的论坛宣介活动、参与 ESG 情况、参与环境信息披露情况等		
		4. 绿色债券评估认证相关制度建设情况说明	(1)绿色债券评估认证标准、规范和方法体系		
			(2)绿色债券评估认证质量管理制度		
			(3)绿色债券评估认证业务相关工作流程		

续表

序号	文件种类	文件内容		选项	备注
二	评议说明书	5. 绿色债券（已完成发行）评估认证业务开展情况介绍	（1）开展绿色金融债评估认证业务情况（数量、规模、具体情况）		
			（2）开展绿色公司债评估认证业务情况（数量、规模、具体情况）		
			（3）开展绿色债务融资工具评估认证业务情况（数量、规模、具体情况）		
			（4）碳核查业务情况（数量、规模、具体情况）		
			（5）服务绿色金融市场情况（含区域绿色发展情况）		
			（6）参与绿色金融创新情况		
		6. 最近三年无违法和重大违规行为及不良诚信记录的声明			
三	承诺函	承诺所提交材料真实、准确、完整、有效的承诺函			
四	机构资质复印件	营业执照复印件，有权部门授予的评级、认证、鉴证、能源、气候或环境领域执业资质复印件			
五	历史业绩及相关业务开展情况	从事评级、认证、鉴证、能源、气候或环境领域业务的历史业绩以及市场认可度相关的证明材料			
六	绿色债券评估认证标准、规范和方法体系及相关工作流程	本单位正式发布实施的制度			
七	绿色债券评估认证质量管理、收费标准、执业责任保险等相关制度	本单位正式发布实施的制度			

续表

序号	文件种类	文件内容	选项	备注
八	绿色债券评估认证业务专业人员名单	所在部门或团队从事绿色债券评估认证业务、气候或环境领域专业人员名单及说明		
九	相关专业人员证明材料(一)	具备有权部门授予的资源节约、环境保护、气候变化、清洁能源、绿色产业等领域的专业人员证明材料		
十	相关专业人员证明材料(二)	具备相应的会计、审计、金融、评级、认证、鉴证等领域专业人员证明材料		
机构签章：				
接收人： 年 月 日				

说明：1. 参评机构在核实全部申请材料后，比照本清单所列示文件内容逐一核实，确认相应材料齐备后在“选项”一栏划“√”。

2.“接收人”一栏由绿色债券标准委员会办公室接收人员填写。

3. 本清单一式两份，全部加盖单位公章后，由参评机构随申请材料一起提交。

附录 5：关于明确碳中和债相关机制的通知

银行间市场交易商协会

为落实党中央、国务院关于碳达峰、碳中和重大决策部署，丰富绿色债务融资工具产品序列，中国银行间市场交易商协会（以下简称“交易商协会”）在人民银行的指导下，积极践行绿色发展理念，与市场成员一道，在绿色债务融资工具项下，创新推出碳中和债，助力实现“30·60 目标”，进一步支持疫后经济绿色复苏和低碳转型。现就碳中和债有关事项通知如下：

一、本通知所称碳中和债，是指募集资金专项用于具有碳减排效益的绿色项目的债务融资工具，需满足绿色债券募集资金用途、项目评估与遴选、募集资金管理和存续期信息披露等四大核心要素，属于绿色债务融资工具的子品种。通过专项产品持续引导资金流向绿色低碳循环领域，助力实现碳中和愿景。

二、关于募集资金用途。碳中和债募集资金应全部专项用于清洁能源、清洁交通、可持续建筑、工业低碳改造等绿色项目的建设、运营、收购及偿还绿色项目的有息债务，募投项目应符合《绿色债券支持项目目录》或国际绿色产业分类标准，且聚焦于低碳减排领域。碳中和债募投领域包括但不限于：

（一）清洁能源类项目（包括光伏、风电及水电等项目）；

（二）清洁交通类项目（包括城市轨道交通、电气化货运铁路和电动公交车辆替换等项目）；

（三）可持续建筑类项目（包括绿色建筑、超低能耗建筑及既有建筑节能改造等项目）；

（四）工业低碳改造类项目（碳捕集利用与封存、工业能效提升及电气化改造等项目）；

（五）其他具有碳减排效益的项目。

三、关于项目评估与遴选

发行人应在发行文件中披露碳中和债募投项目具体信息，确保募集资金用于低碳减排领域。如注册环节暂无具体募投项目的，发行人可在注册文件中披露存量绿色资产情况、在建绿色项目情况、拟投绿色项目类型和领域，以及对应项目类型环境效益的测算方法等内容，且承诺在发行文件中披露以下项目信息。

（一）定量测算环境效益。建议发行人聘请第三方专业机构出具评估认证报告。按照“可计算、可核查、可检验”的原则，对绿色项目能源节约量（以标准煤计）、碳减排等预期环境效益进行专业定量测算，提升碳中和债的公信度。

（二）披露测算方法及效果。发行人应在募集说明书、评估认证报告（如有）中详细披露绿色项目环境效益的测算方法、参考依据以及能源节约量（以标准煤计）、二氧化碳，及其他污染物（如有）减排量等相关情况。在募集说明书重要提示和募集资金运用章节显著标识本次募投项目预期达到的碳减排效果。

（三）鼓励披露碳减排计划。鼓励发行人在交易商协会认可的网站披露企业整体的碳减排计划、碳中和路线图以及减碳手段和监督机制等内容，扩大碳中和环境效益信息披露的覆盖面。

四、关于募集资金管理

（一）设立监管账户。发行人应设立资金监管账户，由资金监管机构对募集资金的到账、存储和划付实施管理，并严格按照发行文件中所约定的用途使用，确保募集资金专款专用。资金监管机构应建立资金监管专项工作台账，对募集资金的到账、存储和划付进行记录，并妥善保管资金使用凭证。

（二）做好闲置资金管理。在不影响募集资金使用计划正常进行的情况下，经公司董事会或内设有权机构批准，可将暂时闲置的募集资金进行现金管理，投资于安全性高、流动性好的产品，如国债、政策性银行金融债、地方政府债等。

（三）定期排查。存续期管理机构应按季度排查募集资金使用情况，关注募集资金使用金额、实际用途，闲置资金管理使用情况等。

五、关于存续期信息披露。发行人应于每年 4 月 30 日前披露上一年度募集资金使用情况、绿色低碳项目进展情况以及募投项目实际或预期产生的碳减排效益等相关内容；于每年 8 月 31 日前披露本年度上半年募集资金使用情况、绿色低碳项目进展情况以及募投项目实际或预期产生的碳减排效益等相关内容。

六、加强存续期管理工作。发行人应严格按照发行文件约定的用途使用募集资金，加强存续期信息披露管理，提高募集资金使用透明度。存续期管理机构应加强对碳中和债发行人的辅导、监测、排查，督导发行人合规履行存续期各项义务。交易商协会将通过现场或非现场检查的方式加强对碳中和债的存续期管理，及时了解绿色项目建设的进展情况，督促发行人、存续期管理机构、资金监管机构等合规使用、管理募集资金，并做好相关信息披露。对于发现的违规行为，交易商协会将及时督导纠正，并采取相应自律管理措施或自律处分。

七、其他鼓励措施

（一）开辟绿色通道，统一注册标识

1. 鼓励企业注册发行碳中和债，交易商协会为碳中和债的注册评议开辟绿色通道，加强碳中和债注册服务工作；

2. 碳中和债接受注册通知书按照绿色债务融资工具“GN”统一标识，注册发行文件冠以绿色债务融资工具（碳中和债）等方式对专注于低碳领域的碳中和债项目给予专项标识。

（二）避免期限错配，鼓励发行中长期产品

1. 鼓励企业发行中长期债务融资工具品种，募集资金用于低碳减排领域，提升企业流动性风险管理水平；

2. 若用于偿还绿色项目银行贷款或其他金融机构借款，可适当发行短期限产品，但应合理考虑产品期限的匹配度，拟偿还的金融机构借款的到期日应早于短期限产品的到期日。

（三）明确既有额度变更路径，提升发行便利度

1. 鼓励企业注册发行以碳减排项目产生的现金流为支持的绿色资产支持票据等结构性债务融资工具创新产品。在满足绿色债务融资工具相关机制要求的情况下，资产支持票据（ABN）可通过发行前变更或备案转为绿色资产支持票据（含碳中和债）。

2. 第一、二类企业在统一注册模式下，或中期票据（MTN）、定向债务融资工具（PPN）、超短期融资券（SCP）、短期融资券（CP）等常规性单独注册品种既有额度如变更为绿色债务融资工具（含碳中和债），需报交易商协会按照发行前变更流程办理。

3. 如通过发行前条款变更或备案方式转为绿色债务融资工具（含碳中和债）的，需向交易商协会提交更新后的募集说明书、法律意见书等变更资料或备案文件，以及资金监管协议、评估认证报告（如有）等补充要件，并在孔雀开屏系统流程提交时在“发行条款要素变更”处注明“拟变更为绿色债务融资工具”或“拟变更为碳中和债”。对于已完成相关变更流程的，上海清算所将在债券简称上给予标识。

附录 6：关于发布《上海证券交易所公司债券发行上市审核规则适用指引第 2 号——特定品种公司债券（2021 年修订）》的通知

上证发〔2021〕52 号

各市场参与人：

为进一步发挥公司债券服务实体经济和服务国家战略功能，规范特定品种公司债券发行上市申请相关业务，上海证券交易所（以下简称本所）修订了《上海证券交易所公司债券发行上市审核规则适用指引第 2 号——特定品种公司债券》（详见附件），新增了碳中和绿色公司债券、蓝色债券、乡村振兴公司债券相关安排。现予以发布，并自发布之日起施行。

本所于 2020 年 11 月 27 日发布的《关于发布的通知》（上证发〔2020〕87 号）同时废止。本所此前发布的有关规定与本指引不一致的，以本指引为准。

特此通知。

附件：上海证券交易所公司债券发行上市审核规则适用指引第 2 号——特定品种公司债券（2021 年修订）

上海证券交易所

二〇二一年七月十三日

附件

上海证券交易所公司债券发行上市审核规则适用指引第 2 号——特定品种公司债券

（2021 年修订）

第一章 总则

1.1【宗旨和依据】为贯彻落实“创新、协调、绿色、开放、共享”的发展理念，进一步发挥公司债券服务实体经济、服务国家战略功能，规范特定品种公司债券（以下简称特定债券品种）发行上市申请相关业务行为，便利发行人和中介机构编制相关项目发行申请文件并做好信息披露及存续期管理相关工作，上海证券交易所（以下简称本所）根据《证券法》《公司债券发行与交易管理办法》《上海证券交易所公司债券上市规则》《上海证券交易所非公开发行公司债券挂牌转让规则》等有关规定，制定本指引。

1.2【特定债券品种定义】本指引所称特定债券品种，是指对发行人、增信措施、债券期限、债券利率、募集资金用途、本息偿付等基本要素有特定安排的公司债券。

1.3【特定债券品种审核】特定债券品种应符合普通公司债券的发行条件、上市或挂牌条件、信息披露、投资者适当性管理、债券持有人权益保护等方面的要求以及本指引关于特定债券品种的相关规定。本所除按照普通公司债券审核内容进行审核外，对特定债券品种是否符合本指引的相关要求等进行审核。

1.4【专项审核机制】本所对符合国家宏观调控政策和产业政策鼓励方向的特定债券品种的受理及审核建立专项机制，实行“专人对接、专项审核”，适用“即报即审”政策，提高审核效率。

1.5【特定债券品种申报】特定债券品种可使用对应类别的特定标识，可以与普通公司债券及其他特定债券品种同时申报，但需明确各自的申报金额及募集资金用途。

主承销商、证券服务机构应对发行人披露的符合发行该特定债券品种标准和实施安排的相关信息进行核查，并发表核查意见。

1.6【修订和更新】本指引规范的特定债券品种包括短期公司债券、可续期公司债券、绿色公司债券、扶贫公司债券、创新创业公司债券和纾困公司债券。

本所将根据市场发展情况修订本指引，修订特定债券品种或新增其他特定债券品种的相关安排。

第二章　短期公司债券

2.1【短期公司债券】本指引所称短期公司债券，是指发行人公开或非公开发行的期限为 1 年及以下的公司债券，具体期限由发行人根据生产经营资金需求和市场情况确定。

2.2【发行主体要求】发行人申请公开发行短期公司债券，应当具备良好的短期偿债能力，并符合下列情形之一：

（一）适用本所公司债券优化融资监管安排，且发行人最近三年平均经营活动现金流量净额为正或最近一年末的速动比率大于 1；

（二）综合实力较强、内部控制和风险控制制度健全的证券公司；

（三）经本所认可的其他情形。

本所将根据市场发展情况适时调整公开发行短期公司债券的主体范围。

发行人申请非公开发行短期公司债券，应当符合下列情形之一：

（一）发行人已在境内证券交易所市场上市，其股票未被风险警示、暂停或终止上市等，同时发行人不存在被有权机关立案调查或处罚的情况；

（二）发行人近两年内已在国内相关债券市场发行短期债务融资工具，且不存在违约或者延迟支付债券或其他债务本息的事实；

（三）发行人主体信用评级或债项评级达到 AA+或以上；

（四）发行人属于国家金融监管部门监管的金融企业；

（五）经本所认可的其他情形。

2.3【募集资金用途】短期公司债券的募集资金用途应当与债券期限保持合理匹配，募集资金限于偿还一年内到期的债务和补充流动资金，不得用于长期投资需求。

2.4【信息披露要求】发行人应当在募集说明书中披露募集资金用途，合理解释融资需求。补充流动资金的，需在募集说明书中匡算流动资金缺口并提供依据。

发行人应当加强现金管理，健全内部控制制度，并在募集说明书中披露资金运营内控制度、资金管理运营模式、短期资金调度应急预案等内容。

2.5【中介机构相关要求】主承销商和发行人律师应当勤勉尽责，对发行人是否符合短期公司债券主体要求、信息披露要求等进行核查，并发表核查意见，受托管理人应当督查发行人按照规定和约定使用募集资金。

2.6【公开发行的评级要求】公开发行短期公司债券的申请文件按照公开发行公司债券现行规定执行，发行人应当进行主体信用评级，同时可自主选择是否进行债券信用评级。

发行人主体信用评级达到 AAA（不存在次级条款等影响债券信用评级的相关契约条款），且采用多边净额结算方式的公开发行短期公司债券，可作为债券质押式回购的质押券种。

2.7【公开发行的申请文件编制】发行人申请公开发行短期公司债券，可以单独编制申请文件并单独申报，也可与其他期限的普通公司债券编制统一申请文件并统一进行申报。

公开发行短期公司债券实行余额管理。发行人在注册文件有效期内，公开发行短期公司债券的待偿余额不得超过注册规模。在符合上述要求的前提下，发行人可自主确定发行期数和每期发行规模。

公开发行短期公司债券统一申报的，应在募集说明书中约定申报的短期公司债券发行规模。

2.8【其他特殊事项】法律、法规、中国证监会以及自律监管机构等对证券公司短期融资工具余额另有规定的，从其规定。

第三章　可续期公司债券

3.1【可续期公司债券】本指引所称可续期公司债券，是指发行人公开或非公开发行的附续期选择权的公司债券。续期选择权指发行人在约定时间有权选择将本次债券期限延长。

3.2【发行主体要求】可续期公司债券申请在本所上市或挂牌的，发行人主体信用评级和债项评级应达到 AA+或以上。

3.3【有权机构决议】发行人有权机构的决议内容除符合普通公司债券的要求外，还应包括续期选择权、续期期限、利率确定和调整方式等特殊发行事项。

3.4【递延支付利息选择权】可续期债券的每个付息日，发行人可自行选择将当期利息以及按照本条款已经递延的所有利息或其孳息推迟至下一个付息日支付，且不受到任何递延支付利息次数的限制；前述利息递延不属于发行人未能按照约定足额支付利息的行为。

发行人应约定利息递延下的限制事项，限制事项可以包括向普通股股东分红、减少注册资本等情形。若发行人选择行使延期支付利息权，则在延期支付利息及其孳息偿付完毕之前，发行人不得发生利息递延下的限制事项。

发行人应约定强制付息事件，强制付息事件可以包括向普通股股东分红、减少注册资本等情形。若发生强制付息事件，发行人不得递延支付当期利息，并应立即偿付已经递延支付的利息、当期利息及其孳息。

3.5【重新定价周期及利率调整机制】发行人可设置一个或多个重新定价周期，自行约定重新定价周期的利率调整机制，不同的重新定价周期可设置相同或多种不同的利率调整机制。调整机制可以包括以下方式：

（一）约定重新定价周期适用的票面利率调整为当期基准利率加上基本利差再加上或减去若干个基点；

（二）约定重新定价周期适用的票面利率调整为浮动利率；

（三）约定其他调整方式。

3.6【信息披露要求】除按照普通公司债券相关要求进行信息披露外，发行人还应当在可续期公司债券募集说明书中披露以下事项：

（一）可续期公司债券的特殊发行事项及其实施程序，并对特殊发行事项作重大事项提示。特殊发行事项包括续期选择权、递延支付利息选择权、强制付息事件、利息递延下的限制事项、利率调整机制等；

（二）可续期公司债券计入权益的情况以及存续期内发生不再计入权益情形的相关安排；

（三）可续期公司债券的偿付顺序；

（四）可续期公司债券的特有风险，特有风险一般包括发行人行使续期选择权、利息递延支付、会计政策变动等风险，特有风险应作重大事项提示；

（五）发行人最近一期末境内外永续类负债的余额、发行日、续期期限、票面利率及利率调整机制等情况，永续类负债包括可续期公司债券、可续期企业债券、永续票据以及境外发行的永续债券等；

（六）关于可续期公司债券特殊违约情形的约定，包括未发布利息递延支付公告的情况下拖欠利息、发生强制付息事件下拖欠利息、未发布续期公告的情况下拖欠本息等；

（七）关于触发可续期公司债券特殊违约情形及时召开债券持有人会议的约定；

（八）约定关于受托管理人对可续期公司债券特殊发行事项的关注义务；

（九）本所要求披露的其他事项。

3.7【存续期信息披露要求】可续期公司债券存续期间，发行人及其他信息披露义务人除按照普通公司债券相关要求进行信息披露及风险管理外，还应披露以下事项：

（一）发行人应在定期报告中披露可续期公司债券续期情况、利率跳升情况、利息递延情况、强制付息情况等事项，并就可续期公司债券是否仍计入权益及相关会计处理进行专项说明；

（二）债券存续期内如出现导致本次发行可续期公司债券不再计入权益的事项，发行人应于2个交易日内披露相关信息，并说明其影响及相关安排；

（三）债券存续期内如发生强制付息事件或利息递延下的限制事项，发行人应于2个交易日内披露相关信息，说明其影响及相关安排，同时就该事项已触发强制付息情形作特别提示；

（四）本所要求披露的其他事项。

3.8【行使续期选择权信息披露要求】发行人决定递延支付利息的，应于付息日前10个交易日发布递延支付利息公告。递延支付利息公告的披露内容应包括但不限于：

（一）本次债券的基本情况；

（二）本次利息的付息期间、本次递延支付的利息金额及全部递延利息金额；

（三）发行人关于递延支付利息符合募集说明书等相关文件约定的声明；

（四）受托管理人出具的关于递延支付利息符合递延支付利息条件的专项意见；

（五）律师事务所出具的关于递延支付利息符合相关法律法规规定的专项意见。

发行人应于本次约定的续期选择权行使日前至少30个交易日，披露可续期公司债券续期选择权行使公告。若发行人行使续期选择权，则应在续期选择权行使公告中披露：

（一）本次债券的基本情况；

（二）债券期限的延长时间；

（三）后续存续期内债券的票面利率或利率计算方法。

若发行人放弃行使续期选择权，则应在续期选择权行使公告中明确将按照约定及相关规定完成各项工作。

3.9【中介机构相关要求】主承销商和律师事务所应逐条核查可续期公司债券特殊发行事项，并发表核查意见。

会计师事务所应对本次发行可续期公司债券的相关会计处理情况出具专项意见，说明本次发行可续期公司债券计入权益情况及其相关依据。

受托管理人应约定对可续期公司债券特殊发行事项的持续跟踪义务，并在年度受托管理事务报告中披露该义务的履行情况，包括可续期公司债券续期情况、利息递延情况、强制付息情况及可续期公司债券是否仍计入权益等相关事项。

第四章　绿色公司债券

4.1【绿色公司债券】本指引所称绿色公司债券，是指发行人公开或非公开发行的募集资金用于支持绿色产业的公司债券。

4.2【募集资金用途】绿色公司债券募集资金主要用于绿色产业项目（以下简称绿色项目）建设、运营、收购或偿还绿色项目贷款等。

绿色公司债券募集资金确定用于绿色项目的金额应不低于募集资金总额的 70%。

绿色公司债券募集资金投向的绿色项目的识别和界定参考国家绿色债券支持项目目录。

4.3【绿色产业领域公司】最近一年合并财务报表中绿色产业领域营业收入比重超过 50%（含），或绿色产业领域营业收入比重虽小于 50%，但绿色产业领域营业收入和利润均在所有业务中最高，且均占到发行人总营业收入和总利润 30%以上的公司，可不对应具体绿色项目发行绿色公司债券，但募集资金应主要用于公司绿色产业领域的业务发展，其金额应不低于募集资金总额的 70%。主承销商应对该类公司是否符合前述标准进行核查，并发表核查意见。

本条所称绿色产业领域的识别和界定参考国家绿色债券支持项目目录。

4.4【信息披露要求】除按照普通公司债券相关要求进行信息披露外，发行人还应当在绿色公司债券募集说明书中披露募集资金拟投资的绿色项目情况，包括但不限于绿色项目类别、项目认定依据或标准和环境效益目标等内容。主承销商应对上述事项进行核查，并发表核查意见。

绿色公司债券存续期间，发行人应在定期报告等文件中按照相关规则规定或约定披露绿色公司债券募集资金使用情况、绿色项目（如有）进展情况和环境效益等内容。受托管理人应在年度受托管理事务报告中披露上述内容。

4.5【绿色债券评估认证】对于符合国家绿色债券支持项目目录相关要求的绿色项目，发行人在申报发行时及存续期内可自主选择是否聘请独立的专业评估或认证机构出具评估意见或认证报告。

对上述范围之外投资者不容易识别或发行人认为需要聘请第三方评估认证

的绿色项目，申报发行时应聘请独立的专业评估或认证机构出具评估意见或认证报告。

发行人聘请专业评估或认证机构出具评估意见或认证报告的，评估认证机构的资质及其出具的评估意见或认证报告内容应符合《绿色债券评估认证行为指引（暂行）》（中国人民银行、中国证券监督管理委员会公告〔2017〕第20号）的要求。绿色公司债券存续期内，鼓励发行人按年度向市场披露由独立的专业评估或认证机构出具的评估意见或认证报告，对绿色公司债券支持的绿色项目进展及其环境效益等实施持续跟踪评估。

第五章　扶贫公司债券

5.1【扶贫公司债券】本指引所称扶贫公司债券，是指发行人公开或非公开发行的募集资金用于支持扶贫领域的公司债券，主要包括以下三种情形：

（一）注册地在国家扶贫开发工作重点县、集中连片特殊困难地区或“深度贫困地区”（前述三类地区以下简称贫困地区）的企业发行的公司债券；

（二）在扶贫攻坚期内，注册地在已实现脱贫摘帽但不满三年贫困地区的企业发行的公司债券；

（三）发行人注册地不在贫困地区，但募集资金主要用于精准扶贫项目建设、运营、收购或者偿还精准扶贫项目贷款的公司债券。

本条所称精准扶贫项目是指项目所在地为贫困地区、能够帮扶到建档立卡的贫困人口的扶贫项目。

5.2【募集资金用途】募集资金用于精准扶贫项目的扶贫公司债券，确定用于精准扶贫项目的金额应不低于募集资金总额的50%。

支持募集资金用于基础设施建设、易地扶贫搬迁、产业扶贫、就业扶贫、生态环保扶贫等领域的精准扶贫项目，通过市场化法制化的“造血”功能推动贫困地区经济发展。

5.3【信息披露要求】募集资金用于扶贫项目的扶贫公司债券发行人，除按照普通公司债券相关要求进行信息披露外，还应当在募集说明书中披露拟投资项目的基本情况，包括但不限于项目具有精准扶贫属性的依据、具体扶贫计划、预期扶贫效果、投资回报机制、政策支持情况等。主承销商应对募投项目属于扶贫项目进行核查，并发表核查意见。

债券存续期内，发行人应在定期报告中披露募集资金使用情况、相关扶贫项目进展情况及其产生的扶贫效益等。受托管理人应在年度受托管理事务报告中披露上述内容。

第六章　创新创业公司债券

6.1【创新创业公司债券】本指引所称创新创业公司债券（以下简称双创公司债券），是指符合条件的企业公开或非公开发行的募集资金用于支持创新创业公司发展的公司债券。

6.2【发行主体要求】符合条件的双创公司债券发行人包括种子期、初创期、成长期、成熟期的创新创业公司、创业投资公司，以及主体信用评级或债项评级达到 AA+或以上的产业类企业、园区经营公司和国有资本投资运营公司等募集资金专项用于支持创新创业企业的发行人。

6.3【募集资金用途】除创新创业公司外，其他发行人发行双创公司债券募集资金确定用于支持创新创业公司发展的金额应不低于募集资金总额的 70%，具体用途包括：

（一）通过直接投资或基金投资等方式，对创新创业公司进行股权投资；

（二）用于为创新创业公司提供服务的园区经营或基础设施建设等。

发行人可以使用募集资金对发行前三个月内的创投项目投资进行置换。

募集资金用于设立或认购基金份额的，应当符合《关于规范金融机构资产管理业务的指导意见》（银发〔2018〕106 号，以下简称《资管新规》）和《私募投资基金监督管理暂行办法》（证监会令第 105 号）的相关规定。

6.4【信息披露要求】创新创业公司发行双创公司债券，发行人应当就创新创业特征作专项披露。

创业投资公司及其他主体发行双创公司债券，发行人应披露创业投资板块经营模式、投资项目遴选标准、投资决策程序等，并在定期报告中披露募集资金实际使用情况，设立或认购基金份额的需披露基金产品的运作情况。

主承销商应对发行人是否符合双创公司债券相关安排进行核查，并发表核查意见。受托管理人应在年度受托管理报告中披露发行人募集资金使用情况。

第七章　纾困公司债券

7.1【纾困公司债券】本指引所称纾困公司债券，是指符合条件的企业公开或非公开发行的募集资金用于特定纾困用途的公司债券。

7.2【发行主体要求】纾困公司债券发行人应具备良好的盈利能力和偿债能

力，主体信用评级达到AA+或以上，并符合下列情形之一：

（一）发行人为国有资产管理公司、金融控股公司、开展投资或资产管理业务的其他企业等。发行人应是所属地方政府设立纾困计划的参与方，且以适当方式获得所属政府相关部门或机构的认可，认可方式包括但不限于所属政府部门或机构对本次纾困公司债券发行出具批复文件、相关会议纪要或其他认可方式等；

（二）发行人为产业链核心企业，能够通过支付预付款、清偿应付款项等方式降低上下游企业、尤其是中小企业现金流压力和融资成本。

7.3【募集资金用途】纾困公司债券募集资金应主要用于支持面临流动性困难的上市公司及其股东融资，或者纾解民营企业和中小企业的融资和流动性困难，确定用于纾困用途的金额应不低于募集资金总额的70%。

募集资金可通过投资纾困基金、购买企业资产、向产业链上下游企业支付预付款、清偿应付款项或发放委托贷款等形式用于纾困用途。

募集资金用于投资纾困基金的，相关纾困基金原则上应由政府或其指定的国有资本运营主体出资和运营管理，并符合《资管新规》等相关规定。

7.4【信息披露要求】除按照普通公司债券相关要求进行信息披露外，发行人还应当在纾困公司债券募集说明书中披露符合发行纾困公司债券要求的相关情况及募集资金具体使用方式。主承销商应对发行人是否符合纾困公司债券相关安排进行核查，并发表核查意见。

债券存续期内，发行人应在定期报告中披露募集资金使用情况、参与纾困计划进展情况等。受托管理人应在年度受托管理事务报告中披露上述内容。

第八章　附则

8.1【解释权】本指引由本所负责解释。

8.2【实施安排】本指引自发布之日起施行。

附录 7：关于发布《深圳证券交易所公司债券创新品种业务指引第 1 号——绿色公司债券（2021 年修订）》等业务指引的通知

深证上〔2021〕684 号

各市场参与人：

为进一步完善现有公司债券创新品种规则体系，积极发挥交易所债券市场功能和产品优势，本所修订了《深圳证券交易所公司债券创新品种业务指引第 1 号——绿色公司债券》，并将《深圳证券交易所公司债券创新品种业务指引第 3 号——扶贫专项公司债券》修订为《深圳证券交易所公司债券创新品种业务指引第 3 号——乡村振兴专项公司债券》，现予以发布，自发布之日起施行。

本所 2020 年 11 月 27 日发布的《深圳证券交易所公司债券创新品种业务指引第 1 号——绿色公司债券》《深圳证券交易所公司债券创新品种业务指引第 3 号——扶贫专项公司债券》同时废止。

特此通知

附件：

1.《深圳证券交易所公司债券创新品种业务指引 第 1 号——绿色公司债券（2021 年修订）》

2.《深圳证券交易所公司债券创新品种业务指引第 3 号——乡村振兴专项公司债券（2021 年修订）》

深圳证券交易所

2021 年 7 月 13 日

附件 1

深圳证券交易所公司债券创新品种业务指引第 1 号——绿色公司债券（2021 年修订）

第一条 为落实大力推进生态文明建设和构建绿色金融体系的要求，发挥好绿色债券对环境改善、应对气候变化和资源节约高效利用的支持作用，推动经济社会可持续发展和产业绿色转型升级，深圳证券交易所（以下简称本所）根据《公司法》《证券法》《公司债券发行与交易管理办法》等有关规定和本所相关业务规则，制定本指引。

第二条 本指引所称绿色公司债券，是指发行人依照法定程序发行，募集资金用于支持绿色产业的公司债券。

第三条 发行人申请发行绿色公司债券并在本所上市或挂牌转让，除应当符合中国证券监督管理委员会及本所相关业务规则的规定外，还应当遵守本指引的特别规定。

第四条 绿色公司债券募集资金应当用于绿色产业领域的业务发展，其中确定用于绿色产业项目（以下简称绿色项目）建设、运营、收购或偿还绿色项目贷款等的募集资金金额应当不低于募集资金总额的 70%。

绿色产业领域以及绿色公司债券募集资金用于的绿色项目的识别和界定参考国家绿色债券支持项目目录。

第五条 最近一年合并财务报表中绿色产业领域营业收入比重超过 50%（含），或绿色产业领域营业收入比重虽小于 50%，但绿色产业领域业务收入和利润均在所有业务中最高，且均占到发行人总收入和总利润的 30%以上的公司，可不对应具体绿色项目申报发行绿色公司债券，但绿色公司债券募集资金应当明确用于公司绿色产业领域的业务发展，并在债券存续期间持续披露募集资金用于绿色项目的相关情况。主承销商应对该类公司是否符合前述标准进行核查并出具核查意见。受托管理人应持续督促该类公司进行募集资金使用相关信息披露。

第六条 发行人应当在募集说明书中披露募集资金拟投资的绿色项目情况、所属具体的绿色项目类别、项目认定依据或标准及环境效益目标、绿色公司债券募集资金使用计划和管理制度等内容，并由主承销商出具核查意见。

第七条 对于符合国家绿色债券支持项目目录相关要求的绿色项目，发行人在申报发行时及存续期内可自主选择是否聘请独立的专业评估或认证机构出具评估意见或认证报告。本所鼓励发行人提交独立的专业评估或认证机构就募集资金拟投资项目属于绿色项目出具的评估意见或认证报告。

对于国家绿色债券支持项目目录之外、投资者不容易识别或发行人认为需要聘请第三方评估认证的绿色项目，申报发行时应当聘请独立的专业评估或认证机构出具评估意见或认证报告。

评估认证机构的资质及其出具的评估意见或认证报告内容应当符合《绿色债券评估认证行为指引（暂行）》的要求。

第八条 募集资金主要用于碳中和项目建设、运营、收购或偿还碳中和项目贷款的绿色公司债券，发行人在申报或发行阶段可以在债券全称中使用“碳中和绿色公司债券”标识。碳中和项目包括但不限于：

（一）清洁能源类项目（包括太阳能、风电及水电等项目）；

（二）清洁交通类项目（包括城市轨道交通、电气化货运铁路和电动公交车辆替换等项目）；

（三）可持续建筑类项目（包括绿色建筑、超低能耗建筑及既有建筑节能改造等项目）；

（四）工业低碳改造类项目（碳捕集利用与封存、工业能效提升、电气化改造及高碳排放转型升级等项目）；

（五）其他具有碳减排效益的项目。

发行人应当在募集说明书中披露碳中和项目环境效益相关信息，按照“可计算、可核查、可检验”的原则，重点披露环境效益测算方法、参考依据，并对项目能源节约量（以标准煤计）、碳减排等环境效益进行定量测算。

鼓励发行人在项目完成可行性研究、获得建设许可、项目开工等重要节点披露由独立第三方机构出具的碳中和项目碳减排等环境效益评估认证报告。

第九条 募集资金主要用于支持海洋保护和海洋资源可持续利用相关项目的绿色债券，发行人在申报或发行阶段可以在绿色债券全称中添加“（蓝色债券）”标识。

发行人应当在募集说明书中披露项目对海洋环境、经济和气候效益影响相关的信息。

第十条 鼓励绿色公司债券发行人在募集说明书中设置与自身整体碳减排等环境效益目标达成情况挂钩的条款。

第十一条 绿色公司债券存续期内，发行人应当在定期报告中披露绿色公司债券募集资金使用具体领域、绿色项目进展情况及其产生的环境效益等。受托管理人应在年度受托管理事务报告中披露上述事项。

第十二条　绿色公司债券存续期内，鼓励发行人按年度向市场披露由独立的专业评估或认证机构出具的评估意见或认证报告，对绿色公司债券支持的绿色项目进展及其环境效益（碳中和绿色公司债券应当含碳减排情况）等实施持续跟踪评估。

第十三条　本所将安排专人处理绿色公司债券的申报受理及审核确认，提高绿色公司债券发行上市审核或挂牌条件确认工作效率。

第十四条　本所鼓励各类金融机构、证券投资基金及其他投资性产品、社会保障基金、企业年金、社会公益基金、企事业单位等机构投资者投资绿色公司债券。

第十五条　符合要求的境外公司申请发行绿色公司债券并在本所上市交易或挂牌转让的，参照本指引执行。

第十六条　符合要求的绿色资产支持证券及本所认可的其他绿色债券品种在本所上市交易或挂牌转让的，参照本指引执行。

第十七条　发行人、主承销商、受托管理人以及相关证券服务机构等违反本指引的，本所按照相关业务规则的规定对其采取自律监管措施或者纪律处分。

第十八条　本指引由本所负责解释。

第十九条　本指引自发布之日起施行。

附件 2

深圳证券交易所公司债券创新品种业务指引第 3 号——乡村振兴专项公司债券（2021 年修订）

第一条 为充分发挥资本市场在服务国家乡村振兴战略中的作用，积极拓宽企业融资渠道，巩固扶贫成果，推动脱贫地区发展和乡村全面振兴，深圳证券交易所（以下简称本所）根据《公司法》《证券法》《公司债券发行与交易管理办法》《关于金融支持巩固拓展脱贫攻坚成果 全面推进乡村振兴的意见》等有关规定和本所相关业务规则，制定本指引。

第二条 本指引所称乡村振兴专项公司债券（以下简称乡村振兴债券），是指依照法定程序发行且符合以下条件之一的公司债券：

（一）企业注册地在脱贫摘帽不满五年的地区，且募集资金主要用于支持乡村振兴相关领域的公司债券；

（二）募集资金主要用于乡村振兴领域相关项目的建设、运营、收购或者偿还项目贷款的公司债券。

第三条 发行人申请发行乡村振兴债券并在本所上市或挂牌转让，除应当符合中国证券监督管理委员会及本所相关业务规则的规定外，还应当遵守本指引的特别规定。

第四条 募集资金用于乡村振兴领域相关项目的乡村振兴公司债券，确定用于乡村振兴领域相关项目的金额应当不低于债券募集资金总额的 70%，其余部分可以用于补充公司流动资金或偿还借款等。

支持乡村振兴领域包括支持发展脱贫地区乡村特色产业、促进脱贫人口稳定就业、改善脱贫地区基础设施条件、提升脱贫地区公共服务水平，通过市场化法治化的方式优化乡村就业结构、健全乡村产业体系、完善乡村基础设施等。

第五条 募集资金用于乡村振兴领域相关项目的发行人，应当在募集说明书中披露拟投资项目的基本情况，包括但不限于项目属于乡村振兴、巩固脱贫相关范畴的依据、具体实施计划、政策支持情况等。主承销商应当对上述事项进行核查，并发表核查意见。

第六条 发行人应当在定期报告中披露募集资金使用情况、相关项目进展情况及其产生的效益等。

受托管理人应当在年度受托管理事务报告中披露上述内容。

第七条 本所将安排专人处理乡村振兴债券的申报受理及审核确认，提高乡村振兴债券发行上市审核或挂牌条件确认工作效率。

第八条 符合要求的乡村振兴专项资产支持证券在本所挂牌转让的，参照本指引执行。

第九条 发行人、主承销商、受托管理人以及相关证券服务机构等违反本指引的，本所按照相关业务规则的规定对其采取自律监管措施或者纪律处分。

第十条 本指引由本所负责解释。

第十一条 本指引自发布之日起施行。